编委会

学术顾问：林　非　孙绍振
总　主　编：王兆胜　陈剑晖
编　　　委（按姓氏笔画排序）：

丁晓原　王　晖　王兆胜　刘　浏
刘　勇　刘秀芝　刘晓明　李遇春
杨　琼　宋剑华　陈剑晖　周海波
赵宪章　钟凌翊　郭守运　郭冰茹
唐永亮　黄红丽　黄雪敏

"百部好书"扶持项目　"十三五"国家重点图书出版规划项目

丛书总主编

王兆胜

陈剑晖

文体形式论

赵宪章 著

文体与跨文体研究丛书

广东高等教育出版社
Guangdong Higher Education Press
·广州·

图书在版编目（CIP）数据

文体形式论/赵宪章著. —广州：广东高等教育出版社，2019.3
（文体与跨文体研究丛书/王兆胜，陈剑晖主编）
ISBN 978-7-5361-6384-3

Ⅰ. ①文… Ⅱ. ①赵… Ⅲ. ①文体论-研究 Ⅳ. ①H052

中国版本图书馆CIP数据核字（2018）第300628号

书　　名	文体形式论 WENTI XINGSHILUN
出版发行	广东高等教育出版社 　　地址：广州市天河区林和西横路　电话：(020) 87554153 　　http://www.gdgjs.com.cn
印　　刷	佛山市浩文彩色印刷有限公司
开　　本	787毫米×1 092毫米　16开
印　　张	15.25
字　　数	216千
版　　次	2019年3月第1版　2019年3月第1次印刷
定　　价	48.00元

如发现印装质量问题，请直接与印刷厂联系调换。

总　序 ◇◆

中国是一个"文体论大国"。在古代，文体和文体论蔚为大观。但自"五四"新文学以降，在西方文艺理论的强势冲击下，现当代文学研究者和作家的文体意识越来越淡薄，而关于文体研究方面的丛书更为少见。20世纪90年代中期，童庆炳先生曾主编一套"文体学丛书"，在云南人民出版社出版，受到季羡林、王蒙等著名学者和作家的高度评价，在学界产生了良好影响，但不知什么原因，这套丛书只出版了5本就终止了，以后国内一直未见到相关丛书出版。直到2011年，北京大学出版社又重新关注文体问题，并推出"中国古代文体学研究丛书"，这是文体研究成果作为丛书形式的又一次集中展示，也是文体研究的深化。但这套丛书只限于中国古代文体研究，没有涉及现当代文体和跨文体写作。因此，我们认为出版一套贯通我国古代、现代、当代和跨文体写作，既具开放意识与现代视野，又有时代感与当代性的文体研究丛书，有助于促进我国的文体研究和增强当代作家的文体意识，提升中国当代作家和文学研究者的文化自信。

本丛书纵论古今文体传统，钩沉千年文脉，撷取前贤英华，哺养现代精神。丛书不仅有新的创意和设计，有较大的学术价值，而且，丛书还呼应了弘扬传统文化，恢复文化自信这一主题。具体来说，本丛书有几方面的价值：

1. 立足于传统与现代，历史与现实，东方与西方，通过对中国传统文体资源的挖掘，将其同当代文化建设，同民族的复兴、文化的自信，以及整个中华民族国民素质、精神文明的提高联系起来。比如，《中国现代小说文体的发生》一书认为，中国小说文体有着本土化的天然特点，但这个特点过去我们重视不够，研究也不系统不深入。因此，本册以回归还原中国小说文体和文体观念的本体论为出发点，对中国古代小说如志怪三体、《世说新语》与"世说"体、唐人传奇之"奇"体、宋元话本到《聊斋志异》的"讲唱"体、明清章回小说的"文白"叙事体，进行了"谱系学"的爬梳考释。在文体类型研究的基础上，再对中国现代小说文体整体形态，文体类型的起源、发展演变进行全面、系统的探讨。该册虽以考释中国小说文体的本土化语境为旨归，尽可能还原中国小说的独特谱系，但又注重与西方文体谱系进行比较，力图使中国小说的文体既拥有自主性和独立性，又具系统化和学理化。此外，把小说文体研究作为本土文体学研究的重要内容，还肩负着传统文化回归、恢复文化自信的使命。

2. 文体是文学最为直观的表现，也是作家心智的外化形式。因此，文学观念的变迁往往表现为文体的变迁，文学革命离不开文体的变革。但在过去，我们过于强调文学作品的"工具性"，过于注重作品的内容和社会功能，忽视了文体和文体探索的重要性，对我国古代丰富的文体资源也挖掘总结得很不够，这在很大程度上阻碍了中国当代文学的发展。本丛书将起到某种纠偏的作用，弥补以往在文体问题上认识和研究的不足。

3. 跨文体或多文体写作，是当前文学创作的一个趋势，但过去的文体研究在这一点上认识不足。以往的文体研究要么止步于古代，要么仅仅局限于某一类文体。本丛书中的《新媒体时代的文体美学》《本真与转换：当代影视文体论》《跨文体：从虚构到非虚构》《中国语境中的科幻文学类型演变》等分册，既贯通我国古代、现代、当代的文体，又关注到跨文体问题，这就拓展了文体研究的空间。

一套有学术价值和现实意义的丛书，应有自己的特色。本丛书的特色主要体现在：

1. 开拓性与前沿性。文体学研究不是新问题，丛书也不是对以往研究的重复，而是以新的视角，构建了新框架，注进了新的理念和创见。这样，丛书便不仅立足于传统文化，而且有着鲜明的开拓性与前沿性。

2. 强调中国文体传统的现代转换。研究文体和挖掘我国传统文体资源，应有现代性的视野，体现出时代性并服务于当前。如《中国文体传统的现代转换》，一方面主动向西方文学借鉴有效的异域文体经验，另一方面又或显或隐地传承中国古代文学的本土文体资源，在古今中西立体维度中进行传统文体的现代转换。这个专题正是在对中国文体传统的现代转换的宏观思考基础上，以中国现当代小说和现当代旧体诗词对传统文体进行现代转换为观察点，由此展开对中国现当代的新文学和旧体文学创作的整体考察。丛书中的其他专题，对现当代各种文体观念和文体形式发展演变的考察爬梳，以及对跨文体文学现象的研究，都体现了这一学术理念。

3. 宏观梳理与文本细读并重。丛书中的各册既注重对各种文体发展演变的宏观考察，更强调对文本的细致解读，并在个案解读中发现文体的新价值。如《现代散文文体观念与文体演变》这一本，既有对古代文体的演变与特征考察，以及文体研究的观念与方法问题、文体研究的现代转型等问题的思考，又有对叙述学与散文叙述、散文意象、语言等的具体细致的分析。同时还兼顾到创新性、学理性和可读性的统一，尽量做到雅俗共赏。《中国现当代作家的跨文体写作》也是如此。著者既有宏观论证也有个案剖析，个案剖析力求破解名家名作的文体转换肌理，宏观论述力求落实到文体转换的历史经验和内部机制。

◇ 文体形式论 ◇

　　没有传统的文化必然失根；而没有文化自信的民族必然陷入茫然，不能正确找到自己前行的方向。本丛书试图寻求文化自信的传统依据，通过对最具中华民族特色的"文体"的梳理阐释，夯实当代思想文化建设的坚实地基，推动中国当代文学的发展。感谢评审专家和有关部门的充分肯定，将这套丛书列为"'十三五'国家重点图书出版物规划项目"和"百部好书"扶持项目。希望丛书的出版，对于深化现当代文学研究、提升文化自信有积极意义。

王兆胜　陈剑晖

2018 年 9 月 5 日

目录
CONTENTS

导论 … 1
 一、文体与形式 … 1
 二、历史体性 … 5
 三、当代先锋 … 9
 四、媒体新变 … 12

第一章 新文体的符号转换 … 16
 一、两种符号 … 16
 二、符号转换观念之一：工具论 … 20
 三、符号转换观念之二：认识论 … 23
 四、符号转换观念之三：审美本体论 … 27
 五、本体与文本 … 31

第二章 新文体的价值取向 … 36
 一、价值与人 … 36
 二、阶级斗争与人的和谐 … 39
 三、现代文明之向往 … 44
 四、精神家园之回归 … 50

目 录

第三章　理论批评之文体新变　…58
　一、方法论及其科学精神　…58
　二、从"批判"向"建设"的逆转　…63

第四章　《美食家》文本调查　…72
　一、形式与文本　…72
　二、"美食"与"好吃"　…76
　三、"我"说"他"　…81

第五章　词典体小说形式分析　…86
　一、词典与小说：共时与历时　…87
　二、"可读之文"与"可写之文"　…91
　三、消解"虚构本体"，建构"零距离真实"　…97
　四、撩拨神秘往事，制造现代魔幻　…103
　五、语词战争：本体或工具　…107

第六章　网络写作及其对传统写作的挑战　…114
　一、网络写作及其载体　…114
　二、网络文学超文本　…119

第七章　超文性戏仿文体解读　…124
　一、复合文本及其超文性　…125
　二、"图—底"戏仿机制　…130
　三、语言狂欢及其卡通格式　…139

第八章　日记文体及其私语言说　…146
　一、记忆与时间：日记的文体本质　…147
　二、孤寂与倾诉：日记的言说语体　…153
　三、听者与文饰：日记文体的消解　…158
　四、形式的诱惑：第一人称权威　…164

第九章　民间书信及其对话艺术 … 170
　　一、作为"艺文之末品"的民间书信 … 171
　　二、"千里面语"及其"笇艺术" … 179
　　三、"文本礼制"及其修辞艺术 … 189
第十章　"文学图像论"之可能 … 199
　　一、一代有一代之"新学" … 199
　　二、"文学图像论"的命名理据 … 203
　　三、"文学图像论"的文学观 … 206
　　四、"文学图像论"的范畴和方法 … 210
　　五、"文学图像论"之不可能 … 213
后　记 … 227

导 论

本研究的主要对象是新时期文体,包括此间出现的新文类、新现象与新问题。之所以命名为《文体形式论》,意在表达本研究的基本路数是形式美学,即将文体作为形式来研究;进一步说,"文体是文学的形式存在"是笔者的基本文体观。但是,这并非是为文体概念下定义,笔者无意探讨任何"普遍大法","文体是文学的形式存在"旨在引出此论的开篇,即由此出发导出我们关于文体,特别是关于新时期文体及相关新问题的初步认知。

一、文体与形式

文体,一直是中外文论史所关注的重心所在。《文心雕龙》凡五十篇,其"论文叙笔"方面的篇章就达二十篇,最能反映中国古代文学理论的这一特点。亚里士多德的《诗学》也是从文体分类开篇的,即首先根据媒介、对象和方式的差别划分文体,然后由此展开诗学的逻辑表述;更不必说后来的黑格尔,文体不仅被他作为其整个美学体系的"构件",而且还被赋予方法论的意义。① 可以毫不夸张地说，"文体学"当是整个文学研究之显学。这是因为，就"自律"而言，从某种意义上说，文学的历史就是文体演变的历史。以汉诗为例，从四言到五言，再到七言的发展，以及由古诗到律诗再到词、曲的演变，直至现代"新诗革命"，等等，就是一条明晰的韵文发展线索，即"韵"和"文"的变奏与交错，而朝代的更替、社会的变革等方面的影响只能是它的外部动因。

但是，由于"文以载道"等传统观念的影响，也可能由于社会政治关系的紧张，近代以降，我国学界对于文体问题的关注急剧降温，更多的精力和兴趣转移到文学和群治的关系那儿去了，思想史（或称"主题学"）方法成为文学研究的主要路径。这并没有什么不好，既是时代需要之必然，也是中国学术传统之特色。问题不在这里，而在于脱离"自律"的"他律"研究必然远离文学本分，以至于我们的理论批评既不受文学欢迎，也没有赢得"群治"的喝彩。这是我们不得不正视的窘况。恰如我们的文学史，简单地将朝代更替或社会变革作为历史分期的切割工具，将文学反映社会的深广程度作为价值判断的唯一或首要标准，从而使人误认为这些因素才是文学的发展动力，至于文学自身怎样似乎无关紧要。毫无疑问，这样的文学史观显然没有预设文学的独立自足性，于是，所谓的"文学史"只不过充任了社会史或思想史的"别史"或"另册"；而在真正的社会史和思想史那里，并没有因为文学对他们的献媚而把文学当回事。

于是，这种尴尬必然造成许多有才华的学者离开文学，索性转移到思想史、文献学或文化研究上去了，即所谓文学研究的"扩容"和"转向"。有意思的是，近代以来就已经愈演愈烈的这一学术倾向，往往被粉饰为

---

① 黑格尔依照内容与形式的不同组合，将艺术区分为"象征""古典"和"浪漫"三种形态。其中，建筑属于象征型艺术，雕塑属于古典型艺术，绘画、音乐和诗属于浪漫型艺术。无论是艺术的三种形态还是艺术的五种体类，黑格尔都是基于逻辑与历史相统一的方法进行划分的。正是在这一意义上，我们说文体不仅被黑格尔作为其美学体系的"构件"，而且还被赋予方法论的意义。

"文史一家"而予以全部肯定,少有学者反思它的合法性,反思文学本身是否被冷漠及其所带来的后果。"文史一家"作为治学方法当然无可厚非,如果作为"学术无疆界"的口实,把文学研究的对象消解得了无踪影,也就等于否定了现代学科分类的必要,这种否定也就不能不使人疑惑不解。直到 21 世纪的今天,理论批评界又衍生出"边界"和"扩容"问题的论争,不难看出这一学术倾向的根深蒂固。对此,我们是否需要重新寻找另一路径,即在正视"文史一家"或称"思想史方法"这一主流学术话语的同时,抽身去考虑一下文学自身的研究应该怎样作为呢?进一步说,如果我们反其道而行之,不是"扩容"而是"聚焦",不是"向外转"而是"向内转",不是人云亦云而是我行我素,将注意力凝聚到文学本身那又如何呢?这就是我们现在所要强调的文体形式研究,即从形式美学的视角对文体问题进行阐释。

早在 20 世纪 90 年代初,王蒙就曾感慨"我们终于可以谈论文体了",因为在他看来,我们的文学长期被非文学的东西所束缚,而对文学之所以成为文学的东西,例如文体与形式,却不敢谈、不去谈或不会谈。他说:"文体学研究的是文学作品的艺术形式问题;至少是偏重于艺术形式方面的问题。……文体是个性的外化。文体是艺术魅力的冲击。文体是审美愉悦的最初的源泉。文体使文学成为文学。文体使文学与非文学得以区分。"①王蒙没有像我们的理论家那样急着给"文体"下定义,而是以敏锐的文学感觉和厚实的文学经验道出了它的主要特点,即认为文体就是文学的艺术形式,就是文学本身。至于对文体的进一步理解,我们不妨先从一个事实说起:

那是 2001 年 9 月 11 日夜晚。和往常一样,我习惯于睡眠前看一眼新闻。打开电视,屏幕上显示的是乱糟糟的场景:画面上浓烟滚滚,尘土飞

---

① 童庆炳. 文体与文体的创造 [M]. 昆明:云南人民出版社,1994:《文体学丛书》序言 1.

扬，警笛嘶叫，一片狼藉；街道上狂奔逃命的人群和冲锋陷阵的警察交向奔跑，互相撞击，乱作一团；还有一架飞机撞上了一座大楼……"电视台在这个时段应是《夜间新闻》，怎么播放起警匪片来了？"我正在暗自疑惑，准备转换频道，突然传来了播音员的画外音，原来是美国纽约正在发生恐怖袭击，飞机撞上了世贸大楼……啊！我惊呆了，遥控器险些失手跌落，这才知道是新闻现场直播，正在发生令世界震惊的大事，并非老套的警匪片之类。

这并非引经据典，而是笔者亲历的一次"文类体验"——主观意识中的"文体类型错位"，居然能够引发如此完全不同的认知！也就是说，当我们面对同一个文本，文类的不同必然引向不同的接受和释义。这也就意味着，任何受众在进入任何文本之前，必须首先明确并认同它的体类——新闻报道还是艺术虚构，能指和所指的对应还是错位，直陈事实还是曲笔和隐喻，如此等等。因此，我们不妨套用康德的概念对这次文类体验做一小结：所谓文类，其实就是文学的"先验形式"。其中所蕴含的奥秘，即文学之所以是文学的东西，远未被我们所认识。难怪在文艺理论史上，特别是我国的文学批评史，关于文类的划分如此精细和不厌其烦；难怪在中外文学发展的历史上，特别是20世纪以来的文学史，文学的创新往往首先表现为文类的异样和新变；难怪一些当代作家，包括新时期以来我国的作家和写手们，在这方面也颇费心思和标新立异。特别是随着现代传媒的发展，文类的交织和新变又有了新载体，从而有可能使它的受众更是目不暇接。毫无疑问，对这些问题进行有效阐释当是我们的理论所面对的文学现实。这就是本研究从形式美学的视角关注文体问题的现实性、必要性和可能性。

当然，文类只是文体的一个方面，如果我们将视野扩大到整个文体，那就要复杂很多，例如语体、文本、载体和风格等，包括目前已被叙事学划为势力范围的某些领域，都有可能成为文体学研究的目标。好在新时期以来，我们的文体研究重新复活，特别是最近十几年来，这方面的研究几近成了热点。这些研究最集中地表现在中国古代文体及其理论的梳理和阐释，由于其中融会了现代西方的新思维、新理论，境界大开，豁然一新。遗憾的是，对文学变体，特别是文学的当代变体，作为文体研究的重要方面，却没有受到足够的重视，面对气象万千的文学变体现象，研究的深度和广度远远不够。本研究正是基于这样的文学现实，在充分借鉴中国古代和现代西方文体论资源的前提下，尝试从形式美学的角度发现问题，以对新时期以来的文学文体及其变体等问题进行探讨。此研究坚持"通过形式阐发意义"，而不是"超越形式直奔主题"；前者是笔者所倡导的形式美学方法，后者属于"文以载道"和"思想史"方法等传统路数，是站在非文学的立场拿文学说事，不足为训。本研究是在预设文学独立自足性的前提下，将文体视为文学的直观存在、第一存在，通过形式的阐发使意义自然彰显①，而不是简单地将"形式"作为"内容"的"包装"或"附件"。很显然，这是形式观念的重要转变，它不再是黑格尔所赋予的意义，而是恢复到了亚里士多德的原点。② 这也是将本研究命名为《文体形式论》的理由——文体是文学的先验形式，是文学的第一形式。

二、历史体性

我们之所以把忽略文体形式研究的学术倾向限定在"近代以降"，是因为中国古代文论尽管尊崇"文以载道"的观念，但是，就其本身的总体存在来说，一直十分看重文体与形式的研究。就像前述《文心雕龙》，"原道"虽被刘勰奉为"文之枢纽"而置于篇首，但是就其所论篇幅并非全书的主体。原因很简单："道"与"文"的关系尽管重要，但是"道"本身并非文学理论的话题。于是，包括刘勰在内的许多理论批评家在文体形式方面

---

① 文学的"意义"既包括可以使用语言明确表达的"思想"，也包括难以使用语言明确表达的"意味"。
② 亚里士多德的形式概念源自他的"四因说"，属于形式一元论；黑格尔的形式概念和"内容"相对而言，属于"内容与形式"二元论。关于二者的区别，详见赵宪章主编的《西方形式美学》第二章、第七章和第十二章。

留下了丰富的学术遗产,重视文体形式研究当是中国古代文论的重要学术传统之一。当然,本研究的主旨决定了我们不可能系统总结这些遗产,只能将这些遗产作为我们的必要参照,通过梳理汉语文体的演变发现当代文学变体的历史根由。这是因为,尽管我们的研究对象是"当代",但是,我们所面对的当代并非"横空出世",它只是历史的延续。由于世界的一体化和信息化,在谈论"当代"时也就不可能无视外面的世界,这就需要我们有更加明确和坚定的本土立场,即立足于中国经验讨论中国问题。因此,在探讨当代文体之前,简要回溯汉语文体的历史体性是必要的。

首先,文学作为语言的艺术,重视语言的声乐规律是汉语文体的重要历史特点。古人早就发现《尚书》很多篇名所寓含的"典""谟""训""诰""誓""命"等语词,大多从"口"、从"言"。《汉书·艺文志》解释说:"《书》以广听,知之术也。"这种解释颇似现代言语行为理论的语用观,即认为"言语就是行事"。由于《尚书》所载官府号令必是首先发之于"口",然后才能传之于"听",最终达于"知"并诉诸"行",所以,在语言能指中寓含所指的声音特征也就在情理之中。于是,唐人刘知几索性将上述六类官府文书称为《书》之"六体",说明我们的古人早就意识到语言的声音体性,那么通过语言的声音体性进行文类识别也就成为必然。例如关于"散文"和"韵文"的二分法,就是中国古代文体识别理论的重要基准之一。

非文学的政令文体尚且如此,作为语言艺术的文学更是如此。文学作为"语言的艺术",也就是语言的艺术化,而语言的音乐性建构毫无疑问是其重要方面。中国作为"诗的国度",这一特点在汉诗中表现得特别明显,无论是押韵还是分行、是格律还是平仄、是从诗到词还是从词到曲的演变,无不同音乐相关。就文体形式而言,这些演变其实就是音乐旋律的变奏。我们知道,早在汉字没有发明之前,诗歌作为口传文学是依赖"乐"的韵律得以记忆和传播的,当时的"诗"就是"歌",即所谓"声诗",也可以说是汉语的"元诗"。汉字出现之后,"诗"可以被记录,才有了独立于"歌"的"诗文本"。汉诗的这一最初渊源决定了它在后世无论怎样演变,其"歌"的本性不可能被完全消解。正如学界对于现代新诗"革命"之所以多有微词,主要也是批评它和音乐的关系渐行渐远:当代人为什么能够记住许多流行歌曲,而所记住的现代新诗却寥若晨星?其中的原因不言而喻——"革"除诗的音乐之"命"是新诗的最大败笔。

汉语文体的第二个特点是注重文学性甚于文学界限本身,当下理论界关于"艺术界""文学边界"的讨论并不为古人所关心,当是20世纪西方话语的鹦鹉学舌。且不说魏晋之前的"文学"本身就是一个包括"学术"在内的宽泛概念,即使所谓"文的自觉"之后,许多文论家仍然继续在这一意义上谈论文学,表明汉语文体理论并不注重文学与非文学的区分。《文心雕龙》罗列了34种文体,从"诗""乐府""赋"等狭义的"文学",到"史""传""诸子""论""说"等广义的"文学",直至"奏""启""书""记"等应用文体,可以说无所不包,似乎并未就文学与非文学的区别做出严格界定。恰恰相反,从第26篇"神思论"之后,即所谓"剖情析采"部分,当然也就并非仅仅针对狭义的文学而言,而是笼统指称34种文体。就刘勰对于34种文体的排列来看,将"诗"和"乐府"放在最前,"书"和"记"放在最后,又似乎是依据各种文体的"文学性"的先后顺序安排,表明他对这一问题的重视。也就是说,在刘勰看来,无论任何文章,如果试图写得好,都要具有"文学性",都应遵循"神思"等审美规律,所谓"剖情析采"适用于所有文体。这就是在"大文学"观念主导下的文体观,它所关心的主要是各种文体的"文学性",而不是文学与非文学的文体区别。

由此我们就可以理解,为什么有那么多被称为"散文"的非文学作品进入了中国的文学史,① 无论先是秦散文还是汉代史传,以及战事表奏或民

---

① 在"散文"这一概念中现又衍生出"艺术散文"的称谓,可能是相对"实用散文"而言。我们在这儿所说的"散文"主要是指以先秦诸子为代表的散文,它们不是为艺术而艺术的散文,而是有着明确实用目的的美文。

◇ 文体形式论 ◇

间书信等，一些实用性很强的篇章竟然被后人视为"文学"而得以传颂。汉文体的这一特点和西方有很大不同，尽管"文学"概念在西方也有类似的演变，① 但是他们的文学史一般限指非实用的虚构作品。由此可以引出两个问题：一是康德的"审美无利害"是否完全适合解释汉语文体的美学属性，值得怀疑；二是引起当下学界焦虑的所谓文学边缘化、文学的越界、文学终结等，如前所述，是真问题还是假问题？是西方问题还是中国问题？同样大可置疑。

由于中国古代文体理论是建基在"大文学"观念之上，于是也就决定了尽管它有不厌其烦的文体分类，但是各种文体之间的互文现象又十分普遍，这就是它的第三个特点：文类互文。所谓"文类互文"，其实就是各种文类之间的交互插入。例如中国白话小说，经常于散体叙述之中插入诗、词、文、赋等文言文体，形成了"文白相杂""各体相杂"的奇特体貌。但是，这一文类互文现象却被西方学者所误解，将其作为小说叙事的"非整一性"而提出批评。② 在他们看来，其他文类的"插入"意味着小说文体的驳杂不纯，缺乏连贯性和整一性，有碍于小说叙事的顺利进行，殊不知这些小说原本来自宋元民间说唱艺术，其中插用的诗、词、文、赋之类在说唱现场各有其用，十分自然。即使那些专供案头阅读的"文人小说"也难免受其影响，于是也就延续了这一惯例。这些非小说文类的插入不仅不

---

① 美国学者乔纳森·卡勒认为，现在被我们称之为"文学"的东西，即 literature 这个词的现代含义才不过200年，此前是广义的"著作"和"书本知识"。卡勒. 文学理论入门[M]. 李平，译. 南京：译林出版社，2008：22.
② "非整一性"是毕晓普首先提出，后经夏志清、刘若愚等西方学者的沿用和阐释，逐渐成为近半个世纪以来西方学者有关中国小说文体研究最重要的观念之一。侯健. 有诗为证、白秀英和水浒传[M]//宁宗一，鲁德才. 论中国古典小说的艺术：台湾香港论文选辑. 天津：南开大学出版社，1984：146. 刘若愚. 中国文学艺术精华[M]. 王镇远，译. 合肥：黄山书社，1989：72-73.

是叙事的"累赘",反而平添了小说文体的高雅风格,① 并且已经同小说叙事融为一体,从而成为"有意味的形式"。重要的是,所谓中国白话小说叙事的"不纯粹",恰恰反映了汉语文类的"互文性"这一历史特点。

"文类互文"这一历史特点不仅在中国小说中有典型的表现,在其他许多文体中也有表现。例如汉诗,"用典"就是其最常见的文体形式。特别是所谓"题画诗"和"诗意画",这在以油画为代表的西画中是非常罕见的。西方学者虽然也谈论诗与画的关系,例如莱辛的《拉奥孔》,但主要侧重于诗与画的文体差别;中国古代文论家则相反,关注更多的是"诗画一律",即二者的相通之处。这就是中国古代的"语图互文"意识,当是中国"文类互文"中的应有之义。由此反观当下文学被图像化的状况,过分的担忧不仅不是必要的,恰恰相反,至少在汉语文体的语境中,很可能是文学的再生。

上述三个方面,即汉语文体的音乐性、文学性和互文性,绝非其历史体性的全部,仅限于"举例说明"而已,意在说明历史经验对于探讨当代文学文体及其变体的必要性。后者无论怎样演变,总会和它的历史有着这样或那样的联系。

三、当代先锋

20世纪80年代中期至90年代,文坛上出现了一股通常被称为"先锋文学"的思潮,影响巨大,不妨将其看作我国新时期文学变体之先锋。

"先锋文学"不仅摈弃了传统现实主义的宣教范式,也不同于此前的"伤痕文学"和"反思文学",例如叙述主体的分化、技巧的裸露等,以"元小说"的文体面貌改变了此前的再现模式,从而使其文体形式的创新具

---

① 中国古代文人历来视诗词赋为"高雅"文体,小说则为"街谈巷语,道听途说"之流。由此观之,中国古代小说为什么要在叙述中插入这些文体就很容易理解了,特别是在小说尚未进入"雅文学"殿堂之前。

有了真正的先锋意义。在先锋文学那里，黑格尔的"内容与形式"二分法已经不再，"形式"不再是"内容"的"容器"或"包装"，内容就熔化在形式之中，或者说内容被形式化了。形式一旦成为熔化了内容的文体存在，先锋文学的变体也就表现为形式的冒险和突进。

  这个转变是从马原开始的。在发表于1984年的《拉萨河女神》中，马原就开始尝试通过颠覆艺术的假定性原则和叙述视角的多重转换，来呈现叙述行为的拼贴效果。他的小说《虚构》更是把小说的"虚构"手法直接呈现给读者，完全不同于传统小说的"以假当真"，从而将"小说是什么"及其虚构过程直接裸露出来。《冈底斯的诱惑》讲述了三个不相干的故事，没有贯穿全篇的叙述者，作品不断地暗示又不断地否认三个故事之间的联系，甚至在第十五节中索性直接讨论该小说的结构、线索、遗留问题及其解决方案。这种裸露小说"内幕"的方式模糊了虚构与现实的关系，通过直接引入现实元素取代了想象所建构的艺术真实，实际上是在观念的层面向传统的文学虚构体性提出了挑战。这是先锋文学形式突进的共同特点。

  先锋文学常常呈现出一种"未完成性"，即不提供完整的故事情节、鲜明的人物形象和事件的最终结局，事实上是把更多的思考留给了读者。例如格非的小说，总是对事物的真相和生活的本质表示怀疑，他的《青黄》从考证九姓渔户的生活史开始，最后却以事实真相的被隐瞒而告终。马原的小说《总在途中》叙述了主人公姚亮在拉萨、沈阳、西安、新疆等处穿梭，"总在途中"，最后的行踪和结局却戛然而止，语焉不详。小说最后写道："细心的读者朋友一定发现本文缺第八章，不是我疏忽，是主人公姚亮执意隐去他新疆之行的故事。他毫不通融，拒绝配合，他完全走出他的上帝的视野，就象堕入黑洞。"可见，先锋小说挑战文学的虚构体性和其"未完成性"一脉相承，后者是前者的必然结果。

  "语言狂欢"是先锋文学的另一特点。例如莫言的作品，经常出现突兀的语词、连绵的长句和反复的排比，脏话、废话、闲话、笑话等连绵不绝，汪洋恣肆，没有羁绊。表面上看没有规范、粗鄙粗野，甚至泥沙俱下、一泻千里，实际却另有蕴含。例如他的小说《丰乳肥臀》，单就书名就令人震惊、寒碜，其中还多有这样的语句："黄鹤一去不复返，待到天黑落日头，让你亲个够。啊欧啊欧啊欧欧。""我是一个兵，来自老百姓。我是一张饼，中间卷大葱。我是一个兵，拉屎不擦腚。"正如巴赫金在论述拉伯雷的语言狂欢时所说的，其中的粗鄙和粗野总是"与生命、死亡、分娩有着最为本质的关系"①。莫言的语言狂欢正体现了作者对生命的某种理解，因为在莫言那里，对语言的感觉和对生命的感觉是一致的。

余华作为当代先锋文学的代表之一，是以"反文体实验"开始的。他的小说除了颠覆既有文体类型的叙事陈规之外，有的还包含了对国外同类文学作品的戏仿或互文关系，包含了对若干亚文类的混合和挪用，从而形成了一种别具一格的美学效果。他的"反文体实验"一方面瓦解了传统的文体建构模式，另一方面也赋予古老的文体以崭新的形式。他不断尝试对侦探、言情、志怪、武侠等小说亚文类进行颠覆性戏仿。孙甘露的《访问梦境》《信使之函》等则是小说、诗歌、散文、哲学、谜语、寓言等文类的混合。如果说前述解构文学的虚构体性、故事的未完成性和语言的狂欢等是先锋小说文学变体的具体表现，那么，余华、孙甘露等人的"反文体实验"则是在文类的层面对于传统文体的挑战。

文类层面的形式突进当然不限于先锋小说，那些很难划入先锋小说的小说，例如韩少功的《马桥词典》，也是以另外的形式呈现文体的杂糅和越界。和塞尔维亚作家米洛拉德·帕维奇的《哈扎尔辞典》一样，韩少功的《马桥词典》将"词典"和"小说"两种迥然不同的文类融为一体，即用词典的体式写作小说，可谓小说文体的"革命"。这种以"词典"为名的小说假借词典文体的共时文本结构，改变或弱化了小说的历时叙事传统，或

---

① 巴赫金全集：第六卷 拉伯雷的创作与中世纪和文艺复兴时期的民间文化[M]. 李兆林，夏忠宪，等译. 石家庄：河北教育出版社，1998：169.

者说是在历时叙事文体中尝试共时叙事之可能，进而建构了具有实践性和生产性价值的"可写之文"①，为阅读选择和文本重写提供了充分自由。它实际上是假借词典文体作为语词汇集和知识载体的客观真实性，消解了传统小说虚构和想象的先验规定，创制了"零距离真实"的错觉。就此而言，词典体小说和先锋小说挑战文学虚构体性的观念也是一致的。

除此之外，还有以韩东、杨黎、于坚、李亚伟等人为代表的所谓"口语诗写作"，在文学真实观方面也有类似的倾向。他们针对诗歌写作中的崇高化和象征化、比喻化倾向，提出了相对"知识分子写作"而言的"民间写作"口号，认为前者难以表现日常生活和现实世界的鲜活、多变，是一种自我封闭的"书斋写作"，民间口语才是保持诗歌活力的源泉，所以主张以口语化的方式表达和传递日常生活经验。这是当代诗体对于日常生活的尊重和对贵族化教养与趣味的反叛，事实上也是一种新的文学真实观。如果将口语诗看作现代新诗"我手写我口"的重新复活，那么，试图通过诗歌的口语化表达对于生活的接近，在文体形式方面倒有些现代性的意味。

总之，以先锋文学为代表的文体突进是我国新时期文学变体的先锋，他们挑战文学虚构体性的文学观决定了他们在文体形式方面的一系列冒险和突进。这些冒险和突进蕴含着他们对于世界和生命的新理解，并对跨文体写作、语言创新等变体现象产生了巨大影响。对此，本研究不可能面面俱到，只能选择词典体小说等有限个案，表征新时期以来文学文体的这方面特点。

四、媒体新变

如果把以先锋小说为代表的文学变体看作是当代文学变体的先锋，那么，进一步研究就会发现，自从以互联网为代表的"新媒体"出现之后，

---

① 巴特. S/Z [M]. 屠友祥，译. 上海：上海人民出版社，2000：55-63. 原译"能引人写作之文"。

当代文学变体又出现了新的视界。

网络媒体的出现导致网络文学的出现。严格意义上的"网络文学"是指充分利用多媒体技术在互联网上的即时写作，例如发表在台湾歧路花园网站上的小诗《西雅图漂流》，打开页面之后，那几句诗行和一般的诗歌没有什么区别；但是，当读者点击"启动"链接，诗中的文字就会抖动和翻转，并像雪花一样飘飘洒洒，从显示屏的左上角朝右下角飘洒而去，并逐渐溢出屏幕，除非另外点击链接"停止"或"还原"。这类作品显然和纸介作品有明显不同，是平面媒体不可能实现的动态文本，当然也就不可能将其下载并转换成纸质文本，因此具有后者完全不同的文体属性。它主要呈现的不再是文学的"韵味"，而是技术再造的"陌生感"和"震惊"效果；它使读者不再只是面对白纸黑字的"阅读"，而是亲临操作现场的"互动"行为。至于网络文学其他方面的特点，诸如"高自由度""非功利性"，以及传播的及时性和广延性等，都是由其文本载体的这一特性所决定的。

由此可见，文学的物质"载体"应当是考察文学变体的重要参照，以前的文体研究从未注意到它的这一属性。当然，注意文体的载体属性并非要对其载体本身进行研究，那属于物理学的范畴；而是说载体的变化直接影响了文本变体，文本变体又影响整个文体的异变。如果从这一角度纵观文学史，那么就可以发现，载体的不同导致文学的体式先后出现了三大历史形态，即所谓口传文学、文本文学和超文本文学。"口传文学"即口口相传的文学，声音是它的物质载体；"文本文学"即以纸质载体为代表的文学（包括此前刻写在岩石、龟壳、竹简和布帛等平面载体上的作品），这是迄今为止文学史的主体；"超文本文学"即新兴的以互联网为代表的电子载体文本。之所以将之称为"超文本"的代表，是因为作为文学史主体的文学"文本"由于被刻写在静态的平面物质载体上，所以是一种可以直观和触摸的稳定的文本（即所谓"白纸黑字"）；而"超文本"的物质载体不过是一些"电子数据"，必须通过技术转换才可能被受众直观和阅读。恰恰是这种

"技术转换"，使文本的"动态"成为可能，于是导致文学体性的一系列变化。这些变化归结到一点就是它的"超文性"，其中，动态的、立体的、即时的交互作用是超文本文学的重要特点，从而在根本上改变了"作者—文本—读者"之间的互动模式。尽管文本文学同样是有某种超文性，但其程度和性质大不相同：前者是偶然的、静态的、有限的、个别的，后者是必然的、动态的、无限的、普遍的，于是真正意义上的超文本由"变态"成为"常态"，并被普遍接受和认同（包括已经进入日常生活的 PPT 等）。

问题还不仅仅在于网络文学本身，而在于包括网络文学在内的整个网络文化对于文体观念所产生的巨大冲击。事实上，前述所谓先锋文体的先锋意识，诸如叙事主体的多元化、未完成性、语言狂欢，及其对于"零距离真实"的追求，等等，只是观念层面的存在；直到网络的出现，这些"观念"开始落实到"行为""行动"，即从"观念存在"转变为实际的"文学活动"。全新的"网络语境"为文学变体营造了无限的空间。于是，整个文学变体进入了网络时代；也就是说，即使这一时代的非网络文学，同样会受到网络文体观念的重大影响，主要表现为：

（1）受网络语言的影响，民间化和狂欢化正在改变着当代文学的叙事语体。民间化和狂欢化的语体风格既是对语言成规的一种反抗，激活了文学叙事的原生态元素，同时也在威胁着语体的高雅和规范。

（2）互联网作为一个庞大的超文本，不仅派生出了超文本的网络文学，而且催生了超文本的文体观，从而对整个当代文学产生了广泛影响。超文本尽管古已有之，但是仅作为一般文本的另类从未进入主流，其影响有限；而产生于和借助于网络新媒体的超文本完全不同，它所惯用的改写或拼贴消解了传统文本的同质性和统一性，致使异质的和多声部的马赛克拼贴成了时尚，超越了线性文本着重记载和描绘客观世界的传统理念。

（3）网络媒体的出现使互文现象普遍化和常态化。不仅表现在语言文本之间，也表现为不同文类之间，特别是语言和图像之间的互文，即文学被转化成图像艺术的潮流似乎已经势不可挡。这究竟预示着文学的穷途末路还是涅槃新生，值得思考。

（4）网络媒体的出现还使许多传统文体几近消失，或者彻底改变了它的本义。特别是私人日记和民间书信，作为两种最有代表性的民间文体，也是文学史上重要的文体类型，在当今的网络语境中已被彻底改变。它们的变体正在表明：人类在充分享受现代文明及其便捷的同时，传统文体所负载的私密感及其悠游情思已经渐行渐远。

（5）网络文体的平等、多元、自由和对话的理念正在潜移默化地影响着当下的文学创作，理性、正义、德性等文学的崇高风格正在退隐；与此相应，无厘头叙事和戏仿经典则大为盛行，轻松的"一笑了之"成了此类作品的流行风格，在突显娱乐性的同时也导致教化功能的弱化或消解。

这就是新媒体时代文学出现的新体式及其所面临的新问题，主要涉及语体、文本、文类和风格等四个方面。这四个方面就是当代文学变体的主要领域，需要我们的理论给予深度而有效的阐释。首先要真实地描述它们的文体样态，继而探讨蕴含在种种样态中的形式新规，以及文体形式研究的方法与案例，并在审美的层面做出必要的价值判断。

这就是本研究的基本任务和大体理路。

第一章

新文体的符号转换

20世纪80年代的中国文学,是在经历了30年的单调与偏执之后,特别是在经历了持续10年之久的"文化大荒漠"之上,突然勃发并繁荣兴盛起来的。与此前相比,20世纪80年代的中国文学令人眼前一亮,耳目为之一新,不妨将其称之为"新文体"。而考察这一新文体之"新"在何处,首先需要从文学的存在方式,即其符号本体开始。

一、两种符号

其实,将10年"文化大革命"贬为"文化大荒漠"是不确切的,带有强烈的感情色彩与明显的价值取向。因为这一"史无前例"的大事变、"大革命"本身就是一大奇特的文化现象;不同的无非是这一文化现象有着极其特殊的、有别于一般人类文化现象的符号系统。以文学艺术为代表的审美文化同样如是。

审美文化作为人类精神文化的构成,其最基本的符号学特征便是非特指性。一般精神文化,例如哲学、社会科学中的术语、概念、范畴等,有着固定的、明确的所指,不容混淆和多义。审美文化就不同了,例如文学艺术中的语言、意象、细节,如果企图使它产生美感效应,必然是非特指的、非确定的、多义的。贝多芬的《第九交响曲》指什么?《蒙娜丽莎》的微笑指什么?黛玉葬花和阿Q的破毡帽的所指是什么?人们只能感受到它的存在,而不能断定它唯一的所指和意义,它的所指和意义是多重的、含蓄的、非确定的。"破毡帽"作为一般语言学意义上的能指,它的所指是很清楚、很明确的;但出现在文学作品中便不同了,阿Q头上的破毡帽和游击队员戴的破毡帽所象征的完全是两种不同的意义。这便是艺术符号与一般文化符号的重要区别。

但是,"文革文学"的符号系统与一般文化符号系统往往没有这一明显区别。《杜鹃山》中的柯湘、雷刚象征什么?《龙江颂》和《海港》的矛盾冲突的所指是什么?《红灯记》和《沙家浜》中的"妈妈"的含义是什么?等等,都有非常明确、毋庸置疑的现实所指。即使诸如太阳、北斗星,或颜色、光亮、温度、气候等自然符号也都被赋予了统一的、固定的指称:黑暗、寒冷只能象征丑陋、腐朽的力量,无论在什么作品中,"鲜红鲜红的红太阳"的所指只能是唯一的偶像……

"文革文学"的符号系统就是这样规范了能指和所指的高度对应关系和绝对统一性,这在任何时代、任何民族的文学史中都是罕见的、史无前例的。这显然是对文学之审美规律的越规。文学之所以是文学而不是一般的文化,就在于它的审美本性,即"文学性""艺术性",而"文革文学"之符号系统的特指与固化,事实上是对"文学性"的疏离和对"非文学"的亲和,是用文学这一形式充任非文学的实用功能。这样,"文革文学"就必然隶属于、服务于那个时代的非文学,沦为直接为某种实用目的及其可操作的工具。

我们知道,就人类所创造的一般精神文化的符号本质来说,是主体联系、认知世界的中介和工具，地图、工程图纸、语言等符号都是如此。既然作为"中介"和"工具"，这些符号就必定有着对于客体世界的"特指"关系，有确定的、统一的意义，而能指和所指的错位，即所谓"言不及义""言不达义"，则是其大忌。但艺术就不同了，艺术作为符号，是人类情感的逻辑形式。它所表征的不是客体世界而是主体的情感或被情感化了的"内在生活"。情感不同于客体实在的地方就在于它"在我们的感受中就像森林中的灯火那样变幻不定、互相交叉和重叠；当它们没有互相抵销和掩盖时，便又聚集成一定的形状，但这种形状又在时时分解着，或是在激烈的冲突中爆发为激情，或是在这种冲突中变得面目全非。所有这样一些交融为一体而不可分割的主观现实就组成了我们称之为'内在生活'的东西"①。因此，一般意义上的语言根本无法将它忠实地再现和表达出来；尽管它有标示某种情感的字眼，如"欢乐""悲哀""恐惧"等，也只能大致地、粗略地传达它的主要特征而不可能是它的全部状态。艺术符号正是在这一意义上决定了它的非特指性，即只能用意会的、含蓄的、多义的语言，形象地显现虚无缥缈、闪烁不定的情感世界。

当然，这并不否认"文革文学"也有感情，将"文革文学"说成是"无情文学"并非实事求是，特别是被称为"革命现代京剧"的"样板戏"，当年曾经引起多少人的狂热和迷恋，但是，这种感情并非来自文学的"文学性"，即并非由审美活动的本身的职能引发的激情，而是来自"文革文学"符号的特指对象，带有明显的现实功利性。文学不能没有感情，但并非所有的感情都是文学。哭丧妇和宗教狂都有真诚的感情，但那绝不是文学的感情，因为这种感情是功利的、道德的、现实的。文学的感情必须是被形式化了的感情，是虚幻的、想象的、空灵世界的感情。我们从《红楼梦》和《安娜·卡列妮娜》中所触受到的感情陶染，既不能给当时的作

---

① 朗格. 艺术问题［M］. 滕守尧，等译. 北京：中国社会科学出版社，1983：21.

者带来实利，也不能给今天的读者以现实的功利。换言之，我们并不一定是因为自己同文学叙事有直接的利害关系才动之以情，也不会因其感情陶染而给我们带来直接的现实利害，完全是一种形式化的、艺术化的精神享受。由于"文革文学"符号所特指的对象与当时的中国现实密不可分，与当时的每一位文学接受者的命运紧密相连，因而人们必然地要从切身利害关系出发呼应"文革文学"的情感教育。这完全是两种不同的文学符号所蕴含和引发的不同性质的感情。

　　文学与非文学，艺术与非艺术，就是这样可以通过符号指称性质的认定做出判断：文学性、艺术性的符号是非特指的、虚幻的、自律的、形式化的；非文学性、非艺术性的符号是特指的、实在的、他律的、非形式化的。也就是说，严格意义上的审美符号是一种独立自足的虚幻形式，并不指称任何特定的客体实在；非审美的一般精神文化符号则是客体实在的忠实代码，它本身没有任何意义，它的意义只能是它所指称的对象的意义，正如任何工程图纸或电报文本离开工程本身或电报文本的所指只能是一堆废纸一样。"文革文学"之所以也可以成为"文学"，就在于它并没有蜕化为彻底的非文学符号，仍保留着一些基本的文学形式；但是，从总体上说，它并不是以文学符号的基本特性见长，而是以非文学的因素取胜，将非文学符号的"特指"效应伪装上了文学符号的外衣，因而它只能是"伪文学""准文学"。

　　看来，"文革文学"之所以寿终正寝，除外在因素（政治变动、"文化大革命"结束）之外，其本身的制作方式显然也有很大的局限。首先，由于"文革文学"的符号体系直指现实客体，与现实功利关系休戚相关，因此，它的效应时限必然随着现实生活的变迁而变迁，随着现实功利关系的调整而沉浮，它的生命力随着属于它的那个时代的结束而结束。其次，由于"文革文学"的符号体系是特指的，能指和所指之间有着严格的、统一的、不可位移的对应关系，形成了一整套"样板""程序"和"框框"，也就限制了作者的自由，表现在作品上便是"千人一面、万人一腔"的脸谱化和可操作性的重复。这两个方面，看来是"文革文学"最致命的硬伤。因此，要想使中国文学复兴，社会政治变革是前提，但仅此远远不够，必须在文学观念的层面对整个文学符号体系来一个彻底的改造——由非文学性符号向文学性符号的转换。

因此，如果问20世纪"80年代文学"最重要、最具全局性和普遍意义的观念变革是什么，我们可以毫不犹豫地回答：符号的转换——从非文学性向文学性的符号转换。这一转换便是文学从他律（或以他律取胜）向自律（或以自律取胜）的转换，从实用功利观向审美本体观的转换。整个20世纪"80年代文学"，正是在这一观念步步深入人心的过程中，才走向了自己的辉煌的时代。

具体说来，新时期的文学符号大体上经历了由"工具论"到"认识论"再到"本体论"这样三次转换，这三次转换同时也是文学观念层面上由"从属性"到"真实性"再到"审美本体性"的三次飞跃。尽管我们很难在物理时序上将这三次转换和飞跃严格划分开来（它们总是相互交叉），但是，由下文的探讨我们便可知道，将其内在的逻辑过程描述出来并不是不可能的事。

二、符号转换观念之一：工具论

"文以载道""文以明道""文以贯道""文道合一"等，历来是我国古代文化与文学的传统观念，堪称"主流意识形态"。它的基本内涵无非是讲："道"是内容，"文"是形式；"道"是目的，"文"是手段；"道"是主体，"文"是附庸……总之一句话，"文"为"道"服务，是盛载、昌明道统的器皿和工具，其本身没有独立性，只是在依附于、服务于道统的条件下才有存在的意义。如果说这一观念是就最广义的精神文化而言的，那么，它在反对形式主义文风方面是一个正确的主张；否则，将这一观念移植到审美文化,将其列为审美文化的"规矩",则是错误的、荒谬的。以我国传统文化为例,书法、绘画、戏曲为什么百看而不厌?《诗经》、《楚辞》、唐诗宋词等为什么百诵而不腻?难道仅仅是认知其"内容"方面的需要吗?事实上,这些艺术符号所蕴含的内容人们早已了如指掌,"百看而不厌""百诵而不腻"首先是一种形式的欣赏。当然,这是一种负载着内容的形式。在这些审美符号中,内容完全被形式化了;形式,在这里已经具备了独立的意味,决不仅仅是内容的载体、"工具"、"器皿"。

在中外文学史上,将一般的文化符号推广到审美文化领域,从而将文学仅仅作为"实用工具"的观念,恐怕莫过于17世纪西欧的古典主义和我国的"文革文学"最为登峰造极了。古典主义所奉行的美学教条就是"理性"至上,认为文学的人物就在于道德说教和劝善惩恶,为当时的君主专制和集权政治服务。为此,统治者们才用高俸厚禄豢养文学侍臣,为文学制作了一系列清规戒律,从而成为后人的笑柄。出现在20世纪60至70年代的中国"文革文学"不也是这样吗?它的最响亮的口号便是"文艺是阶级斗争的工具","文艺从属于政治、为政治服务"。因此,从1976年粉碎"四人帮"到1980年前后,我国文艺界在文学观念上的"拨乱反正",主要便是在这个意义上展开的。

自《华中师范大学学报(人文社会科学版)》1979年第1期发表朱光潜的《上层建筑和意识形态之间关系的质疑》,同年《上海文学》第4期发表该刊评论员《为文艺正名——驳"文艺是阶级斗争的工具"说》两文之后,中国文艺界开展了关于文艺与政治关系的大讨论。这是新时期以来牵动整个文艺界的第一次规模最大、影响最广的理论争鸣。无论是朱光潜引经据典阐释他的文艺"非上层建筑"说,还是《上海文学》评论员直捣"工具"论,他们的动机和意向都是相同的:鉴于"文革文学"对艺术规律的蔑视,特别是鉴于"四人帮"大搞"阴谋文艺"的沉痛教训,力求疏离文艺与政治的胶合状态,将文艺从政治的附庸、从属地位中解脱出来,为

◇ 文体形式论 ◇

文艺的发展拓展出相对宽广的空间。因此，这一呼声必然得到文艺界大多数有识之士的响应。这是20世纪"80年代文学"观念的第一次意义重大的突破。

值得回味的是，正当"80年代文学"在理论上热火朝天、面红耳赤地争执"工具"说和"从属"观谁是谁非的时候，恰恰是它在创作上"伤痕文学"走红、"反思文学"突起的时候。且不说"伤痕文学"和"反思文学"都有着鲜明强烈的政治倾向，这些作品的发表本身也成了当时足以使全社会注目的政治新闻，对推动"拨乱反正"和"思想解放"运动产生了巨大作用。而对于这一事实，无论是"工具"论者还是"非工具"论者都无异议，都从政治上给这些作品以充分肯定和高度褒扬。这一"二律背反"现象说明了什么呢？

这一事实首先说明，"文化大革命"这一动员八亿人参加的政治运动虽然过去了，但是，文艺界在这次运动中养就的政治热忱却没有也不可能迅速降温，人们仍习惯于从政治的角度思考文学问题（这是必要的）、从事文学活动（这是允许的），全社会也期待着文学以更犀利的笔锋针砭"文化大革命"时弊，以更深刻的思想检讨国民屡遭劫难的根源，以更敏锐的眼光前瞻疗救社会的良方。"伤痕文学"和"反思文学"正是在这样的历史条件下承担起了人民的委托和社会的众望。因此，它和"文革文学"不同的仅仅是："工具"的性质变了、"从属"的对象变了——由极"左"路线的"工具"变成了中国共产党第十一届中央委员会第三次会议路线的"工具"，由"从属"于极少数人的政治变成了"从属"于人民的政治。这一事实还说明，那些在这次观念变革中企图远离政治尘嚣、与政治脱离关系的企图是不现实、不明智的。"文革文学"的要害不在于它与政治的紧密相连，而在于它和腐朽的、阴谋的政治结缘。文学关心政治、干预政治并不是文学的耻辱和污点，而是文学的勇气和力量的显现。

但是，无论充任什么样的政治"工具"，文学毕竟还是在充任"工具"

的职能，仍处于"从属"的地位，说明文学观念的深层次问题并未彻底解决。尽管当时的文学产生了惊心动魄的轰动效应，但并非来自文学本身的"文学性"，而是来自文学符号的所指（内容），很难说与当时的政治事件或政治报告引起的轰动效应有什么本质性区别；尽管当时的文学有着催人泪下的动情力，但是很难说这种感情主要是审美的，艺术上的粗糙是它不容回避的事实。人民之所以原谅它的粗糙，首先得感谢十年"文化大革命"给人民带来的审美饥渴，以至于"饥不择食"，"有总比没有好"。更重要的是，当时国人的政治热情远甚于对艺术的热情，为了政治居然忘却了这是艺术。一句话，这段时期的作品，特别是"伤痕文学"，主要的精力是投入到当时的火热政治生活之中，还没有也没来得及拨冗思考一下文学自身——文学之所以是文学的"文学性"是什么。

这是 20 世纪"80 年代文学"之本体观念的蒙昧阶段。

三、符号转换观念之二：认识论

在文艺与政治关系的讨论中，一些论者就已经提出以"认识论"代替"工具论"的文学主张。在他们看来，将文艺看作是"阶级斗争的工具"之所以是错误的，就在于这一观念片面地理解和规定了文艺的本质和作用。文艺作为人类把握世界的一种方式，通过艺术形象真实地反映社会生活才是它的根本任务。因此，如果说文艺是"工具"的话，那么，应当说它是一种"认识生活的工具"，而不是"阶级斗争的工具"。①

自此之后，特别是自《文学评论》1979 年第 4 期发表何西来等《重评何直〈现实主义——广阔的道路〉》之后开始了关于现实主义问题的讨论，《红旗》1980 年第 4 期发表李玉铭等《对"写真实"说的质疑》之后引起了关于文艺真实性问题的讨论，以及与此有关的关于"歌颂与暴露"的讨

---

① 易原符. 认识生活：文艺的普遍职能：兼驳《文艺是阶级斗争的工具》[J]. 上海文学，1979（9）：75-79.

论、关于"反映论"和"本质说"的讨论等,将 20 世纪"80 年代文学"观念的变革引入另一个层面:从认识论的角度思考"文学是什么"。

与以阶级斗争"工具论"为基础的文学观相比,以社会生活"认识论"为基础的文学观显然大大拓展了自己的视野。表现在创作上,它既不像"文革文学"那样充任极"左"路线的奴婢,也不像几年前以"伤痕文学"为代表的早期 20 世纪"80 年代文学"那样,仅限于如泣如诉地抚慰历史的创伤,而是将整个社会生活和人的全灵魂作为文学表现的对象,上下几千年、纵横数万里,一幅波澜壮阔的艺术画卷赢得多少文学赤子的如醉如狂。从硝烟弥漫的越南战场到冰封雪飘的北国,从灯红酒绿的现代都市到黄土高原的僻壤古道,从叱咤风云的新时期改革家到无人留意过的凡夫俗子,都有艺术家的笔触,都可以在这幅画卷中看到自身的影像。特别是 1980 至 1985 年间,是新时期现实主义精神大放光彩的辉煌岁月。人民永远不会忘记,那土里土气的高晓声,那钢筋铁骨的蒋子龙,那理直气壮的张贤亮,那朝气蓬勃的梁晓声,那绘声绘色的陆文夫,那扑朔迷离的王蒙……

通过这些作家,人们确实认识了社会,也认识了自我;认识了过去,也认识了现在;认识了世界,也认识了中国。文学是"人类把握世界的一种方式",是"社会生活的反映",因此,"真实是文学的生命、是现实主义的核心"。看来,这些观念已被 20 世纪"80 年代文学"所实践、所证实、所认可。

既然如此,文学的真实性便成了 20 世纪 80 年代中国文学最神圣的追求和最热门的话题。艺术源于生活,是反映生活的镜子,因此,真实性便成了艺术的生命。但什么是艺术的真实呢?同是生活在当代中国的作家为什么在创作上会有那么大的差异呢?我们到哪里去找乔光朴、李向南这样的时代英雄和宠儿呢?同是反映生活中确实存在的事实,为什么《将军,不能这样做》《苦恋》一类的作品为意识形态所不容呢?直陈客观社会生活的作品是真实的,那么,像《春之声》《夜的眼》《风筝飘带》一类的作品呢?"准确、鲜明、生动"历来是文学语言的基本要求,那么,新崛起的"朦胧诗"是"非文学"还是表现了"新的美学原则"呢?新的文学现象一方面向传统真实观提出挑战,另一方面也表明创作实践事实上已经不再受传统观念的局限。文学作为人类认识世界的一种方式,不仅要认识客体世界,也要认识主观世界;不仅要反映社会生活,也要表现自我心路历程;并且,这种认识、反映和表现并非直接地、纯客观地、机械地映照,而是经过审美主体加工、重建的。这种加工、重建的过程就是想象。"想象"是审美主体把握审美客体、认识社会生活的"加工厂",文学世界中的一切——形象的图景、深沉的思考、道德评价——无不是通过"想象"这一"加工场"生产出来的。正是在这一意义上,文学的真实不是生活事实、不是客观实在,而是审美主体的虚幻,是一种特殊意义上的"假"。正如王蒙所说:"小说最大的特点恰恰在于它是'假'的……小说是根据生活的真实来的,但它本身是假的,这是它最大的一个特点。英文管小说叫'fiction','fiction'本身的意思是虚假。这个'假'是非常严肃的假,是从生活当中来的,是根据真的东西变出来的。但是它变了,它变的方式是通过虚拟。"①

按理说,文学之"真"与"假"的关系是文学之最基本的常识,无须深考细究。但是,对于新时期来说,这却意味着文学本体观方面正酝酿着重大突破。关键在于如何理解"文学本身":"虚"还是"实"?"假"还是"真"? 也就是说,文学的符号本体和存在方式是指向精神还是指向实在?

我们知道,"求真""扬善"历来被认为是文学的功能。现在的问题是,文学的认识作用与一般哲学、科学的认识作用有什么区别。在我们看来,这种区别最重要的是:文学的认识作用必须通过想象、虚拟才能实现,想象中的世界、虚拟出来的世界才是文学的世界,才是文学的本体存在方式。"真从来不美。美是一种只能符合于想象的价值。"② 非想象的"真"绝不

---

① 王蒙. 漫话小说创作 [M]. 上海:上海文艺出版社,1983:78.
② 柳鸣九. 萨特研究 [M]. 北京:中国社会科学出版社,1981:333.

是文学的"真";人们尽管可以从非文学的"真"中获得乐趣,但那绝不是审美的乐趣。我们之所以说某部文学作品是真实的,仅仅是指它讲述的故事的可信性、可接受性、可理解性,绝不是指在历史上或在现实生活中确有其事。

但是,多少年来,我们判断一部作品是否真实,仅仅以"生活本身"为依据,"生活事实"成了我们判定艺术真伪的唯一的、直接的参照系。看完《红楼梦》,非得把林黛玉和贾宝玉的档案查出来不可;看了阿Q,非得自个去对号,看看鲁迅是不是骂我……。这样的僵化和固执曾经阉割了多少艺术的生命和人的审美创造力。因此,如果仅仅承认文学是生活的反映,而不能从本体论的意义上区别这种反映与一般的非文学的反映有什么不同,那么,文学不又成为一种"工具"——一般意义上的认识世界的工具了吗?"80年代文学"如果不是在这一观念上有所突破,可以想见,那将是一副什么模样——指挥刀和棍棒挥舞下的臣民不是奴才就是屈死鬼,谈何文学的自由、自主和繁荣!

这使我们想起马克思、恩格斯和拉萨尔关于历史剧《济金根》的论争。针对马克思、恩格斯的批评,拉萨尔承认他所写的《济金根》不是历史上的济金根,而是他的(艺术上的)济金根。在他看来,戏剧的根本目的是让观众"信以为真",能使读者"出汗",历史上的真实和舞台上的真实是两回事,艺术只要能使观众相信舞台上的真实就行了。也就是说,只要符合观众的经验,只要让观众在审美幻觉中相信舞台上的表演也就足够了。拉萨尔对艺术真实的这种理解不但没受到马克思、恩格斯的批评,反而得到他们的默认。他们与拉萨尔的分歧主要是在历史观上而不是在艺术观上。在艺术上,他们都认为《济金根》是一部"高明的"、令人激动的"美的文学"。①

---

① 赵宪章,佴荣本. 马克思主义文艺美学基础 [M]. 南京:南京大学出版社,1992:109-116.

这就是建立在审美经验基础之上的艺术假定性原则，即：作为一般的审美经验，谁都清楚文学是作家"变"与"编"出来的，是想象和虚拟的世界。在这个世界里，一切都是以虚拟、假定的条件以及假定性因素所交织成的假定性逻辑为转移。无论是读者接受还是作家创作文学文本之前，这一事实实际上已被默认和认同了；或者说，读者或作家是在认同所谓艺术的真实是假定性的真实的前提下去进行阅读或创作的。因此，无论是欣赏还是创作，它所参照的绝不是生活事实本身，绝不应该以是否符合生活事实为最高原则，而是在认同文学真实之假定性原则的前提下，在假定性原则的契约中才得以进行的精神活动。这一观念意味着：文学作为符号，尽管与客体实在密切相关，但并不存在直接的关系，而是通过想象的中介；文学反映生活，但并非直观地、机械地反映，而是经过主体的重建。

这便是"80年代文学"之本体真实的一种彻悟。如果说"80年代文学"的现实主义精神与传统现实主义有什么不同的话，那么，主要便是对艺术真实性的这种新理解；如果说"80年代文学"建立在认识论基础上的文学观与传统的"反映论"有什么区别的话，那么，便是对艺术之假定性原则的认同。否则，"80年代文学"在挣脱了"政治工具论"之后，也只能滑向另一种工具论；而任何"工具论"，只要将文学视为"工具"，那么，它就必然否定、无视文学自身的规律，将文学符号与一般精神文化符号相混同。而对文学符号之想象性、虚拟性、非实指性的思考和实践，也就是向文学之"文学性"、"审美性"、非实用功利性的靠拢与亲和。

这是20世纪"80年代文学"之本体观念的启蒙阶段。

四、符号转换观念之三：审美本体论

如果说20世纪70年代末和80年代初的"80年代文学"主要是忙于"伤痕"的治疗、历史的"反思"和现实的"改革"，还无暇静下心来反省自身的话，那么，从20世纪80年代中期开始，人们便越来越对"文学是什么""文学不是什么"发生了兴趣。随着现代西方文艺思潮的涌入,"文学本体论"观念也很快被文艺界广泛接受,文学之所以成为文学的"文学性"问题引起普遍的关注。这时期出现的以"寻根"文学为主要标志的文化小说的兴盛便是极好的说明。

文化小说对"文学性"的追求主要是通过审美距离的扩延,实现文学符号能指和所指的错位,从而强化了符号自身的独立性和审美功能。概括地说,其间主要表现为"古""远""淡""奥"四个方面。

所谓"古",是指在时间上尽量捕捉古代的、传统的文化遗风。尽管大多数作品并不是写古人而是写现代人,但作者的笔锋所向却是发掘现代人身上的古代传统。汪曾祺的《大淖记事》、郑义的《远村》、乌热尔图的《狩猎图》和李杭育的《最后一个》等,都是选择现代社会中仍处于自然状态下的村社文化表现初民的古风遗习和传统的精神世界。这种原始主义创作倾向由于多以现代精神作参照,所以使"古"文化传统越发显得古朴、稚拙,在"现代精神"与"古代传统"之间便不可避免地拉大了心理距离。

所谓"远",是指叙述视点的遥远。有些作品叙述的本来是现代故事,与现代人有着密切的功利关系,但作者故意远距离观照以实现对现实功利的超越。例如《红高粱》,本来可以用"现在时"直接叙述,但作者却将叙述者转让给主人公的孙子("我"),选取孙子("我")的视角用"过去时"间接追忆,从而一下子把"镜头"的焦距推向遥远的过去。叙述者("我")和所叙述的故事的心理距离拉远了,就可以以旁观者的口吻对这段血与火、爱与恨的历史从容道来。这就是弗莱在《批评的解剖》中提出的"向后站"的审美原则:比如看一幅画,如果离它很近,我们只能分析它的调色及用笔的细节;如果站得远一点,画面的构思就看得比较清楚;如果站在离画像十分远的地方,那么,我们除了看到这幅画的"原型"之外,就看不到别的了，只看到一大块向心的蓝色和中间的一点而已。① 像《红高粱》之类的远距离视点，是否也是在寻找某种文化"原型"——"纯种红高粱"呢？

所谓"淡"，是指这些文化小说在主题、情节方面的淡化。它们不像传统现实主义和"伤痕文学""反思文学"那样以惊心动魄、扣人心弦的情节取胜，也不以提出什么振聋发聩、针砭时弊的社会问题引发效应，而是以淡淡的趣味赢得读者。张承志的"河"、邓刚的"海"、贾平凹的"商州"，以及郑义的《老井》、阿城的《棋王》和王安忆的《小鲍庄》等都有这一倾向。为了"趣"和"味"，作者甚至故意将本来可以连缀在一起的故事拆解开来，拆得七零八落之后再交给读者去重建；将本来清晰的意象涂抹得若隐若现，然后交给读者去猜度。在作者看来，文学的"趣"和"味"是在读者自行"重建"和"猜度"中品出来的，否则，作品只能成为"事"与"理"的符号载体，而与"文学性"相距甚远。

所谓"奥"，是指对于人情世态和社会心理的揭橥不流于表面，力求在集体无意识的层面上展示人的全灵魂。最早打出"寻根"旗帜的韩少功一开始便提出"根不深，则叶难茂"的文学主张，② 他的《爸爸爸》等作品所表现的不仅是湘西某偏远村落的一些古旧习俗和人生悲剧，而且蕴含着对这些古习和悲剧的痛苦思索和深沉剖析。读者从他那淡淡的情节和平静的语气背后反而感到一种高醇度的哲学理性，浓缩了湘楚文化，乃至整个民族的酸甜苦辣。这种表面不动声色，实则声色俱厉的"外冷内热"式的处理方式，同样是由审美距离所造成的"间离效果"："冷"是外部表象，"热"是实质意涵；通过"冷"的审美方式（叙述时貌似平淡、无倾向、零度情感、价值中立），达到"热"的效果（对整个民族文化的忧患与深思）。

这四个方面，"古"指时间、"远"指空间、"淡"指事理、"奥"指意

---

① 弗莱. 批评的解剖 [M]. 陈慧，等译. 天津：百花文艺出版社，1998：156.
② 韩少功. 文学的"根" [J]. 作家，1985（4）：2-5.

蕴，共同营造了审美主体与审美客体之间的心理距离。正是由于审美客体的古拙、辽远、淡薄和奥妙，才与审美主体拉开了距离。否则，以摩登的现代生活为题，叙述者和被叙述者利害攸关，或仅以主题的鲜明和情节的曲折取胜，或流于一般愚昧文化的暴露，都会导致作品功利关系的增值和审美感的降值，从而使主客体之间失去距离。因为"审美"不同于"认识"，更不同于"政治"；建立在审美基础之上的文学观既不是将客观地再现社会真实作为文学的基本旨归，更不是站在某阶级的立场仅仅给文学以政治学的规定。所谓"审美距离"的展开必然伴随着功利关系的退隐，但是，这并不是意味着文学"背对现实""远离尘嚣"，所谓"古""远""淡""奥"只是形式，是文学的"陌生化"手段，并非其审美理想。作为审美理想，20世纪80年代中期的文化小说无疑是一种现代意识，即以"今"观"古"、寓庄于谐的现代意识，表现了现代人在现代化进程中背负沉重文化遗产时的骄傲和忧患、欣慰和焦灼。

"心理距离"本是20世纪初英国心理学家布洛等人提出的一种审美本质说，它的基本含义是指人的审美活动应在艺术和现实之间选择适当的心理距离。一方面，审美主体在感知对象时应采取一种超然和脱离现实之实用目的的态度，否则，距离太近或失去距离就容易引起功利目的，产生实际生活态度的反应，失去美的感受。另一方面，如果距离太远，就不易被人理解，当然也不能进行审美活动。布洛将这一现象说成是美和美感的本质固然言过其实，但至少揭示了审美的重要规律。这是因为，文学作为符号，如前所述，它的基本特点是情感（非逻辑）性和虚幻（非现实）性；逻辑性和现实性只是文学符号的哲学规定，情感和虚幻才是其本体存在方式；而所谓审美的"心理距离"，恰恰是由文学符号的这种本体存在方式决定的，因而它必然有一种超然和脱离现实功利的态度。读者欣赏《红高粱》时为什么不去留意那场战争的是非曲直？或者说，《红高粱》为什么不像传统抗战题材那样以正义与邪恶的搏斗感动读者？为什么没有将现实理性推向王座并让其统辖一切？这显然是作者有意识地拉开审美主体与审美客体的距离，以期让读者从作品中主要获得审美本体的意味而不是非审美的教益。但是，作者弱化现实理性并非取消现实理性，《红高粱》的是非观仍然是鲜明的，它与传统写作方式的区别仅仅在于，"现实理性"在《红高粱》中被形式化了，即被形式熔化、融解了，并不是孤立的存在物，以至于使作品的是非观隐蔽到不用心去寻找便不会引人注意的程度。

文学之所以成为文学的"文学性"就是这样被"80年代文学"践行着，"审美价值是文学最根本的价值和本体属性"这一观念为越来越多的作家和理论批评家所接受、所认同。相对于建立在"工具论"和"认识论"基础上的文学观来说，"审美本体论"显然是对文学之更真切的理解。当然，这并不是对文学价值的全面评价，更不是对具体作品的全面评价。文学作为一个活的整体，是一个多棱镜和万花筒，具有多方面的价值和功能，审美只是其一，仅仅将审美标准作为唯一的圭臬是唯美主义，只能导向"玩文学""纯形式"，不足为训。但是，审美毕竟是文学之最基本的属性，离开这一属性谈论其他都是非文学的。就具体作品来说，其中既有文学因素也有非文学因素，但非文学在文学中并不具有独立的意义，它已经被"文学化"了，与文学整体胶铸在一起了，否则，便是硬塞进去的异物。因此，一方面，文学的价值体系当是多元的、复杂的；另一方面，审美价值又是其统辖一切、熔化一切、贯通一切的本体价值。从这一角度来说，新时期中期出现的"文化小说"是否在整体上超过了前期的"反思文学"，很难据此一言断定。任何时代的文学运动总是在"文学性"与"非文学性"、"审美的"与"功利的"相互撞击中发展的。文学的整体功能不偏向任何一方，而在于二者的交融方式和结构形态。具体说来，它落实在文本的创造上。

五、本体与文本

"新批评"著名代表人物之一，美国文艺理论家约翰·克罗·兰色姆最早将哲学的"本体"概念引入文艺批评。在他之前,"新批评"的一些早期批评家尽管反复强调"诗本身",但在兰色姆看来,由于他们仅仅停留在"情感论"的层面,以心理学家的身份谈诗,因而并非本体的批评;文学的本体就是作品本身,作品的语言文本才是情感、心理的客观对应物。在此之后,"新批评"关于"文学本体"的概念尽管屡有修正,但将"文本"作为文学本体的直接现实这一观念无甚异议。

所谓"文本"(text),就是作品的存在方式,即文学的语言现实。它是作家创作和读者接受的中介,是人类文学活动的符号存在。因此,由作品语言,即文学文本出发思考文学本体问题,不失为一条可靠而有效的途径。

事实证明,文学观念的变革总离不开语言的变革并通过语言的变革表现出来。"80年代文学"观念的变革也是这样,从"工具论"到"反映论"再到"审美本体论"的生成,总是通过语言文本的变革表现出来的。

首先,以"伤痕文学"为代表的早期作品在语言上的主要特点是摆脱了"文革文学"的"帮风帮气",传统的文风和技巧得到恢复。1980年之后,"80年代文学"本体观开始觉醒,关于"朦胧诗"和"意识流小说"的出现是其最初表征,其共同点是追求语言的多义性和非逻辑性,这恰恰是文学语言作为艺术符号的基本特性。由于它是多义的,作品的容量扩大了,内涵丰富了;由于它是非逻辑的,作品的情感色彩浓烈了,想象的成分更多了。这在王蒙的《夜的眼》《春之声》《海的梦》《风筝飘带》等作品中表现得尤其明显。

其次,发表于1983年《上海文学》上的《迷人的海》堪称"80年代文学"语言的精品。作品无甚曲折的情节,只是对老少两个海碰子下海、叉鱼技能方面的描写,不枝不蔓,全部功力用在语言的精雕细刻上。《迷人的海》在语言上的贡献,不仅表现在探幽烛微、天然妩媚、出神入化的艺术传达上,更重要的是表现了"80年代文学"语言观的新突破:文学作为语言艺术，它的基本特性是"象征"。① 文学的象征不是简单的"比喻"，它在跨向第二项时依然保持"本体"的自足性。因此，我们无须追问《迷人的海》究竟象征什么，它的文本本身就具有独立自足的审美意味。当然，我们并不反对有兴趣的读者去追寻它所象征的主题，例如有人将其归结为"代沟及其沟通"，② 但是，这将使作品变得索然无味。因为，既然文学是一种整体象征，就必然言近而旨远、言有尽而意无穷，其"旨"其"意"必然是多层次、多向度的。邓刚的贡献就在这里，他真正是在审美的层面将作品文本引向了无限空灵的世界而不是引向客体实在，从而赋予文本以独立自足性。

"80年代文学"语言观的第三次突破当是莫言"红高粱"系列的问世。"红高粱"系列的语言除保持文学符号的多义性和非逻辑性之外，又跃上了更高的层面：淡化它的褒贬内涵，现实生活中的尊卑、善恶、真伪等一切价值观念都在"红高粱"世界里被美化、被艺术化、被形式化了。那"最美丽最丑陋、最超脱最世俗、最圣洁最龌龊、最英雄好汉最王八蛋、最能喝酒最能爱的"高密东北乡；那匪气十足的抗日英雄余占鳌爷爷和"花花事多"的老板娘戴凤莲奶奶及其他们野合后生下来的父亲豆官；罗汉爷那两只被割下的耳朵在瓷盘里活泼地跳动叮咚作响，整个头部显得非常简洁；余大牙因强奸民女被枪毙后一只眼球震出眶外像粒大葡萄挂在耳旁……还有奶奶那被枪弹射穿了的"高贵的乳房"，王文义腹部被几十颗子弹打成的"月亮般透明的大窟窿"，甚至连饕餮疗饥、酒中撒尿都被莫言写得那么富有诗意，以至于使读者又恶心又兴奋、越恶心越兴奋，完全进入审美的境界。现实生活中的价值关系就是这样被莫言形式化了，就是这样在《红高粱》中变形了。这种语言叙事是运用"二律背反"的规律制造内在张力以

---

① "符号"与"象征"在英文中都可以用 symbol 一词，这说明"符号"本身就有"象征"的含义。
② 冯牧. 文学十年风雨录［M］. 北京：作家出版社，1989：313.

形成审美距离，从而使审美主体能够在完全属于自身的虚幻世界中纵横驰骋，酣畅淋漓、痛痛快快地表演人生的苦与乐、爱与恨。从这一意义上说，文学只有构筑了纯正的本体世界，才能够有创作和想象的充分自由。

从"朦胧诗"和"意识流小说"到《迷人的海》再到《红高粱》，这是"80年代文学"语言观念变革的三个"里程碑"，标识着作品文本逐步远离一般文化符号而走向艺术符号的进程。无论是"朦胧诗"对语言弹性的锻炼还是王蒙增加句号、减少引号，增加修饰词、减少谓语动词等方面的修辞主张；无论是邓刚的精工细作、捕捉微妙的感觉，还是莫言粗犷豪放的语义落差，都在追求共同的目标——文学本体，寻找文学之所以成为文学的东西是什么。"本体"和"文本"就是在这一意义上实现了重合。

但是，文学的"本体"是否就等于作品的"文本"呢？"新批评"以来，包括结构主义、符号学美学的一些理论家多持这一观念，将本体等同于文本。但是，当他们对具体文本展开分析时，又不得不涉及所蕴含的意味、情感、思想和文化背景。20世纪80年代以来，一方面出现了有些论者将形式、技巧等同于文学本体的观点，另一方面也出现了一些论者撇开文本扯谈"本体"的偏向。看来，这两种倾向都是片面的。严格地说，作品本文就是印刷品，即"白纸黑字"，属于物理事实；文学作品通过它得以存在但并不等于它；文学作品是精神存在物，精神、意识、感觉等非物理世界才是其本体存在；并且，这一非物理世界又是形式和形式化的世界，思想、理性、意志等在这一世界中都被形式化了。因此，所谓文学本体，一方面以文本为符码；另一方面，在这一符码中又熔铸着整个人类的精神世界——被形式化和符号化了的世界。这才是文学本体的全部内涵。

不难判断，"80年代文学"由工具论向反映论再向本体论的观念性嬗变，从总体上说是健康的、正常的，即在强化"文学性"的同时并没有放弃文学的责任，只是将这责任更加形式化罢了。因此，单就作品语言风格、叙述方式和文本结构来看，"80年代文学"就是一个足以令人眼花缭乱的世界，这对推动我国文学成为真正的文学无疑是强大的内在张力。一个简单的事实是，文学依赖思想的深刻和问题的尖锐已很难引起前些年那样的轰动效应，人民似乎不再将这些责任推给文学以强其所难。但是，我们必须清醒地意识到，那些逃避任何责任的"纯技巧""小把戏""玩文学"绝不可能占领神圣的文学殿堂，责任心和使命感一直是中国文学的传统，因为这块土地上的人民仍然需要它。

第二章

新文体的价值取向

将20世纪80年代的中国文学称之为"新文体"的理由不仅在于它的符号本体，还在于它与既往迥然有别的价值取向，即以"人的和谐"为主轴的价值坐标。相对此前的"以阶级斗争为纲""文艺为政治服务"等，这一价值取向显得特别突兀而伟岸，并对此后的文学、文化，乃至整个中国社会及其主流意识形态，都产生了划时代的影响。

一、价值与人

"'价值'这个普遍的概念是从人们对待满足他们需要的外界物的关系中产生的"[①]，"是人们所利用的并表现了对人的需要的关系的物的属性"，"表示物的对人有用或使人愉快等等的属性"，"实际上是表示物为人而

[①] 中共中央马克思恩格斯列宁斯大林著作编译局. 马克思恩格斯全集：第19卷 [M]. 北京：人民出版社, 1963: 406.

存在"。①

首先，马克思的这些论述告诉我们：所谓"价值"，是一种关系范畴。它既不表现为客体性，也不表现为主体性，而是客体与主体之间的一种客观关系；即表示客体怎样为主体而存在和主体怎样通过客体满足自己的需要。因此，讨论文学的价值，无论是强调"主体性"还是否定主体性而强调"客体性"，都是对价值观念的误解。其次，马克思的论述还告诉我们，所谓"价值"，是相对人而言的外在物的属性。"人"是主体，是目的；离开人，一切外物都无价值可言，任何外物的价值都以满足人的需要而存在。因此，讨论文学的价值，便不能不回到"文学是人学"这一似乎无甚新意的命题上了。

由这两个基本点出发去看20世纪80年代的中国文学，我们就可以发现，它的价值表现在这一特定时期人民的普遍需要和文学现实之间的关系之中；考察这一时期的价值观，当然也就是对这种关系形态的客观描述，即考察这一时期的文学在何种程度上并以怎样的形式满足了读者的需要。因此，如果说文学本体观是关于文学自律的观念，那么，文学价值观则是关于文学他律的观念，即"文学与人""文学与人学"之价值关系的观念。

事实是，"80年代文学"是在人性、人道主义、人的尊严和权利遭到长期摧残和压抑之后，在"人"的观念已经差不多从文学艺术的视野中消失之后崛起并繁荣起来的。因此，它在整个历史进程中所表现出来的对于善良人心和人性的渴望、追求和呼唤，是中国文学史上任何一个时期所不能比拟的。这一强烈的反弹作用力再次证明："人"与"文学"是不可分割的，文学的价值就是人的价值，脱离开"人"和人的需要，文学便无价值可言，"文学是人学"其实是一个永远不会过时的命题。

但是，文学之外的哲学社会科学，特别是人文科学不也是和"人"不

---

① 中共中央马克思恩格斯列宁斯大林著作编译局. 马克思恩格斯全集：第二十六卷第三分册［M］. 北京：人民出版社，1974：139，326.

◇ 文体形式论 ◇

可分割的吗？人类学、心理学、伦理学、史学、政治学、法学、经济学……不都是为了人、环绕人，与"人"密切相关的学术领域吗？它们同文学作为"人学"的区别在哪儿呢？细细分辨就不难发现，这一区别可以从本体论和价值论两个侧面看出：如果说情感性、虚幻性、非逻辑性、直观形象性等是文学之"人学"的基本属性，那么，追求人的和谐和内心世界的完善便是其最重要的价值形态。"乐者为同，礼者为异。同则相亲，异则相敬。乐胜则流，礼胜则离。礼义立，则贵贱等矣；乐文同，则上下和矣。"① "乐者，天地之和之；礼者，天地之序也。和，故百物皆化；序，群物皆别。"② "故乐也者动于内者也；礼也者动于外者也。乐极和，礼极顺。内和而外顺，则民瞻其颜色，而弗与争也；望其容貌，而民不生易慢焉。"③ "礼节民心，乐和民声，政以行之，刑以防之。礼乐刑政，四达而不悖，则王道备矣。"④ 总之一句话，"乐"、文学艺术等审美文化的意义是作用于人的内心，使人与人相亲合；"礼"等非艺术意识形态的意义作用于人的行为，规范社会之"序"。这当是文学作为"人学"有别于一般意识形态之"人学"的最基本的价值特点。

沿着这一思路去考察"80年代文学"，我们就会发现，它最重要的价值就在于在人的深层心理世界发动了一场革命，以摧枯拉朽之势荡涤着一切因陋守旧的积垢，为整个民族适应并参与以改革开放为主旋律的新生活锻造了健康的心灵。人们不会忘记"伤痕文学"和"反思文学"为新时期的思想解放运动所做出的贡献，不会忘记蒋子龙的改革家系列和李存葆对军人形象的重塑为张扬时代精神所做的努力，不会忘记20世纪80年代中期兴起的"文化小说"对民族传统的深沉反思，还有"意识流小说"和"朦胧诗"对人的心理空间和自我感觉的新发现……

---

① 鲁同群. 礼记 [M]. 南京：凤凰出版社，2011：152.
② 鲁同群. 礼记 [M]. 南京：凤凰出版社，2011：154.
③ 鲁同群. 礼记 [M]. 南京：凤凰出版社，2011：160.
④ 鲁同群. 礼记 [M]. 南京：凤凰出版社，2011：151.

重要的是，这些作品题材不同，风格迥异，但是为什么能引起不同阶层和职业、不同年龄和性别、不同阅历和文化修养的广大读者的共鸣呢？这就是人性、人情在起作用。我们可能没有王晓华的"伤痕"，但有一颗为人抚慰创伤的心；我们不是厂长或企业家，但不能对经济改革漠不关心；我们不是军人，但看到梁三喜的欠账单后不能不动之以情……。文学的价值和意义就是这样沟通了人与人的联系——因为我们都是血肉之躯，七情六欲人皆有之，恻隐之心人皆有之。正是人类所共通的人性、人情和人道决定了人与人的相互理解和同情。"80年代文学"正是在这一意义上化解了人们心灵上的积郁与隔膜，成为整个民族承受10年新生活挑战的心理凝聚力和情感寄托的家园。

这，可能是早在2 000多年前中国第一部美学著作《礼记·乐记》中就已论述过的"乐"之"和"的价值吧！

二、阶级斗争与人的和谐

所谓"和"，就是和谐、和顺、协调；所谓"乐"之"和"的价值，就是说艺术具有协调人与人相互关系的功能和意义，或者说人可以在艺术活动中实现个体与社会的和谐。"80年代文学"之所以在这方面满足了人民的需要，当然有着深刻的社会背景和文学背景。

按照历史唯物主义的观点，社会是划分为阶级的，阶级斗争是社会基本矛盾的表现并推动历史的进步；但是，阶级斗争并非在任何条件下都是激烈的、主要的，特别是在无产阶级取得政权之后，如何满足广大人民群众日益增长的物质和文化需要已成为社会的主要矛盾。但是，在极"左"路线的干扰下，我们只记住了前半句而忘记了后半句，将刚刚摆脱了"三座大山"的新中国又马上投向紧张的"阶级斗争"的漩涡中去，直至演变为"文化大革命"这场全民性的大动乱。这些一场接一场、一场比一场更激烈、更具规模的"阶级斗争"实则是矛盾扩大化，社会生产力遭到大破坏，更重要的是伤害了人心，破坏了人心的和谐和宁静。人与人之间的关系成为猜疑、敌视、斗争，而不是信任、亲和、友爱的关系。"与人为善""和为贵"等中华民族的传统美德以及"民主、自由、博爱"等人类社会的现代文明都被贬为封建主义、资产阶级的意识而遭到了全盘否定。人民疲惫了，精神压抑、孤独、迷惘、萎缩，智力惊人地下降。只是在这种境况下，人世间的理解、信任、友谊、和善才显得弥足珍贵；只是在这种境况下，"80年代文学"的一些作品，特别是一些早期作品，哪怕艺术上很不成熟，只要融进了这些"人情味"，一般都会赢得读者的强烈呼应。

从文学背景来看，在"以阶级斗争为纲"的思想指导下，新中国文学尽管取得了一些成绩，但"概念化""公式化"始终是驱不散的阴云。为什么？很简单，文学要服从"阶级斗争"的需要。"阶级斗争"是"纲"，文学创作是"目"；纲举目张、以纲带目，文学没有自己的目的和独立性，只为"阶级斗争"的形势服务，只能证明"阶级斗争"是长期的、复杂的，有时是很激烈的，必须"年年讲、月月讲、天天讲"。这样，人们从文学中就不可能得到"和"的补偿，只能接受"斗"的训导。在现实中难以得到的东西在艺术中同样难以得到，在生活中避之不及的"斗争"在艺术中依照原样重演，文学的价值何在？即使那些有自己独立见解的作家在自己的作品中哪怕是小心翼翼地流露出半点人性、人情味，也会立即被指责为"小资产阶级情调"而难逃厄运。从这一意义上说，"文革文学"的价值是"非文学"，是"工具"和"传声筒"，它所承担的责任并不是文学所应当承担的，文学所应承担的"和民声""同民心"的责任它没有，在当时也不可能承担。"80年代文学"的价值就在于，它的主旋律虽然与改革开放的时代主旋律完全合拍，但它绝不是某种观念、政策或时代精神的传声筒，而是立足于自己的阵地完成属于文学自身的社会责任——在满足读者审美需要的同时追求人的和谐与完善。这主要表现在：

（1）直接控诉所谓的"阶级斗争"给人民所留下的创伤。这在"伤痕文学"和那些反映特定时期冤狱生活的"大墙文学"中表现得特别明显。无论是描写十年"动乱"给人民留下的"内伤"或"外伤",还是描写更早一段时期的"反右"运动所造成的遍地冤狱,那一幕幕妻离子散、背井离乡、含辛茹苦、忍辱负重的画面正是对那些无休止的"斗争"的血泪控诉。从空军某兵团司令彭其的所谓"反党"冤案(《将军吟》),到普通青年学生的爱情悲剧(《枫》);从党的忠诚战士葛翎所受的折磨(《大墙下的红玉兰》),到微不足道的小商贩田玉堂的无辜(《内奸》);从二十几岁就开始劳改生活的知识分子章永璘(《绿化树》),到奋斗了大半辈子都盖不起几间房的农民李顺大(《李顺大造屋》)……阅读这样的作品,人们会想些什么?"阶级斗争扩大化"已经扩大到上至国家领袖、下至平民百姓中的每一个人,已经扩大到外至社会政治、内至个人隐私的各个角落,已经扩大到整个民族社稷、家庭个人、心理情感都无法继续承受的地步了!

(2)揭橥精神的麻木、心理的隔膜和变态。正如人们早已指出的,刘心武写出宋宝琦的愚昧无知和性格畸形并不算什么神来之笔,重要的是写出了人们从未怀疑和思考过的谢惠敏式的性格畸形和内伤,因为她所表现出来的一些品质向来都是作为天经地义、理所当然的东西被社会所认同、所肯定的。谢惠敏身上的"谢气"不仅表现了青年学生的精神状态,更深刻的是烛照出整个民族精神的麻木、迟钝、僵化和孱弱(无论是小流氓还是团支书,居然都认为《牛虻》是"黄书"而羞于问津)。以写老实憨厚的乡下佬闻名的高晓声为什么突然玩起"现代派"来了?你看他那钓鱼反被鱼钓的《鱼钓》,以及在《绳子》《山中》《飞磨》和《心狱》等作品中所描绘的那些疑神疑鬼、惶惑不安、处处戒备、相互猜疑、苦闷孤独或神经过敏等众生相,不正是一幅幅变态、失常的"心电图"吗?至于本来就以"意识流"见长的王蒙为什么选择这一手法展示人心的隔膜(《风筝飘带》)和"庄生晓梦迷蝴蝶"似的感觉重叠(《蝴蝶》),还不是为了让读者能够设身处地地、更真切地去体验深层心理世界的困惑、动荡和焦灼吗?

◇ 文体形式论 ◇

（3）张扬个性、人性的真诚、善良和美好。即使在那些"暴露""文革"创伤、控诉冤狱生活的作品中，我们同样可以看到人性、人情的亮点和闪光点。一方面是残酷的政治批判，另一方面是人与人之间的关心和友谊（《三生石》）；一方面是壁垒森严的铁丝网，另一方面是含情脉脉两相爱（《雪落黄河静无声》）；一方面是"大墙"里的持枪看守，另一方面是纯洁、善良、极富同情心的天使（《土牢情话》）；一方面是牢骚满腹、玩世不恭的大兵，另一方面又是疾恶如仇、一腔热血的男子汉（《高山下的花环》）……中华民族虽然屡遭磨难，但仍然生生不息、顽强拼搏，靠的是什么？就是这种以"和"为核心的精神向心力和心理凝聚力。她历史悠久、根深蒂固，不能够也绝不会在几次灾难过后便丧魂落魄、一蹶不振。改革开放的新生活在呼唤，各种利益关系在迅速地调整，迎接这样的时代不仅需要先进的科学技术和丰富的物质条件，更需要坚强的人格力量和健康的心理素养。"80年代文学"正是在这一关键时刻担当起了整个民族的心理调节责任，为整个社会塑造着现代文明的精神风貌。

（4）表现人际关系的新调整和个体意识的新觉醒。"改革"，不仅是经济关系的改革，同样也是人际关系的调整，并深刻影响、启发着人的心灵世界。一向忍气吞声的冯幺爸的脊梁终于挺直起来了（《乡场上》），手里有了钱的黑娃也可以开次"洋荤"照张相了（《黑娃照相》）。他们开始意识到自己是一个独立的、有血有肉的个体存在，应该具有一个完整的人所应具有的一切。这种个体意识的觉醒在诗歌中主要则是表现为自我的反思和探求："假如我重活一次，我要像修订一本书那样，把我的一生修订一番。有的地方，我要整段地涂掉……"（《假如我重活一百次》）；"黑夜给了我黑色的眼睛/我却用它寻找光明"（《一代人》）。他们往往在抒写悔恨的同时表现出悔悟，在倾诉失落的同时表现出获得，在反思历史的同时表现出向往，在发泄迷惘的同时表现出寻觅。还有那些冠之为"探索""新潮"的影视文学所表现出的充分的主体精神，以及其他一些作品所塑造的一系列具有鲜活个性的艺术形象，都昭示着个体意识的新觉醒，这对十亿人民在改革开放的大潮中创造性的劳动和个人才能的充分发挥，无疑是一种精神支持和艺术肯定。

种种迹象表明，"80年代文学"主潮的流向既不是抽象的人道主义，也不是"反封建"所能概括的，而是实实在在的、看得见抓得着的、具体的现实的"人"，这就是屡遭"斗争"的磨难和痛苦、寻找和谐与宁静、渴望民族的振兴和发展的、大写的中国"人"。离开这一现实的基本点讨论"80年代文学"的"主潮""价值"和"意义"都难免坐而论道的弊端。中国的现实就是：一方面有着外部世界现代文明的强大诱惑，另一方面又必须保持中华民族固有之血脉；一方面急切地盼望物质文明的高度现代化，另一方面又必须注重人的素质的同步提高和完善；一方面是改革开放给人民带来了实惠，另一方面又伴随着腐朽没落的社会病对人的灵魂的侵袭；一方面是新的生活方式为人民创造了更多更平等的竞争机遇，另一方面是对这种生活的不适应和由此而引起的困惑、焦灼、压抑感以及人与人的陌生化、疏远化；一方面是高科技、高效率的社会化大生产，另一方面是人与自然的日趋分离和遥远……"80年代文学"正是在这些矛盾中显示出自己的价值——对人的和谐的美学理想及其向往、追求。

具体地说，"人的和谐"应当包括人与人的和谐、人与自然的和谐这两个基本方面。应当说，这两个方面是马克思主义者终身为之奋斗的共产主义目标，自然也是整个人类社会的审美理想。正如马克思所说："这种共产主义，作为完成了的自然主义，等于人道主义，而作为完成了的人道主义，等于自然主义，它是人和自然之间、人和人之间的矛盾的真正解决，是存在和本质、对象化和自我确证、自由和必然、个体和类之间的斗争的真正解决。"① 自然主义把自然界认作世界唯一的真正本体，把人仅仅看作自然

---

① 中共中央马克思恩格斯列宁斯大林著作编译局. 马克思恩格斯全集：第四十二卷[M]. 北京：人民出版社，1979：120.

界的一部分,人的本质完全成了自然的本质;人道主义则强调人是世界的本体,认定只有人才具有最高的价值。而在马克思看来,过分地强调自然或过分地强调人都是片面的,二者应当统一起来,彻底的自然主义应当以人为中心,彻底的人道主义应该首先把人看作自然界的一部分。也就是说,我们应该在自然唯物主义的基础上强调人的作用和意义,同时要把人及其活动理解为自然物质的感性活动。只有这样,才能实现真正的人的和谐。

我们所说的"80年代文学"对于疗治屡受"动乱"和"斗争"之苦的中国人的心理病所做的贡献,对于沟通新形势下人与人之间的理解、同情与互助所做的努力,主要也是在这两个方面所表现出来的人的和谐,一方面是人与人的和谐,另一方面是人与自然的和谐。如果说表现愚昧与文明的冲突、寻找新的伦理规范是"80年代文学"人与人相和谐的审美理想之达成,那么,在人化的自然和自然的人化中营造新的家园,则是"80年代文学"人与自然相和谐的艺术情结之寄托。这两个方面构成了"80年代文学"价值观的两大指向,二者都是基于"回忆过去"而"期待未来"的审美理想,即由80年代的新现实生发开去、扩展开来的文学再现。这就是"80年代文学"的价值结构。

看来,我们有必要对这一价值结构的模型进行必要的描述。

三、现代文明之向往

"正像达尔文发现有机界的发展规律一样,马克思发现了人类历史的发展规律,即历来为繁茂芜杂的意识形态所掩盖着的一个简单事实:人们首先必须吃、喝、住、穿,然后才能从事政治、科学、艺术、宗教等等。"[①] 但是,在极"左"思潮的干扰下,在相当长的一段时期内我们所忽略的恰恰是这一"简单事实"和简单道理,以至于20世纪80年代以来人们首先

---

① 中共中央马克思恩格斯列宁斯大林著作编译局. 马克思恩格斯选集:第三卷[M]. 北京:人民出版社,1972:574.

关注的是外部世界的物质文明。被作者自命为"唯物论者启示录"的《绿化树》《男人的一半是女人》等作品，正是深刻地揭示了这一浅显的道理。其主人公章永璘以惊人的坦率和诚实鸣告世人：人，一旦失去了最基本的物质条件，心理变态如斯，人性沦丧如斯，谈何人的尊严、价值和理想！谈何人的和谐、完善与发展！有了最基本的物质需要的满足，才能萌发情欲的感受、政治的信仰和理想的追求。正是在这一意义上，作者张贤亮才将主人公最终推向经道济世的征途，甚至与黄久香的离异也成了章永璘的一大义举。

事实说明，物质与精神在任何条件下都是不可分的整体，物质的匮乏总是伴随着精神的贫困。不难发现，"80年代文学"对于国民劣根性和愚昧现象的批判，总是将其置于经济不发达的穷困"角落"，将物质的穷困作为精神穷困的现实背景。这也可称为"80年代文学""唯物论者"的重要启示吧！无论是李顺大、陈奂生、丙崽那副"阿Q相"，还是胡玉音、盘青青、彭竹妹这组"芙蓉姐"姊妹家族谱；无论是《被爱情遗忘的角落》，还是《远村》《老井》等所轮番上演的人生悲喜剧，都寓意着这样一个简单而深刻的道理：对于那些尚未摆脱经济穷困的人群和个人来说，不可能有丰富而健康的精神生活和对于现代文明的真切理解，人的愚昧、麻木和片面总是和物质文明的匮乏有着直接或间接的联系。就像《棋王》中的王一生那样，他那副令人心酸的饕餮相，再好不过地证明了"囿于粗陋的实际需要的感觉只具有有限的意义。对于一个忍饥挨饿的人说来并不存在人的食物形式，而只有作为食物的抽象存在；食物同样也可能具有最粗糙的形式，而且不能说，这种饮食与动物的饮食有什么不同"①。

从这一意义上说，人的和谐与完善首先是物质文明的丰富和发展，"君子言义不言利"的思想观念和社会体制必须革除。正是在这一意义上，中

---

① 中共中央马克思恩格斯列宁斯大林著作编译局. 马克思恩格斯全集：第四十二卷[M]. 北京：人民出版社，1979：126.

◇ 文体形式论 ◇

国人民在20世纪70年代末正确选择了改革开放的道路。事实证明，这是一条走向民族复兴的现代化之路。但是，随着改革开放的深入，人民又马上发现这并不是一条一帆风顺的道路。随着经济关系的调整，人与人的关系也发生裂变，"义"和"利"的矛盾日趋尖锐化、白热化，于是出现了《鲁班的子孙》和《人生》一类的小说。在鲁班的忠实后裔及其不肖子孙之间的矛盾中究竟谁是谁非？高加林对于事业、生活和爱情的选择究竟是对是错？读者众说纷纭、难得共识。这些作品一方面成功地表现了新经济因素对于人的精神世界的强大刺激，另一方面又流露出面对历史进步和伦理规范的尖锐矛盾而无可奈何。"一切都翻了一个身，一切都刚刚开始安排"——列宁非常欣赏托尔斯泰借列文的话对19世纪最后30年俄国历史的这一描绘，现在我们用这句话来形容我国20世纪80年代整个民族的心态也是再恰当不过的了。这"翻了一个身"的东西，是每一个中国人非常了解或比较熟悉的传统文化和价值标准；那"刚刚开始安排"的东西，却是最广大的人民群众很不了解的、陌生的生活方式和行为准则。

人们注意到，在"80年代文学"的艺术画廊里，有一大批如乔光朴、李向南一样的叱咤风云的改革家，他们是时代的弄潮儿，是新生活的创造者，同时也有许灵钧、陆文婷一样的默默无闻的奉献者，他们在普通的岗位上背负沉重的压力艰难地行进；有一大批如梁三喜、郑志桐一样的无畏无私的军人形象，他们为了祖国和人民的利益牺牲了爱情、家庭，甚至生命，也有一心为群众利益巧妙周旋的魏支书（《河的子孙》）和给每个家庭带来温馨和爱心的父亲（《父亲》）或母亲（《敬礼！妈妈》）。他们是中华民族的脊梁和灵魂，是我们这个民族生生不息的血脉之源。他们的鸿鹄之志、博大胸怀或勤劳勇敢、善良克己的美德必将激励人民同心同德、顽强奋斗。这是毫无疑问的。

人们同样注意到，在"80年代文学"的艺术画廊里也成功地塑造了一些"多余人"的形象，并抨击了那些自私自利的个人主义人生观。《醒来吧，弟弟》中的彭晓雷、《命运交响曲》中的韦乃川、《燕儿窝之夜》中的任海萍就是这样。长期的"阶级斗争"，特别是"十年动乱"，摧毁了他们的人生信念，于是便"看破红尘"、玩世不恭、逃避生活、沉沦冷漠、自谓超度、逍遥自得。他们曾一度被欺骗，有心灵的创伤或生活的失意，但是，有人可以从欺骗中学来聪明，抚慰着创伤继续投入新生活，他们却由此而产生幻灭感，自外于生活，成为时代的落伍者。《飘逝的花头巾》中的沈萍原是一个敢于同命运抗争的女大学生，但是，她却经不起拉关系、"走后门"等不正之风的诱惑，最终导致受骗、沉沦。究其原因，是她没有将"个人奋斗"与民族振兴的大业扣连在一起，只是"为个人而奋斗"的自私自利而已。尽管人们对秀川、高加林褒贬不一，但是，一旦生意兴隆便偷工减料（秀川）、一旦地位改善便见异思迁（高加林），都是不道德的行为；老木匠尽管缺乏商品意识，但他恪守鲁班祖训，为人处事以"和"为上，为人们所称道。"商品意识"是经济发展的杠杆，但人与人的关系却不能商品化，人的意义和价值不能以商品的追求为最高目标。"80年代文学"对这类不健康的人生观的鞭挞，无疑具有振聋发聩、警告世人的作用。

正如高尔基所说："美学是未来的伦理学。"① "80年代文学"正是在这一意义上充任了新时期生活方式的"未来的伦理学"。当然，文学充任"伦理学"绝不是简单地褒贬、真伪、善恶、对错或美丑的判断，也不是强制读者去恪守，而是"未来"性的，即仅仅是作为一种理想而存在，并将这种理想融汇在了丰富、完美的审美过程之中。因此，"80年代文学"对于民族精神的重塑往往表现为多向的维度，而这多向维度的总体指向便是对现代文明的向往。

首先，人与人在人格、机会和自我发展等方面的"平等"，是现代文明的重要标志之一。但是，中国封建社会悠悠两千多年，以惊人的超稳态系

---

① 斯托洛维奇. 审美价值的本质[M]. 凌继尧，译. 北京：中国社会科学出版社，1984：99.

◇ 文体形式论 ◇

统矗立在亚洲的大地上，为世界历史所绝无仅有。作为一种社会制度，今天它已不复存在；但是，作为一种社会意识，它又不可能立即消失。封建主义的核心是讲究"君君、臣臣、父父、子子"的等级观念，所谓"等级"，就是不平等，即一些人在人格、机会和自我发展等方面享有特权，而另外一些人则恰恰相反。在个人崇拜的狂热年代，电影放映员只因仓促中误将领袖形象倒置几秒钟便被戴上反革命帽子，宣传部长只因用印有领袖外事活动照片的报纸包东西便受到残酷斗争（《记忆》），这种在人格上所占有的特权给人民留下的创痛至今仍记忆犹新。新时期以来，随着市场经济的发展，我们一些领导干部经不起金钱的诱惑，利用职务之便中饱私囊，或拉关系、走后门，大搞不正之风，败坏了党风、民风。这种在政治、经济等方面的特权造成了机会和自我发展的不平等，同样受到"80年代文学"（特别是纪实文学）的揭露和批判。这种不平等说到底是家族关系的社会化。家庭是社会的细胞，血缘关系是封建关系的自然基础。封建血缘关系最直接的特权是夫对妇、父对子的绝对控制权，它的社会表现便是君对臣、臣对民在政治、经济及一切社会生活中的绝对占有。可以设想，在这样的社会之网中不可能实现现代化，只能产生大大小小的家庭或个人的悲剧，人们的政治、经济活动和婚姻、爱情生活不可能是正常的、健康的。"80年代文学"正是通过对这些畸形的、变态的人缘关系的揭橥和否定，表达出渴望现代化的中国人对于现代文明生活方式的向往。从改革家形象的艰难步履中，从改革中首先受惠的农民的笑声中，从"寻根文学"的文化脉搏中，人们已经看到、听到、感觉到这一春的信息，她正阔步而来。

其次，人与人之间的信任、理解、同情、尊重、互助和友爱也是现代文明的重要标志之一。人们不会忘记历史上的资本主义在其原始积累时期所走过的痛苦道路。尽管他们口头上也喊自由、平等、博爱，在现实生活中却是金钱至上、商品第一。为了"钱"尔虞我诈、不择手段，这在19世纪批判现实主义文学中得到淋漓尽致地暴露。中国实现现代化不能重蹈覆辙，而应当在引进商品经济的同时保持民族德性的优良传统。因此，"80年代文学"对于新经济因素给传统人伦美德所带来的危机的描写也完全不同于批判现实主义，总是在揭发痼疾的同时流露出爱心，在暴露丑恶的同时闪出亮色。《赤橙黄绿青蓝紫》不但写出了一群年轻人的伤痛和玩世不恭，而且写出了他们告别历史、面对现实和迎接未来的人生探求；不仅写出了他们的牢骚和精神空虚，更重要的是写出了新一代年轻人的相互理解、信任和友爱。史铁生对当年"插队"的回忆尽管凄楚、寒酸，但充满了对故园人民质朴品格的怀恋和情感。因为文学不是历史，历史一旦进入文学，便不是功与过的问题。历史上的秦始皇、武则天都是有功的，但老百姓不喜欢；"文化大革命"虽是一场动乱，但有很多值得回味的东西；虽然没有人愿去穷乡僻壤落户，但那里简约的人事关系和"天人合一"的生存状态却可以成为审美的对象……因为文学的价值在于以情动人，往往"感情用事"，人的和谐与完善往往是其最普遍的道德准绳。

最后，允许个性发展的充分自由，是现代文明的重要标志。人一是要生存，二是要发展；一是要社会的充分发展，二是要个体的充分自由；一是要体魄发展的自由，二是要个性的无拘无束。因为人应该是完整的、丰富的，尊重他人的个性也就是尊重人的完整性和丰富性。封建社会将人隶属于封建专制，"溥天之下，莫非王土；率土之滨，莫非王臣"①，否则便是异端、乱党。在资本主义社会，人是金钱的奴隶，同样不可能有自由全面的发展。于是，追逐这一目标便成了"80年代文学"的美好理想。邓刚的《迷人的海》写得那样迷人，他不仅是人的体力与智力的自由较量，更是人与人、人与自然的完美融合。莫言的《红高粱》写得那样痛快，它似乎是在昭示读者：一个人，要爱就痛痛快快地爱，要恨就痛痛快快地恨，这才算是一个真正的"人"——喝红高粱酒长大的"人"。如果说徐迟的《歌德

---

① 诗经［M］.越达夫，注评.南京：凤凰出版社，2011：256.

巴赫猜想》发表后人们开始理解、原谅知识分子的个性和怪癖的话，那么，新诗潮的出现、"现代派"的崛起，则进一步促成了人们对各种思维方式和审美趣味的认同：你有你的世界，我有我的世界，各有各的路数与爱好，没有必要整齐划一。这才是对人的个性的尊重和宽容，只有在这种心平气和的气氛中，才能出现自由发展的局面，才能孕育出生动的精神个性。这是一种胸怀、一种境界，是一种文化的解放和开明，是挣脱愚昧、启迪心智、走向现代文明的必由之路。尽管"80年代文学"中的某些作品隐含着某些不健康的个人主义，或者倡导"自我表现"的文学观，但是，从总体上说，它对于个性的肯定和宽容，以及为达成人的和谐起到了积极的作用。

四、精神家园之回归

就像每个人不仅需要理想的追求、事业的成功，也需要精神的寄托和家庭的温馨一样，文学的价值也不仅表现为目标的设计、未来的向往，也表现为意识的还原和历史的回归。文学的这两种价值指向就像天平的两极，忽略任何一方都会失去心理的平衡，无助于人的和谐之达成。

一个最显然的例子是，文学和回忆有着密切的关系。文学作为幻想、想象、虚拟、美化，不仅属于未来，也属于过去，属于历史，属于往事，属于失去了的时光。为什么？正如陆文夫所言："因为回忆象个筛子，能把灰尘和瘪籽都筛光，剩下的都是颗颗好样，一等一级。即使留点儿灰尘，那灰尘也成了银粉，可以增添光辉；即使留几颗瘪籽，那瘪籽也成了胚芽，可以长成大树……痛苦中也能品咂出美味。"① 过去的事物虽然已经过去，但是它们所表现出来的精神不会中断，仍然属于今天，影响甚至制约着今天，激励甚至决定着明天。因此，作家艺术家总是像美化未来一样美化着历史，在艺术想象中回忆那些不可让渡、难以忘怀的，但却属于我们的今

---

① 陆文夫. 艺海入潜记［M］. 上海：上海文艺出版社，1987：32.

天或明天的历史。这,就是文学所依依留恋、苦苦追索的历史情结和精神家园。

那么,就"80年代文学"来说,它所留恋和追索的历史情结和精神家园是什么呢?概括地说,它主要是在"人性的童真""文化的原生态"和"历史的自然化"三个方面表现出特别的一往情深、魂牵梦萦,追忆着心灵的慰藉和寄托。

事实上,文学表现人性的童真向来为理论家所论及:"童子者,人之初也;童心者,心之初也。""夫童心者,真心也,若以童心为不可,是以真心为不可也。夫童心者,绝假纯真,最初一念之本心也。若失却童心,便失却真心;失却真心,便失却真人。人而非真,全不复有初矣。"① 早在16世纪,我国明代思想家李贽就看到文学的这一价值。20世纪以来,随着心理学和人类学的崛起,文学与儿童、文学精神与儿童心理、文学活动与儿童游戏等成了西方一些学者感兴趣的话题,弗洛伊德就曾将儿童的天性作为探索人类文化原型的重要参照之一。如果说李贽"童心说"的提出是针对封建道德对人性的压抑,具有张扬个性解放的意义的话,那么,20世纪以来西方学者对于童真的价值发现则是针对资本主义对人性的扭曲,企图追寻一种"复乐园"式的人生境界。

"80年代文学"对于人性的童真发现首先表现在儿童的文学化和文学的儿童化。所谓"儿童的文学化",是指那些以儿童生活为题材的作品一改"文革文学"政治化、成人化的倾向,抓住儿童所特有的天真、稚趣、好奇心和求知欲,展现他们对大自然的向往、对小生命的热爱、对弱者的爱怜和对美好事物的憧憬。那绮丽的幻想、活泼的童趣、无瑕的心灵、晶莹的世界不仅使儿童流连忘返,也足以勾起成人对童年的回忆。童年之所以能在作家的艺术世界占有一席之位,是因为那时的印象总是最清新的,犹如

---

① 郭绍虞.中国历代文论选:第三册[M].上海:上海古籍出版社,1980:117.

晨露新月，朦胧迷人，洁亮无瑕。所谓"文学的儿童化"，是指那些选择儿童的叙述视角和感觉方式，直接或间接地运用儿童的眼睛观察世界、思考人生和描述事件的文学作品。在这类作品中，一方真诚纯洁，一方胸藏城府；一方鲜活稚嫩，一方老辣狡黠，形成强烈的反差。在这种反差中，读者会更加真切地看到那一颗颗没有被污染、没有畸变的自然童心。铁凝笔下的香雪姑娘（《哦，香雪》）和安然同学（《没有钮扣的红衬衫》）不都有这样一颗自然童心吗？"一个成人不能再变成儿童，否则就变得稚气了。但是，儿童的天真不使他感到愉快吗？他自己不该努力在一个更高的阶梯上把自己的真实再现出来吗？在每一个时代，它的固有的性格不是在儿童的天性中纯真的复活着吗？"①

更重要的是，"80年代文学"对人的童真的眷恋还表现在作家始终以赤子之心美化生活。梁晓声对北大荒的深情，李杭育对葛川江的缅怀，张承志对黄河的虔诚，邓友梅对乡土的执着，总是在涩果中咂出甜味、在麻辣中品出清香。读过王蒙《在伊犁》的人总企图在那逍遥游的精神状态下看到骨子里的血泪和抽噎，但他却告诉我们这并非佯颠佯狂，在他的思想深处确有一种对于生活的执着、兴趣和爱，是一种与人民在一起的自得、自在。② 新时期的一些作家正是以这样一颗赤子之心回忆过去，真诚地对待生活、表现生活。即使在高晓声的幽默或讽刺中，我们也可以感受到作家的大度、原谅和宽容。读这类作品时，与其说读者灵魂的净化来自作品，不如说来自作品背后的作家，是作家的童真塑造了文学的品格。

20世纪80年代中期，中国文坛上出现了一股被称为"原始主义"的文化寻根思潮。从汪曾祺的风情小说，到阿城的《棋王》《树王》《孩子王》和《遍地风流》；从韩少功的楚文化探寻，到郑万隆的《黄烟》《空山》和

---

① 中共中央马克思恩格斯列宁斯大林著作编译局. 马克思恩格斯选集：第二卷［M］. 北京：人民出版社，1972：114.

② 王蒙. 王蒙致何士光［J］. 当代作家评论，1984（4）：29.

《野店》；从李杭育的"最后一个"，到郑义的《远村》《老井》；从贾平凹的商州文化，到张承志的《黑骏马》《北方的河》；从莫言的红彤彤的高密东北乡，到王安忆的《小鲍庄》和马原的《冈底斯的诱惑》；从"森林之子"乌热尔图的大兴安岭世界，到藏族后裔扎西达娃的世界屋脊之"魂"……他们的一个共同特点是用浪漫主义的笔法描绘远离现代文明的边地情调和恬淡安适的田园生活，或用粗犷雄浑的语言铺写在神秘文化笼罩下的人的生命冲动和原始欲望，或用貌似心平气和的方式叙述现代社会的某些角落仍旧沿袭的古老风习和生存方式。其中不乏愚昧落后之痼疾，更有真诚纯朴之乡情；不乏粗野凶悍之鲜血，更有率直简约之人缘；不乏闭塞滞后之沉闷，更有和谐温馨之气氛。这股来势汹涌的尚古主义思潮是20世纪80年代出现的一个重要文学现象。

其实，"尚古主义"并非文学史上的新鲜货，早在欧洲文艺复兴和启蒙运动时期，就有过不少次"回到古希腊"思潮的发生。这股思潮在19世纪的表现便是浪漫主义对工业文明的唾弃和对古代田园生活的歌颂。20世纪以来，现代派以人与社会、人与人、人与自然、人与自我的全面异化为主题反证人类社会原生态的必然性，呼唤人性的复归，向往人的自然存在方式。毕加索的绘画、奥尼尔的戏剧、福克纳的小说、弗莱的神话原型理论，以及拉美的魔幻现实主义等，都流露出返归自然、崇尚远古文化的创作倾向。如果说这一倾向产生的重要社会心理动因是出于对西方社会现代文明的厌倦，像《黑暗的心》（康拉德）、《月亮和六便士》（毛姆）和《骑马出走的女人》（劳伦斯）中所描写的那样，那么，这对于一个刚刚走出动乱之渊、尚未完全解除温饱之虞的中国社会来说，有什么资格绝圣弃智、厌倦现代文明呢？

首先，中国的现代化不同于西方现代文明之路，它并不是纯粹的无外力介入的自我生发，而是从它萌生的那一天开始，便受到西方文明的影响和渗透。因此，中国的现代化之路必然自始至终伴随着中西文化的冲突。

◇ 文体形式论 ◇

这种冲突在任何条件下都有可能导致激化和创痛。因此，无论我们的现代化之路是否刚刚起步，也不管我们距离现代化目标还多么遥远，两种文化的选择在任何时候都必然是艰难的、痛苦的。从这一意义上说，"80年代文学"尚古主义思潮的出现，是中国社会对西方文明挑战的一种逆反性反应，即在这一挑战面前，急不可耐地要寻找精神休憩的港湾，生怕被海浪卷走，先抓住一条"根"。其次，改革开放激活的商品经济的发展，也激活了人的利欲；"放"进来现代文明，也"放"进来了精神障碍。我们没能在建设精神文明的同时有效地控制道德的沦丧和腐败的滋长。这样，人们在大块吃肉、大碗喝酒的同时，又在大发牢骚、大声骂娘，开始怀念那块失去了的"净土"。更重要的是，新经济因素的增长将人们投入紧张激烈的竞争之中，紧迫感、疲惫感无时不在袭击着人们的心灵，因此，那种"日入群动息，归鸟趋林鸣"的境界作为一种心理补偿自然成为人们思恋的生活，那种基本上处于自然经济状态下的渔猎、放牧和村社生活便成为作家笔下的乐园。"回忆"这只"筛子"就是这样通过文学的形式，将颗颗都是好样的"种子"呈现在人们面前。正如维特根斯坦所说："早期的文化将变成一堆瓦砾，最后变成一堆灰土。但精神将萦绕着灰土。"① 这是一堆令人一往情深、魂牵梦萦的"灰土"和永远不能忘却、时时企望回归的精神家园。

与这种对文化原生态的钟情相伴而来的是，新时期文化寻根小说同时表现出对大自然的倾慕和崇拜。高山流水，大漠孤烟，夕阳古道，秋水长天；或萋萋芳草，幽幽空山，茫茫雪海，融融日暖。在那神秘蛮荒的"蓝色的高地"上（李晓桦），在那"琥珀色的篝火"旁（乌热尔图），在那曲折漫延的"葛川江"岸（李杭育），在那"黑骏马"奔驰的大草原（张承志），处处弥漫着古朴的静穆与安详。或如深山野庙之苍凉，或如天涯行旅之孤独，或如地老天荒之阔大，或如远离尘嚣之野趣。这般高蹈的风神和

---

① 维特根斯坦. 文化和价值 [M]. 黄正东，唐少杰，译. 北京：清华大学出版社，1987：5.

飘悍的气韵究竟标识着我们的文学何种大精神？在向往现代文明的今天，在新变革来临的今天，我们的作家为什么倡导远离现代文明标志的大都市而去浪迹天涯？为什么倡导离开钢筋混凝土浇筑的都市文化而投向大自然的怀抱？

　　需要首先认同的是，"80年代文学"的大自然崇拜绝不是写作技巧上的"比喻"或"环境衬托"，诸如将"杨柳依依"比喻"情意绵绵"、用"暴风骤雨"衬托"心旌摇荡"之类，而是将大自然作为独立的审美对象，或在"天人合一"的境界歌颂大自然的永恒和雄浑。因此，这种意义上的自然界已经成为人类社会不可分割的一部分，是被人化、社会化了的自然。正像乌热尔图对大兴安岭自然景观的描写一样，离开那莽莽林海和人兽搏斗就没有鄂温克人的义勇、强悍和古朴。恰如歌德所说："人和大自然是生活在一起的。"① 自然界是初民的食库，也是现代人的母腹；无论现代文明如何发展，人总是自然界的一部分，人的肉体、理性、心理都源于自然界；世界统一于物质，人统一于自然，自然界对人和人的精神来说是唯一没有起源的存在。这是辩证唯物主义的基本原理，也是自然界成为"80年代文学"独立审美对象的根本原因。

　　正是基于对自然的这一认识，马克思主义者始终认为社会历史也像自然界一样表现为"自然历史过程"②。"社会是人同自然界的完成了的本质的统一，是自然界的真正复活，是人的实现了的自然主义和自然界的实现了的人道主义"，"历史本身是自然史的即自然界成为人这一过程的一个现实部分"，就是"自然界对人说来的生成过程"③。因此，"80年代文学"对大自然的崇拜也是对人和社会历史的崇拜，是人与社会历史的自然化，寄

---

① 爱克曼. 歌德谈话录 [M]. 朱光潜，译. 北京：人民文学出版社，1972：112.
② 中共中央马克思恩格斯列宁斯大林著作编译局. 列宁选集：第一卷 [M]. 北京：人民出版社，1972：10.
③ 中共中央马克思恩格斯列宁斯大林著作编译局. 马克思恩格斯全集：第四十二卷 [M]. 北京：人民出版社，1979：122，128，131.

◇ 文体形式论 ◇

托着作家关于人与历史的社会理想。这一理想就是：人与历史应当是自然的人、自然的历史，即像自然界那样有着自然而然的客观发展规律，任何人为的外力对它的扭曲和障碍都必然是短命的、暂时的。这是对中华民族精神和中国历史文化最凝重、最深沉的反思和最真诚、最深情的呼唤！

在我国古代，"自然"一词较早出现在老庄论著中，是被作为哲学概念使用的。老子主张"无为"，认为人本身和社会现实也像自然万物那样自生自灭，不必人去"为"，"有为"就"伪"，人或万物就失去了自己的原貌、本色和质朴。庄子往往是在谈论人性时谈论自然，将自然天性视为人性的理想极致，认为一切后天的礼法名分都是对人性真淳的破坏和玷污，就像"落马首，穿牛鼻"违反动物的天性一样，只有"天人合一"、彼此不分的人才是"真人""至人"，"天与人不相胜也，是之谓真人"。① 这些言论概括地说主要有两大要义：①自然就是"无为"；②自然就是人性之"原本"。可以说，这种道学思想与佛禅精神类似，作为儒家正统的异端，对我国文化品格的塑造产生了极大的影响，这在晋宋山林文学中表现得尤其突出，即使在《红楼梦》这样的文学巨著中也能现出它的影像，足见它已消解在整个民族文化的血脉之中。因此，我们也不能断定"80年代文学"对自然的崇拜与老庄精神毫无干系，特别是在某些作品中所流露出来消极遁世、自我陶醉之情绪，以及对人的自然本能的玩赏和过分展露，都是不同程度的对道学自然观中消极成分的认同，表现出文学回归自然的负价值。

首先，文学的自然崇拜是一种精神家园的寄托，是人类在大自然母亲怀抱中的一种安全和安适感、皈依感，这和所谓"背对现实、面向自我"是两码事。文学对自然的崇拜在本体的意义上是对人和历史的崇拜，人与历史在这里表现为自然的复活，脱离人与历史的自然描写是不存在或不成功的。其次，文学的自然崇拜也是人的自然化过程，人表现为自然存在物

---

① 庄子[M]. 王先谦，集解. 方勇，导读. 上海：上海古籍出版社，2009：63，159.

在这里必然得到充分显示。但是,"人的自然化"只是作为"过程"而不是作为"目的",其目的是最终实现人的和谐,即一方面是人与人的和谐,另一方面是人与自然的和谐。如果在自然的崇拜过程中过分偏向人的自然本能的玩赏或展露,无异于将人降低为动物。这样便不仅不能实现人的和谐,反而制造了人与自然的对立并必然波及人与人的对立,就像在某些作品中对两性关系的过分渲染必然导致向人的自然属性严重偏斜那样,这种意义上的人当然也不会是和谐的、完善的,只能是一种自然畸形。

总之,人与自然的和谐、人与人的和谐是一个整体,是"人的和谐"总价值的两大指向,人的现实存在是其胶结的支点和轴心。"80年代文学"的价值观尽管五花八门,但似乎都可以在这幅结构图中找到自己的坐标。

第三章

理论批评之文体新变

与文学创作几乎同步，20世纪80年代的文学理论批评也在急切地探索不同于此前的新转型，其中最典型的当是20世纪80年代中期文艺学方法论的大讨论。重要的是，这次讨论的主要意义不仅在方法论本身，更在于讨论背后对于科学精神的崇尚。中国新时期文学理论批评，正是在崇尚科学精神的氛围中，逐渐挣脱了庸俗社会学的缠绕，进而实现了自身的文体转型——由"批判文艺学"向"建设文艺学"的逆转。

一、方法论及其科学精神

翻开20世纪80年代中期的报刊，随时可以发现方法论方面的论文或消息，文艺学移植"三论"（即系统论、信息论和控制论）几乎成了大会小会、课堂课下、茶余饭后的诱人话题，甚至波及、影响到非文学学科。新时期以来，我国文艺学主要是受到其他学科的影响，如果说也有风光一时，并对其他学科产生过影响的话,那就是20世纪80年代中期的这次方法论大讨论,即以"三论"科学的移植与借鉴为主导的大讨论。当然,也有学者对这次讨论发表过不同意见,认为关于"三论"的移植和讨论既没有弄懂什么叫"方法论",也没弄懂什么叫"三论","只是在那里'论'"!论来论去无非是"概念大换班","用一些人们不熟悉的概念,去讲一些人们已经熟知的道理",如此而已。① 这种负面批评不能说没道理,问题是我们应该以更加宽广的视野反思这次大讨论,特别是这次讨论所表征的科学精神,对此后的文学研究产生了积极而深远的影响。

  首先需要回顾的是,早在20世纪20年代末至30年代初,我国就开始译介文艺学方法论方面的论著,如伊科微支的《唯物史观的文学论》、本间久雄的《文学研究法》、平林初之辅的《文学之社会学的研究方法及其适用》、哈德孙的《文学研究法》、丸山学的《文学研究法》、卡尔佛登的《文学之社会学的批评》等。与此同时,国内一些学人的相关论著也开始面世,如陈彝荪的《文艺方法论》、戴叔伦的《文学方法总论》等。如果说这也算中国现代文学史上的第一次方法论热,那么,它距离以"五四"文学革命为标志的现代文学开端已有10年;而20世纪80年代中期的这次方法论热,距离"新时期文学"的开端同样接近10年。那么,在这两个10年间所发生的两次方法论热意味着什么呢?套用成仿吾对第一个10年的概括,我们不妨做出如下表述:第一次方法论热是"从'文学革命'到'革命文学'"的产物;20世纪80年代中期的方法论热,则是"从'反思文学'到'文学反思'"的产物。新时期以来,人们越来越不满足于文学的"反思"价值,越来越注重表现人的深层世界和全灵魂,并由此带来手法的更新,出现了所谓"不象小说的小说""不象戏剧的戏剧"②,艺术的花花世界必然引出文学本身的反思:文学究竟是什么,文学的价值究竟是什么,文学

---

① 陈冲. 钻一钻牛角尖 [N]. 文论报, 1986-01-11.
② 余宗其. 作家的形象记忆 [M]. 沈阳: 春风文艺出版社, 1994: 85.

的表现方法究竟是什么，如此等等。因此，我们的理论批评再也不能固守旧有的模式，必须进行自我反省，寻找新的维度和方法。20世纪80年代的方法论热便是在这一背景下发生的，堪称中国新时期文学发展的历史必然。

我们知道，在人文精神领域，文学世界是最自由、最能充分展现个性的世界。理论、批评、鉴赏也当如此，每位受众或批评家都有权利根据自己的审美经验接受或排斥任何一部作品，当然也可以根据自身的知识结构发表不同的文学见解和美学观点，完全没有必要"舆论一律"，没有必要统一在同样的模式和方法中。但是，在一个相当长的时期内，我们的理论批评几乎是千人一面、万人一腔，政治社会学以压倒优势雄霸了几十年。特别是在"四人帮"文化专制主义时代，政治社会学不仅代替了一切，而且被教条化、庸俗化了，最终沦为政治阴谋的工具。粉碎"四人帮"后，理论批评为消除这类庸俗社会学的影响进行了不懈努力，在形象思维、文艺与政治的关系、批评标准等一系列问题上进行了拨乱反正。但是，这些问题也只是停留在"拨乱反正"的水平上，建构一个崭新的、能够充分展示个性的、自由自主的理论批评，寻找一种新的、能够充分展示个性的、自由自主的思想方法等，也就成了学术界的普遍期待。正是这样一种心理态势，"三论"才引发了学界的普遍关注，人们似乎在这里发现了属于自己的新世界，找到了能够迅速摆脱庸俗社会学的有效途径。这就是20世纪80年代以"三论"移植为主导的方法论热的直接动因。

明确了这一点，我们就可以毫无愧色地说，以"三论"移植为主导的方法论热，无论存在什么样的问题和失误，毕竟是功大于过、利胜于弊。具体说来主要表现在以下三个方面。

（1）整体性原则的确立。对于世界的整体性把握是"三论"方法的基本理念。所谓"整体性"，就是强调将对象作为一个不可分割的有机的整体，主张从整体出发考察部分而不是相反；因为部分不可以离开整体，它只能是整体的部分，整体大于部分。以往的文学理论批评恰恰相反，由局部到整体似乎成了一种思维惯性。例如，为了认识某种文学现象，首先把它分解为若干部分——"内容和形式""倾向性和真实性""思想性和艺术性""政治标准和艺术标准"等，似乎只有先将整体解剖为若干部分才能把握艺术规律，实则是将有机的艺术形象整体割裂开来了，富有生命力的形象整体变成了干巴巴的筋条，以至于为"抓住一点，不及其余"提供了口实。这种解剖式的理论批评无视作品是一个完整的有机体，例如，虽然孤立地看，茶花女和杜丽娘的生活方式应该受到道德的谴责，但在完整的艺术作品中却是催人泪下的感人形象；纤弱的病态和丑陋的相貌是令人生厌的，《红楼梦》中的林黛玉和《巴黎圣母院》中的卡西莫多却成为千古绝笔。这就是艺术形象的系统性、完整性，以及艺术要素的不可分割性。离开形象的整体性去分析个别艺术要素，必然导致艺术的解体和泯灭。庸俗社会学的这一致命弱点就在于它缺乏整体观念，把部分作为思维的前提和立足点。"三论"科学启发我们，对任何文艺现象的把握，都必须从整体出发考察对象的内在联系，用整体观念统帅系统诸要素的个别研究。这是理论批评立足点的重大转移，奔向了思维方式的一个新的制高点。

（2）非线性空间。这是"三论"科学在方法论上的另一突出特点，即在注重微观世界纵向分析的同时，更加强调宏观世界的横向联系，从而使"世界文学"观念与"比较文学"方法成为可能。传统文学理论批评更多地侧重作家作品的前后关联，横向空间的比较研究十分有限。后者其实是一种单向线型思维方式，遵循的是"时代（社会）—作家（作品）"的分析路线，因果分析是其主导。"三论"科学则把对象看作是一个多自由度、多层次的复合运动系统，因而主张采取多向的、立体的和非线型思维方式。单向线型思维意味着惰性、惯性和习性，非线型思维就是要打破惰性、惯性和习性，要求对文学现象进行积极能动的、多向多层次的立体研究，最大限度地释放思维的能量，尽可能地拓展思维的空间。就像林兴宅对阿Q形象的研究那样，将对象看作是一个多自由度、多层次的复合体：从社会学的角度研究它，我们当然可以把它看作是某个时代、某个阶级的典型；从心理学的角度研究它，我们又可以把它说成是超时代、超阶级的"精神胜利法"的典型，反映了一个失败者的变态心理；从一般世界观和方法论的角度，我们又可以在阿Q身上看到共性与个性的统一。此外，还可以从伦理学、政治学、历史学和价值论等诸方面去考察他的属性。但是，这些属性又不是并行的，而是相互交叉的，它们之间构成"无数个力的平行四边形"①，并在美学意义上取得统一。

（3）动态思维方式。贝塔朗菲的开放系统认为，活的有机体并非各个元素的集聚体，而是具有组织性、整体性的不断变化的系统。因而，为了认识这些系统，必须改变思维方式，摒弃传统生物学的分析相加方法，改用动态的观点，从运动过程而不是从静止的状态考察生命系统。这些观点体现了现代系统论的动态思维方式，也为重新认识文学现象提供了科学参照。当然，文学现象虽不是自然生命，但却是最高级的自然生命——人的生命活动的产物。文学作为一种精神现象比一般的生物生命更高级、更有序，因而更应该把它看作是有机的生命系统——精神生命现象。这样，动态思维方式对于文学研究就显得十分必要。作家艺术家如果用动态的思维方式摄取信息，那么，他笔下的人物必然是栩栩如生的；否则，静态思维方式必然导致概念化、脸谱化。与此相应，文学理论批评的思维方式也应当是动态的，不能是机械的和"先入为主"的，不能用某种政治的、伦理的或社会的既定观念或模式要求文学。因为"静态"的就意味着"机械"，后者把一种固定的臆断强加给作品，是思维方式的僵化、凝固化和机械主义。如果说非线型思维表现为思维空间的扩展，那么，动态思维则表现为思维时间的延续。传统的文学史研究方法十分强调忠于原著、原意，这当然是必要的；但是，一部作品的全部意义和价值并不是由作者本人及同时

---

① 中共中央马克思恩格斯列宁斯大林著作编译局. 马克思恩格斯全集：第三十七卷 [M]. 北京：人民出版社，1956：462.

代人的观点来确定的,而是历代读者和批评家不断积累的过程。这就是接受美学倡导的"文学的历史就是它的接受史"。

我们已经从整体性把握、非线性空间和动态思维三个方面分析了"三论"科学在方法论上对于文学研究的意义。这三个方面构成了系统方法(即"三论"科学的方法)的基本特点,也是20世纪80年代中国文艺学最富于魅力和启发性的精义之所在。"三论"科学对于文学理论批评的意义主要表现在这里,文艺学在这一意义上"借鉴""三论"科学才是值得肯定的。庸俗社会学把政治的、伦理的等政治社会学方法和范畴生硬地搬到文学研究上来,用一般政治学和伦理学的标准要求文艺、苛求文艺,把文艺作品当作某种政治信条或伦理信条的传声筒和教科书,把有机的艺术形象体系变成某种社会观念的演绎,其要害是无视艺术规律,否认艺术的有机完整性。"三论"科学的重大意义就在于它的系统方法为我们彻底摆脱庸俗社会学的影响提供了一个有力的、科学的思想武器,在思维方式方法方面把我们引向一个崭新的世界,启示我们用新的观念和方法重新思考文学现象,并对传统的文艺理论进行一次深刻的反省和检讨。这才是"三论"科学对于文艺学的意义所在,其核心还在于由此引发了对于科学精神的崇尚,这对于解除庸俗社会学的桎梏不啻一剂令人猛醒的良药。

二、从"批判"向"建设"的逆转[①]

20世纪80年代的文艺学方法大讨论的影响是深远的,最直接的影响是由此开启了我国文学理论批评由"批评"向"建设"的文体转型。

新中国的文学理论批评是立足于马克思主义的基础之上的,并由马克思、恩格斯等革命导师的文艺观点、思想方法、话语体系生发开来。但是,

---

[①] 本部分是在《从批判文艺学向建设文艺学的历史性转折:当前我国文艺理论研究态势评估》一文的基础上修改而成的。此文与文德培合作,原载《南京大学学报(哲学·人文科学·社会科学版)》1986年第3期。

◇ 文体形式论 ◇

马克思、恩格斯等革命导师的文艺学说基本上是在"批判"中产生的，在批判资产阶级及一切旧世界中阐发了他们的美学观和文艺观。简言之，它是"批判王国"的产儿。20 世纪初，马克思、恩格斯当年所构想的社会主义已开始成为现实，无产阶级的历史使命也已开始由对旧世界的批判转向对新世界的建设，即在建设社会主义物质文明的同时，建设包括文学艺术在内的社会主义精神文明。因此，马克思主义的理论批评文体，也当相应地由"批判型"向"建设型"引渡。

但是，反思新时期之前的文学理论批评，却可以发现这样一种有趣的现象：一方面，强调文学应当"歌颂"，歌颂"倔强的、叱咤风云的和革命的无产者"，"暴露"只能是"歌颂"的补充和附属品；另一方面，对于文学理论批评自身，则强调与历史"划清界限"，强调对历史的"批判"，即所谓"破"字当头，"继承""建设""立"一直不被重视，甚至被忽略。这不是"二律背反"吗？文学理论批评为什么不能像文学作品那样去着力形塑自身，从而实现由"批判型"向"建设型"的重心转移呢？

当然，这并不是说要求文艺作品"以歌颂为主"的理论是正确的，把创作倾向仅仅归结为"歌颂"或"暴露"，非此即彼，本身就是一种绝对化、简单化。同时，我们也不能说强调文艺学的"建设"就可以不要"批判"，"批判"是为了"建设"，没有"批判"就没有"建设"。"批判"是"建设"的前导，"建设"是"批判"的继续；"批判"中有"建设"，"建设"中有"批判"。这当然是老生常谈，无须赘述。问题在于，我们以往的文学理论批评之所以不能像文学创作那样去形塑自身，说到底是文艺思想上的庸俗社会学在作祟。文艺上的庸俗社会学像划定阶级成分那样划定复杂的文艺思想，像畏惧洪水猛兽那样畏惧身外之物。用这样一种变态心理和极端观念去要求文学作品，无论如何强调"歌颂"，强调"塑造英雄形象"，也只能是"假、大、空"和"高、大、全"。同理，用这样一种变态心理和极端观念去要求文艺理论自身，无论如何强调"批判"，强调"破"

（不破不立），也只能是越"批"越使自身贫乏，越"破"越自外于整个人类所创造的文明世界，最终使文学理论批评成为一个作茧自缚的封闭体系。

可见，将新时期的文学理论批评由"批判型"向"建设型"推进具有重大意义。它不仅意味着文学研究重心及其立足点的重大转移，更重要的是意味着文学学术观念的重大更新。苏联当年的"无产阶级文化派"和"拉普派"由于缺乏这种自觉意识，在社会主义文化建设有了现实可能之后仍以"批判"为中心，对当时的苏联文化艺术事业产生了恶劣影响，也受到了列宁的尖锐批判。在"以阶级斗争为纲"的年代，我们年轻的共和国也有着同样的失误，留下了沉痛的教训。

当然，我们并不否认新时期之前中国文学理论批评的一切，我们主要不是在这一意义上使用"批判"与"建设"两个概念。"批判"与"建设"在本研究语境中并无褒贬含义，二者仅仅是作为文学理论批评的两种形态、两个阶段、两种文体类型，在学术观念、思维方式、研究重心和主要倾向上，它们有着重大区别。这种区别在20世纪80年代中期方法论大讨论之后越来越明显。就整个"80年代文学"理论批评的整体态势来看，完全可以做出这样的判断：此间的文学理论批评文体，发生了由批判型向建设型的迅速逆转。

这一逆转首先表现在独立意识的觉醒，这也是批判文艺学与建设文艺学的区别之一。批判文艺学的时代是文艺为政治服务、为阶级斗争服务、为革命事业服务的时代。马克思、恩格斯等为了人类的解放事业，献出了自己的毕生精力，哲学、经济学、科学社会主义是他们理论研究的重心。尽管他们十分关心和热爱文学艺术，但一般说来都是从革命斗争的实际需要出发，用革命家的眼光看文艺；尽管他们提出了许多精辟的文艺见解，至今仍不失其光辉和指导意义，但一般说来都是把文艺学隶属于他们所着重研究的哲学、经济学和科学社会主义学说。严格地讲，文艺学在他们那里并没有像哲学、经济学、科学社会主义那样形成独立的体系，占有独立的地位。当然,马克思关于剧本《济金根》、小说《旧与新》和《城市姑娘》的评论,列宁关于托尔斯泰的评论、毛泽东《在延安文艺座谈会上的讲话》,等等,完全是针对文艺问题讲的,但是,他们主要是从当时革命斗争的实际需要出发,是用革命家、政治家的眼光去观察、规范文艺的。因而,他们的文艺学说完全隶属于他们政治学说、社会学说,隶属于历史唯物主义之中。在他们那里,文艺学对于其他学科的这种从属和依附性质是批判文艺学的重要特点。

与此不同,社会主义精神文明建设时代的建设文艺学则应当以满足全人类的审美需要为出发点,应当把整个人类所创造的全部文艺事实作为自己研究的对象,应当寻找艺术世界中人的全灵魂和全部审美经验,不能仅仅为政治服务,仅仅从政治的角度摄取艺术的审视点。因此,随着革命时代的过去,建设时代的到来,建设文艺学应当作为一门独立的科学学科出现在社会主义精神文明建设的文坛。它在不背离马克思主义文艺学基本原则和基本精神的前提下,应当确立自己独立的研究对象和研究范畴。这些对象虽然不排斥批判文艺学所设置的文艺与哲学、文艺与经济、文艺与社会、文艺与政治等关系的研究,但是,作为对整个人类文化研究的有机构成,作为对整个人类文学艺术特殊创造规律和接受规律的研究,它已把重心回复到审美研究自身,上述外部研究只能是文艺学的一个部分,甚至可以说是一个次要部分,并且只有同文艺的内部研究融为一体时才能显示其生命的活力。

关于文艺与政治关系的讨论,可以说是一个转折点。一方面,这场讨论是文艺学政治附庸意识的终结;另一方面,又是文艺学独立意识觉醒的开始。越来越多的人摆脱了仅仅从政治的角度审视文艺的偏颇,"多角度""多层次""全方位"成为越来越时髦的语言,文艺的审美价值和特殊规律越来越受到广泛的重视和研究。特别是作为文艺学构成部分的文艺批评,要求从单纯的作品评论、从单纯地为作家服务中解脱出来的呼声越来越高。

文艺批评不应成为简单的作品解说，不应当仅仅充当作家队伍的"别动队"，而应当作为整个人类文化和审美经验研究的组成部分，应当通过理论升华确立自身的独特价值。总之，一系列的迹象表明，当代中国文艺学的独立意识正在觉醒。

伴随着依附性质的解脱与独立意识的觉醒，一种由实用功利性向科学化发展的趋势在 20 世纪 80 年代开始形成，这也是建设文艺学与批判文艺学的另一区别。处在依附地位的批判文艺学由于没有取得独立存在的价值，一般说来具有极强的实用性和主观功利性，即把文学艺术的研究首先看作某种其他需要服务的工具，为某种既定的功利目的做宣传，继而把文艺学自身的目的放在次要地位。马克思对欧仁·苏《巴黎的秘密》的评论，恩格斯对 19 世纪三四十年代德国诗歌和散文的评论，重在批判小资产阶级的空想社会主义学说，阐释、宣传自己的社会学说；列宁对托尔斯泰的评论等也是如此，主旨在于揭露资产阶级和修正主义利用托尔斯泰进行反动宣传的阴谋。马克思主义批判文艺学的这一特点往往被人简单化、教条化、庸俗化，把实用功利性强调到无以复加的地步，从而使它滑向实用主义、功利主义的泥淖。这在"四人帮"文化专制主义的年代更走向极端，文艺批评成了他们大搞政治阴谋的直接传声筒。

建设文艺学则与此不同，尽管它并不否认文艺研究和文艺批评的实用功利性，但也并不满足于对于文艺进行实用功利式的研究批评；它在承认文艺学实用功利的前提下，要求进一步升华为对文艺客观规律进行全方位深入探究的科学。如果说建设文艺学重视理论批评的功利性，那也是从"审美功利"着眼。正如鲁迅所说，文艺是"不用之用""实利离尽"。文艺的理论批评重在发掘人的深层审美经验，唤醒人的审美潜能，着眼于人心的美化与建设，而不是直接为某种物质的、政治的等实用目的服务。从这一意义说，文艺学也是"不用之用""实利离尽"之科学。这是文艺学学术观念的更新，也是学术研究着力点的调整。从 20 世纪 80 年代开始，我国的文学理论批评就已重视审美规律的研究，注重从文学艺术自身出发开掘人类的深层审美经验。此间的"美学热"以及文艺心理学的崛起等，便是这方面的突出例子，一个探索深层审美意识的热潮方兴未艾。这是马克思主义文艺学由实用功利性向科学性升华的态势。

但是，究竟如何实现这一升华？学术界的观点又不尽一致。一些人受自然科学，特别是"三论"科学的启发，提出文艺研究数学化的设想，认为只有实现"诗与数的统一"，才能使文艺学最终成为一门严整的科学。另一些人则提出相反的观点，以为"诗"与"数"永远不可能统一。文艺理论批评如果能用公式、数学符号代替，就意味着自身的灭亡，它自身的价值是在扑朔迷离的审美意象的描述中得以存在的。这是两种很有代表性的观点，其实各有偏颇。在笔者看来，最现实的，也是最紧迫的是建立一门新兴的学科——文艺学科，即对文艺研究本身进行研究，研究文艺学自身的性质、价值、方法等。这才是使文艺学最终走向科学化的最可靠的途径。其实，实现文艺研究的科学化问题是20世纪以来整个世界文艺学发展的潮流，所谓"科学美学"对于"哲学美学"的标新立异就说明了这一点。在"科学美学"看来，从审美经验出发，对人类的审美经验进行经验性的研究才是最科学的研究方法，自上而下的思辨性解析破坏了艺术形象本身，因而是不科学的。这样，他们就避开了关于美与艺术的本质等问题的思辨讨论，转向美与艺术的经验性描述，认为只有这样的研究才是科学的美学。可见20世纪80年代关于文艺学实现自身科学化的思考，与整个世界文艺学的发展是同步的、合拍的。

由实用功利向科学化的迈进必然引起研究领域的大规模拓展。如果说20世纪80年代早期关于形象思维、文艺与政治的关系、人性人道主义等问题的讨论重在拨乱反正，那么，20世纪80年代中期之后关于潜意识、艺术魅力、审美心理、艺术语言、文学接受和方法论等问题的讨论，就是向建设文艺学转向的重要标志。建设文艺学为了从原先的附庸地位中解脱出来，为了显示其自身作为一门科学学科的价值体系，正以前所未有的张力和爆发力向文学艺术的各个领域辐射、冲击，向美与艺术的深层世界扩展、渗透。它既有宏观描述，又有微观探胜；既有纵向考察，又有横向比较；既有自上而下的分析，又有自下而上的验证。一个对文艺现象进行多角度、全方位透视的热潮正在兴起。

建设文艺学所具有的这种内在张力和挥发力，是批判文艺学所不可能达到的。批判文艺学的依附性质及其强烈的实用功利特点，决定了它不可能对自身提出外域延伸的强烈要求。在革命导师的文艺著作中尽管提出许多精辟的文艺见解，但这些见解大都是他们从当时的革命需要出发而提出的，与彼时彼地的实际功利性有着密切的联系；并且，即使把这些见解全部汇拢在一起，也很难说已经形成了一个完备无缺的文艺学系统工程，距离一个具有广阔领域的科学学科，还有相当多的空白。这当然是批判文艺学的附庸地位及其强烈的实用功利特点所决定的。建设文艺学的独立地位及其作为科学学科的特点则决定了它必然产生强烈的愿望去拓展自己的领域，并投入巨大的精力去构造自身那浩繁的体系工程。一方面，在与其他学科的交接点上寻找新的审视点，扩大横向空间；另一方面，在宏观与微观上发掘新的世界，延伸纵向视野。一个全方位的、多层次的立体构造正在崛起，这是建设文艺学的第三个特点，也是当前我国文艺理论研究由批判型向建设型转变的另一重要标志。

建设文艺学作为一门科学学科从其他学科中独立出来必须有自己的学术语言，文艺学学术语言的更新是当前我国文艺理论研究态势的第四个方面。语言是思维的外壳，传统的学术语言是批判文艺学的产物，它已远远不能适应建设文艺学多向立体思维的需要。文艺与生活、文艺与政治、文艺的社会作用、世界观和创作方法等理论命题，以及形象、典型、风格、主题、情节等概念，尽管仍然被人们所运用，并可能继续保留下来，但已明显不够用了。文艺学作为一门独立的科学形态必然要求创造自己的范畴和概念，找到自己的表达方式。因此，其他学科，特别是思维科学和自然科学中的大量词汇，如"建构""潜能""场""张力""系统"等，近年来被大量引进、同化、利用，给人以目不暇接之感。越来越多的理论工作者开始注重把抽象枯燥的理论文章写成"美文"，追求新奇、文采、华美和思辨的快感成了时尚。

当然，其中有不少属于生吞活剥，或者单纯是为了猎奇，把本来很简单的问题反而说得复杂化了、玄化了，从而引起一些人的反感和讥讽。怎样看待这一现象呢？我们认为，这是学术语言更新换代过程中所不可避免的。随着建设文艺学的发展，生吞活剥式的语言必将被历史所淘汰，真正为文艺学所适用的语言一旦为大家所接受，必将沉淀下来，最终成为属于建设文艺学自己的语言。在文艺理论研究中发生的这一重大变化虽然不能与"五四"语言革命相提并论，但是毫无疑问，随着建设文艺学的完善和成熟，必将产生属于自身的"白话文"。在文艺学正在进行历史性转折的时代，我们绝不能因其"难懂""难读"而予以全盘否定，当然也不能故意以"艰涩""玄妙"为时髦。

建设文艺学在上述几个方面所进行的努力，归结到一点，是由于20世纪80年代中国文艺理论批评正在从封闭走向开放，从排他心理转向对新事物的满腔热情，一个独立的、多层次的、充满生命活力的耗散结构正在孕育之中。

总之，马克思主义的批判文艺学发轫于19世纪，它是基于19世纪以前的文艺现实；马克思、恩格斯没有看到20世纪以来的文学艺术的花花世界，当然也不可能在他们的文艺理论中吸收当代美学与文艺学研究的丰富成果。因此，如果把他们所创立的批判文艺学原封不动地搬到20世纪，搬到社会主义文化的建设时代，就必然会误入教条主义的歧途，把马克思主义庸俗化、简单化。这样做表面上似乎是"无限忠于"，实际上则是"彻底背离"，背离了马克思主义的原则精神和活的灵魂。马克思主义文艺学的生命力就在于它把自己作为一个彻底开放的体系，广泛地吸收并同化了人类历史上的一切文化信息，从而不断地释放出巨大的实践功能。"西方马克思主义"美学之所以受到人们的普遍关注，主要就在于他们敢于融汇当代世界美学，用他们所理解的马克思主义去接受、同化20世纪以来人类文化研究的一切成果。无论这种融汇的成败得失如何，在"西方马克思主义"美学身上至少表现出这种努力的企图。从形式主义、新批评、精神分析、神话批评，到存在主义、结构主义、符号论和接受美学，都有其独到之处，都有它们自己所发现的世界。建设文艺学就应当在马克思主义原则精神的指导下，"拿来"化为我用，以丰富自身。建设文艺学应当摈弃一切排他心理，以最宽容的精神重新认识外部世界，重新走向外部世界。

◇ 文体形式论 ◇

第四章 ◆

《美食家》文本调查

在对20世纪80年代的"新文体"进行宏观描述之后,"文体形式论"需要在方法论层面做些一般性探讨。本研究既然是对文体的形式美学研究,那么,落实到具体的操作层面,"文本调查"当是最重要的手段之一。因为所谓"形式美学",就是关于形式的美学研究,或者说是关于审美对象的形式研究;而将形式美学方法落实到具体的文学和文体研究中,所面对的第一现实便是语言文本。因此,对语言文本的调查与实证,当是形式研究的基本工作。

一、形式与文本

从整个世界范围来看文学理论批评的现代转型,可以发现:从社会学和思想史方法向语言形式的转向当是20世纪的重要特征,于是,关于文学的形式研究也就成了20世纪的主潮。新时期以来,我国文学理论界对这一思潮已经做出了不少回应,有关俄国形式主义、英美新批评、结构主义和叙事学等形式理论的译介或研究连篇累牍，但是，真正能够沉下心来细细消化并将其付诸文学研究实践者却不是那么理想，特别是将形式美学的方法应用到具体的文学评论中去的成功范例尚不多见。究其原因，可能在于我们已经习惯了根深蒂固的"文以载道"传统，似乎只有关于文学的社会评论和思想分析才显得厚重、深刻，而关于文学的形式研究似乎只是雕虫小技，不足挂齿。而事实是，20世纪以来的形式美学绝不是唯形式而形式的纯形式研究，即所谓"形式主义"，而是通过形式的研究阐发文学的深层意蕴，就像结构主义所着力探讨的是作品的"深层结构"并不是传统的篇章结构那样。道理很简单，按照现代文学观念，任何作品及其文体、风格、个性，首先是由其独特的形式得以展现的，形式并非只是文学的"外表"，而是文学的本体及其存在方式。因此，通过形式研究文学当是文学评论的必经之路，而不是像我们所习惯了的那样超越形式直奔主题。"超越形式直奔主题"可以是政治家、社会学家或思想家评论文学的方法，但不应该是文学评论家评论文学的方法；文学评论家评论文学的独特性就在于他始终从形式出发阐发文学的意义。在文学评论家的心目中不应该有离开形式的文学意义，离开文学形式的意义绝非文学本身的意义。也就是说，我们倡导文学理论批评中的形式美学方法绝不是在提倡所谓"形式主义"，而是呼吁文学理论批评回到文学本身，文学评论家应当是关于文学的评论家，而不是简单地充任"思想"的警察——像警察只关注人群中的小偷那样只对文学中的"思想"感兴趣。

当然，我们的文学理论批评之所以难以消化和接受形式美学方法还有更重要的原因，那就是关于文学的形式研究需要充分的实证精神和足够的学术耐心，不像主题学研究那样凭借感性经验或抽象推理就可以完成。这是因为，相对"主题""思想"和"内容"而言，文学的形式既然是文学的本体存在方式，那么，它就具有相对客观的实在性，就需要我们对文学形式本身有一个相对确定的界说，而这方面所需要的细致和技能，恰恰是

◇ 文体形式论 ◇

我们文学评论家们的短板和软肋。就像我们读过一部作品之后无须进行任何文本调查就可以很快写出洋洋洒洒的评论那样，审美经验、主观想象和抽象推理是其最主要的思维工具。形式美学的文学研究就不同了。文学的形式主要表露在它的文本中，文学文本是文学形式的基本载体。因此，形式美学的文学研究所要做的首要工作就应当是"文本调查"，"文本调查"当是文学形式研究的前提，只有"文本调查"才能赋予评论家发言的权利。而这一技能和耐心并非每位评论家都具有，甚或都希望具有的。

我们所说的"文本调查"类似考古学的"田野调查"。没有"田野调查"的"考古发现"只能是已有文献的归纳整合，这是一种带有很大局限、片面和残缺的考古学。同理，我们的文学评论如果不甘于"鉴赏"的层面，而是企图将自己提升到"文学学术"的高度，那么，类似"田野调查"一样的"文本调查"肯定是不可省略的，因为只有建立在文本调查基础之上的思想分析才是可靠的，才能达到"学术"本身的确定性和无可置疑性。

正是基于上述考量，我们将选择小说《美食家》进行这样的实验，即通过《美食家》的词频分析验证将形式美学及其文本调查方法应用到文学评论中去的可能性。这一实验将向我们证明：对于同一部作品，传统主题学和思想史式的文学评论只能描述作品的一般特性和表层意义，形式美学的方法才可能发现它的深层意蕴。① 当然，"文本调查"的方法多种多样，词频分析只是其中一种。我们之所以围绕"词频"展开《美食家》的文本调查，是因为小说的成功和"美食家"这一陌生语词的使用有着密切的关系。

陆文夫发表于 1983 年的《美食家》② 是中国新时期最著名的小说之一。

---

① 在以往的文学评论和文学史著作中，陆文夫的《美食家》多被评价为具有"苏州味"的"小巷文学"；本文通过对小说词频形式的分析将发现另外的意义，即在其"苏州味"这一表象背后所隐含的更深层的意蕴。

② 陆文夫. 美食家 [J]. 收获, 1983 (1): 4-45.

此前,"美食家"一词尚未出现在汉语中①;此后,这语词不胫而走,在民间广为流行,特别是对于那些津津乐道于"民以食为天"者,"美食"及"美食家"也就成了他们的口头禅。就这一意义而言,小说《美食家》的扬名是否在很大程度上得益于"美食家"这一陌生语词的使用?"陌生"意味着"新奇"。任何陌生语词的出现,只要是应时或应运而生,就会在新奇感的催生中迅速蔓延,并随着时间涡流的淘洗凝铸为永恒。现在,"美食"及"美食家"不仅成为正规现代汉语的常用词,而且成了饮食文化业用以冠名的美称和招牌词。从这一角度来说,陆文夫小说的首发之功不可磨灭。由此观之,《美食家》的真实意蕴很可能就浸润在它所使用的这类语词中,所以,将其中某些高频词揪出来进行拷问和分析可能是有意义的。

"高频词"是指在同一作品中使用频率较高的语词。相对而言,任何作品都有自己的高频词,即在同一作品中反复和多次使用某些语词。任何高频词的使用也绝非无缘无故,也就是说,某一作品之所以反复和多次使用某些语词,其中必然浸润着某种意义。但是,这种藏匿在高频词背后的意义往往不易被人察觉,甚至连作者本人也不一定能够察觉,因为作者本人不一定能够察觉自己在作品中使用了哪些高频词,不一定能够察觉哪些语词是自己写作时所惯用的高频词,当然也就不可能察觉隐匿在这些高频词背后的意义是什么。这种"不察觉",即所谓潜意识使然,也可以说是写作者的潜意识散落在作品中的"证据",当然也就成了我们解读作品的重要密码。将这些证据串联起来拷问,分析它们之间的内在联系,是另一种形态的"文学考证",当是作品分析的可靠方法之一。

---

① 确切地说,"美食"一词早在先秦诸子的著作中就已经出现(见《墨子·辞过》和《韩非子·六反》);但是,"美食家"一词是因陆文夫的同名小说才开始出现在汉语中的。这也是我的形式美学实验为什么选择《美食家》,为什么选择对《美食家》进行词频分析的原因之所在。因为,通过一部小说的流播使古老的汉语增加了一个新语汇,一个能够被社会所普遍认可的新语汇,当是文学最伟大的贡献之一。就"文学是语言的艺术"这一意义而言,改造和更新语言表达当是文学的本分,文学的其他功能都不过是这一功能的演绎和引申。

二、"美食"与"好吃"

《美食家》之"食"者,就字面义而言就是"吃饭"。吃饭问题始终是中国民众最重要和最关心的问题。特别是在20世纪80年代初,多年的经济萧条使亿万中国人将解决"吃饭"问题提升为社会的首要问题。《美食家》在这样的背景下面世,当是它一时走红的重要社会原因之一。当然,《美食家》之"食"者,并不是一般的"吃饱",而是"吃好";也不是一般的"吃好",而是吃出美和艺术,将"吃"作为审美和艺术活动,此即所谓"美食"是也。当然,在社会民众尚有温饱之虞的年代奢谈"美食"似乎过于超前;但是,小说作为艺术,它的意义恐怕也正在于此——令人垂涎欲滴的"美食"恰恰是当时人们最实际和最急迫的向往。《美食家》用艺术的形式诱惑人们的胃欲,挑逗人们的馋涎,使那已经麻木和迟钝了多年的"口味"重新复活,为中国读者提供了一次别开生面的"精神会餐"。既然如此,"美食"和"美食家"理应成为小说的高频词。让我们由此切入,试做分析。

"美食"和"美食家"的核心字是"食"。在《美食家》中,由"食"组合而成的语词共有25个,其中只有一个("食指")距离"食"的本义较远,不列入我们分析的范围,其他24个均是由"食"组合而成的衍生词,是"食"义的延伸。这些衍生词总计出现66次。现依照词频多少,将其分列如表4-1。

表4-1

语词	美食家	食谱	美食	甜食	食物、食品	伙食、粮食、自食其力、食而不知其味	食客、好食、吃食癞皮、衣食、饮食、副食、取食、食时、分食制、饱食一顿、食而不化、食不厌精、不食人间烟火、不劳动者不得食	合计
词数/个	1	1	1	1	2	4	14	24
词频/次	21	7	6	4	各3	各2	各1	66

由表4-1可知，在上述24个"食"的衍生词中，使用频率最高的是"美食家"，共出现21次，接近总频率（66次）的1/3，远远超过其他语词。一方面，就小说的意旨来说，以"美食家"命名的小说，"美食家"一词的频率较高当在意料之中。另一方面，和"美食家"相近的"美食"只出现6次，二者悬殊。这一事实意味着该小说的主旨是写"美食"之"人"，即写和"美食"有关的"专家"，而并非写"美食"本身。这显然是传统小说的惯常路数，即通过事件的叙述表现人物的性格——不必赘言。

那么，小说所要表现的"美食家"是一个怎样的人物呢？

《美食家》由12篇文章组成，其中第一和第十一两篇文章出现"美食家"一词最为集中，达14次之多，接近总频率（21次）的67%，对小说所要描述的"美食专家"朱自冶的着墨也是最多。

第一篇《吃喝小引》，引出房屋资本家朱自冶的吃喝之道：

美食家这个名称很好听，读起来还真有点美味！如果用通俗的语言来加以解释的话，不妙了：一个十分好吃的人。

这就是小说开篇为"美食家"所下的定义——所谓"美食家"，不过是"一个十分好吃的人"！

小说这样为"美食家"定义，似乎未带什么恶意，但是它那轻松、调侃的口吻，显然将叙说者自身置于居高临下的地位，从而毋庸置疑地规定了"美食家"一词在整部小说中被俯视、被贬抑的基调：

我们的民族传统是讲究勤劳朴实、生活节俭，好吃历来就遭到反对。母亲对孩子从小便进行"反好吃"的教育，虽然那教育总是以责骂的形式出现："好吃鬼，没有出息！"好吃成鬼，而且是没有出息的。孩子羞孩子的时候，总是用手指刮着自己的脸皮："不要脸，馋痨坯；馋痨坯，不要脸！"因此怕羞的姑娘从来不敢在马路上啃大饼油条；戏台上的小姐饮酒时总是用水袖遮起来的。我从小便接受了此种"反好吃"的教育，因此对饕餮之徒总有点瞧不起。特别是碰上那个自幼好吃，如今成"家"的朱自冶

◇ 文体形式论 ◇

以后，我见到了好吃的人便象醋滴在鼻子里。

也就是说，在叙述者看来，"好吃"并不符合我们的民族传统，"好吃的人"就是"好吃鬼""馋痨坯"，总被人斥之为"没出息""不要脸"，无非是一些"饕餮之徒"，应当坚决反对，即"反好吃"。

小说第十一篇《口福不浅》，写吃客们被"美食家"之美食绝技所倾倒，绞尽脑汁要给"自幼好吃，如今成'家'"的朱自冶找一个光彩的头衔，可惜在我们的汉语中只有"好吃鬼""馋痨坯"等，最多只能拼凑出一个"吃的专家"，也是"骂人的"语词。正当百思不得其名时，某吃客灵感一闪，发现外国语词中有一个"美食家"①，用来称呼朱自冶再合适不过了。

——这就是"美食家"一词的来源：它居然是个外来词，"舶来品"，是从外国语中移植过来的。"美食"和"美食家"在"我"② 的叙述中之所以总是处于被人指手画脚、说三道四和被贬抑地位，个中真伪豁然大白：这语词和我们的民族话语不能兼容。也就是说，它是作为汉语的异类侵入进来的，因此就难逃被窥视、被奚落、被嘲弄、被责难的厄运，在《美食家》中就不可能被赋予褒扬的意义。

这就不能不使我们大为惊讶：已经被现代汉语接受并作为美誉、美称而广为流行的"美食"和"美食家"，在它的发源地《美食家》小说中居然是一个贬义词？！

为了验证这一结论，我们有必要回到小说的叙述者为"美食家"所下的定义——"一个十分好吃的人"。按照这个定义，所谓"美食"，也就是

---

① 英文 epicure 意为讲究饮食的人，即"美食家"。
② 小说中的"我"即高小庭，也是小说的叙述者。

"好吃"①。"食"和"吃"虽然是同义词,但在现代汉语的实际运用中,却能给人以不相同的感觉:"吃"是俗语,是"食"的通俗表达;"食"则给人一种文绉绉的感觉,似乎是"吃"的雅语(书面语)。在《美食家》中,叙说者正是用中国人最习用的"吃""好吃"去阐释陌生的"美食""美食家"的。这就是小说开篇已经明确交代过的叙述方法:"用通俗的语言"来解释"美食家"这个"很好听"的名称。因为后者是"雅语""外来语",是中国"通俗的语言"所陌生的语词,需要阐释。

那么,"吃"及其衍生词"好吃"等在《美食家》中的使用情况怎样呢?

据笔者统计,"吃"字在《美食家》中出现344次,接近"食"字频率(25次)的14倍。14比1,这就是阐释语词和被阐释语词在小说中的比例关系,就像用14句话去解释一句话那样,可谓"费尽口舌"。

需要说明的是:"吃"可以独立成词,如"吃罢饭""吃喜酒""吃头汤面"中的"吃",就是一个独立语词;另一方面,"吃"也可以和其他字词组合为新词,这是它和"食"不同的地方——"食"字尽管也可以独立成词,但在小说《美食家》中并没有出现,《美食家》中的"食"字都是在它的组合词中出现的。这一现象再次证实了小说的叙述风格:通俗化、大众化、中国化,即用"通俗话""大众话""中国话"展开叙说,在雅语和外来语的侵袭中顽强地固守着民族话语的堡垒。

《美食家》中可以独立成词的"吃"出现207次,其余(137次)均为由"吃"组合而成的衍生词。现将它们的频率列举如表4-2。

---

① "好吃"一词因"好"字的读声不同而意义也不相同:"好"读三声(hǎo),"好吃"表示吃得好,和"坏"相对而言,如"清炒虾仁比白菜炒肉丝好吃""那牢饭可不是好吃的"等;"好"读四声(hào),"好吃"表示嗜吃成瘾,是贬义词,如"好吃成性""好吃鬼"等。小说《美食家》出现41次"好吃",只有7次属于前义,其余34次均为后义。由于前义基本上是"好吃鬼"对"吃"的评价,所以也可以说前义隶属于后义,小说叙述者为"美食"所下的定义也就包含"好吃"的上述双重意义。

表 4-2

语词	吃	好吃	吃饭	吃客	小吃	吃喝	想吃	吃友、吃法、会吃	吃家、吃经、吃福、大吃大喝	吃龄、白吃、吃不起、吃食癫皮、一吃销魂	合计
词数/个	1	1	1	1	1	1	1	3	4	5	19
词频/个	207	41	25	12	11	9	8	各6	各2	各1	344

在表 4-2 中，小说用来阐释"美食"的词除"好吃"之外，还有"吃喝""想吃""吃法""会吃""吃经""吃福""白吃""大吃大喝""一吃销魂"等，都是不雅和不美的词；此外，在这一表格中，小说用来阐释"美食家"的词有"吃客""吃友""吃家""吃龄""吃食癫皮"等，也是不雅和不美的词。总之，这些不雅和不美的词恰恰是汉语中固有的语词。也就是说，在小说的叙述者看来，汉语中大凡涉及"吃"，总不会给人以"美"的感觉，即所谓"君子远庖厨"；大凡以"美"命名的"吃"，无非是"开洋荤"，为"好吃"寻找的借口，与我们的民族传统大相径庭。

值得注意的是：如前文所说，这小说是发表在广大民众尚有温饱之虞的年代，叙述者为什么对"吃"抱有如此固执的偏见？毫无疑问，这是固穷者的自慰和自恋。《美食家》对"美食"和"美食家"的贬斥，即对"吃"之美誉的避讳，正是这种不得（美）食者的自慰和自恋。可以想象，在这种自慰和自恋中，自慰和自恋者说不定已经流出了酸酸的口水——可谓是典型的阿Q的精神胜利法！

显然，小说《美食家》为"食"和"吃""美食"和"好吃"所设置的这一对立，实际上就是中外文化的对立、传统和现代的对立，泄露出改革开放初期深藏在中国人内心的隐痛：一方面意识到闭关自守的穷途末路，不改革开放就没有出路；另一方面又唯我为大、唯我独尊，固守着沉重的历史包袱,用敌视的目光窥视来自域外的异类。

三、"我"说"他"

尽管小说以"美食家"冠名,主旨是写"好吃的专家",但是,"美食"和"美食家"并非小说使用频率最高的语词。《美食家》使用频率最高的语词是"我"。究其原因,可能是由于"我"既是小说的主要人物又是小说的叙说者,"美食家"(他)的全部故事是由"我"来叙说的。也就是说,"我说他"是《美食家》的基本叙说模式。

我们不妨考察一下《美食家》一书的叙说线索。

第一篇《吃喝小引》:"反好吃"是我们的民族传统。资本家朱自治自幼好吃:他一大早赶到朱鸿兴去吃头汤面,然后到阊门石路去蹲茶楼,和其他吃客一起回味昨天的美食,讨论今天的计划……

第二篇《与我有涉》:朱自治进澡堂消化那顿丰盛的午餐。晚餐进酒店需要我为他跑街,搜集小吃给他做下酒菜,我用他赏的零钱给奶奶买肉吃。这屈辱促使我信仰共产主义。

第三篇《快乐的误会》:我被乱点鸳鸯谱分配到苏州干商业。反霸、镇反、"三反"、"五反"都没有擦到朱自治的皮,他照样好吃不误,反而发福了,没想到革命对他来说也含有解放的意义。我气不过,便鼓动阿二不给他拉黄包车,致使阿二失业,艰难度日。

第四篇《鸣鼓而攻》:公私合营时我被派到一个名菜馆当经理,由于看不惯大吃大喝,开始了大刀阔斧的改革,经营"大众菜"。

第五篇《化险为夷》:我的改革影响到苏州其他菜馆纷纷仿效,朱自治再也吃不到他的美食了,便借酒浇愁,极力反对,碰壁后便和烧得一手好菜的孔碧霞混到一起,由同吃而同居继而结婚。

第六篇《人之于味》:菜馆的改革遭到越来越多人的不满,1957年"鸣放"时有人贴我的"大字报"。经过老战友的一番教育,我对自己的"改

◇ 文体形式论 ◇

革"有所怀疑。

第七篇《南瓜之类》:我正想改变经营"大众菜"的时候,"反右"开始了,来不及了,接着是"大跃进"和困难年。阿二接济我一车南瓜,我可怜朱自治登门求救,也分给了他一份充饥。

第八篇《殊途同归》:"文化大革命"中,我成了"走资派",朱自治成了"吸血鬼",一起接受造反派的批斗。

第九篇《士别三日》:我被下放到苏北农村九年后又回到苏州,官复原职。"文化大革命"后的旅游热带动了饮食业,我招贤纳士,聘请退休老厨师杨中宝来店讲课,不料又将朱自治招引出来。

第十篇《吃客传经》:朱自治也被请来讲课,颇受欢迎,包坤年前后张罗,并决定成立烹饪学会。

第十一篇《口福不浅》:朱自治和孔碧霞为庆祝烹饪学会成立要设家宴,席间提出给朱自治一个"美食家"的名义来我们饭店做技术指导,我很反感,提早离席。

第十二篇《巧克力》:我从朱自治家来到阿二家,这是一个没有应酬和虚伪的欢乐世界。刚满周岁的小外孙不肯吃糖,要吃更好的巧克力,长大后说不定又是一个"美食家",我恼羞成怒。

——这就是经由"我"的话语叙说出来的"美食家"朱自治的故事。在这一话语系统中,朱自治所有的言说和动作,包括他的好吃、会吃、吃经、吃友,以及由"吃"引起的窘态、痴言、丑行和诡谲等,都不过是我之言说的产物。因此,"我"在《美食家》中实际上承担了一个"说书人"的角色。也就是说,《美食家》是由"我"(高小庭)叙说"他"(朱自治)的故事,"他"的故事并非"他"的独立言说或表演,是经由"我"的嘴"说"出来的,是由"我"的话语建构的,"我"是《美食家》人物和事件的"说书人"。于是,"我"之"言说"也就建构了作品的全部意义,由此决定了《美食家》必定是一部主题鲜明的单声部小说。①

《美食家》的主题,显然和中国社会政治的主题同构,中国社会政治的风云决定了"美食家"的人生变迁。请看:

新中国成立前,朱自治"吃"得逍遥得意——新中国成立后,朱自治"吃"得磕磕绊绊——困难年,朱自治食不果腹——"文化大革命"中,朱自治沦为阶下囚——"文化大革命"后,朱自治荣升烹饪学会主席,名声大噪,成了名副其实的美食家。

也就是说,决定《美食家》主要人物命运的不是人物本身,而是人物背后的社会政治;朱自治的人生变迁说到底是其无可选择的生存环境决定的,他本人不过是中国社会政治变迁的玩偶和艺术克隆。这一写作模式,不仅建构了《美食家》的文本结构,也是陆文夫其他小说的惯常路数;② 进一步说,这一模式也是陆文夫这一代作家们所惯用的写技,很有代表性。

《美食家》的这一主题,即通过"我"的话语建构,应合与回应中国社会政治的需要,显然能够为小说获取社会政治方面的声誉资本。而其应合与回应的强度,也就决定了小说获得这种资本多寡的程度。《美食家》在整个叙说过程中频频凸显"我"的存在,从而使"我"(而不是"美食"和"美食家")成为小说的第一高频词,便是写作者强化其应合与回应社会政治,以便获得更多声誉资本的主要表现。请看下面的统计数字。

"我"在《美食家》中总计出现910次。小说文本总计约44 600字,也就是说,每约49个字就出现一个"我"字;小说文本共分1 766句,③ 也

---

① 用第一人称"我"作为叙述者的小说不一定全是"单声部",前者只是后者的重要条件;但是《美食家》毫无疑问是单声部的,因为"我"不仅是它的叙述者,而且是它的主人公之一;更重要的是,整部小说的人物、情节和倾向始终没有离开"我"的牵制(这一问题将在下文论及)。

② 无论是《小巷深处》《小贩世家》等短篇小说,还是他后来发表的长篇小说《人之窝》等,将人物命运和社会政治变迁同构,或者说用社会政治变迁的轨迹勾勒小说的人物脸谱和故事情节,当是陆文夫文学创作的基本路径。

③ 《美食家》使用句号1 205次,使用感叹号561次,二者合计1 766次,此即文本的句数。

◇ 文体形式论 ◇

就是说，不到两句（约1.9句），就出现一个"我"字！其频率之高着实令人震惊，充分说明叙说者在整个叙说过程中是如何顽强地凸显自我。"我说""我说""我说"……可以想见，即使在"我"之外尚有其他言说，也会在这一个接一个的"我说"声浪中被淹没、被消弭、被忽略。

显然，在"我说他"这一话语系统中，"我"就像一只无形的手牵制着"他"的言说和行为。表面上看来，作品中的人物纷纷登场，好不热闹；而实际上，被说者都是不在场的言说者，确切地说，被说者是不在言说现场的言说者，他们的言说和行动全是由"我"说出来的。由于被说者的不在场，当然也就失去了任何独立行动和自我辩解的空间。"我"，于是占有了整个故事发生和发展的绝对控制权，成了操纵"美食家"思想和行为的上帝。这种话语霸权就是被巴赫金称为"独白型（单声部）"小说的叙述模式。①

那么，在《美食家》中，叙说者"我"叙说的价值倾向是什么呢？首先，小说中的主要人物，"美食家"和"我"，都不是完美无缺的人，都有自己的缺陷：前者"好吃"成癖，后者死板教条，即由一个思想僵化的人叙说一个"好吃"成癖，后又成为著名"吃家"的人。否定之否定等于肯定，《美食家》所要肯定的是什么呢？显然是勤俭节约和思想开放的德性。这一德性的化身，显然不是小说中的任何人物，而是写作者本身，小说文本背后的写作者才是全知全能的"上帝"。

文本背后的写作者作为德性的化身，就在于他从人民大众最为关心的"吃饭问题"入手，揭示了"吃饭之难"及其背后的社会政治力量。关于这一问题，我们通过分析《美食家》所使用的词类就可见一斑。

据统计，《美食家》的基本语词共235个。就语词的意义分类来说，使

---

① 巴赫金. 陀思妥耶夫斯基诗学问题［M］. 白春仁，顾亚铃，译. 北京：生活·读书·新知三联书店，1988：30. "单声部"原译"单旋律"，又译"主调"，译为"单声部"比较准确。

用频率最高的是"吃"和"政治"两类语词。"吃"类语词,即和"吃"相关的语词,如上文所列"美食""好吃"等,计43个,约占基本语词的18%,并不是最多的。最多的是政治类语词,即和社会政治相关的语词,达76个,诸如旧世界、旧社会、新中国、国民党、共产党、共产主义、三民主义、自由主义、抗日战争、解放区、蒋管区、无产阶级、战士、同志、工农兵、资本家、小资产阶级、地主、走资派、公私合营、镇反、"三反""五反"、"文化大革命"、改造、改革等,约占基本语词的32%,接近前者的两倍。上述两类语词合计约占全部语词(235个)的50%。

这一统计数据说明,写作者主要是从政治的角度去解读"吃"的,或者说《美食家》所设置的矛盾冲突(主要表现为"我"和"他"的冲突),就事物的本质来说,是"政治"和"吃饭"的冲突。前者属于主流社会意识形态,后者表征普通社会民众的需要。

这也许就是写作者的高明之处:急风暴雨式的阶级斗争"文化大革命"刚结束不久,他就能以清醒的头脑沉着冷对此前的历史,将包括"文化大革命"在内的整个新中国的历史看作是"吃饭"和"政治"相对峙的历史。就这一意义而言,写作者赋予"吃"以多么沉重和严肃的政治内涵,绝非我们现在笑谈"美食"和"美食家"这样轻松。

◇ 文体形式论 ◇

第五章

词典体小说形式分析

  塞尔维亚作家、哲学家和语文学博士米洛拉德·帕维奇于1984年发表了辞典体小说《哈扎尔辞典：一部十万个词语的辞典小说》（以下简称《哈扎尔辞典》），立即引起世人注目，当年即获南斯拉夫最佳小说奖，美国、英国、俄罗斯等许多国家的著名文学评论家也纷纷发表评论，认为这是一部"美妙绝伦的艺术品"，是一部"出神入化、令人眼花缭乱的成功之作"，是"二十一世纪的第一部小说"，凭此即可使"作者得以跻身于博尔赫斯、科塔萨尔和埃科这样的当代文学大师的行列"，读者们"不会怀疑又有一位名副其实的大师进入了世界文坛，在其编年史上写下了罕见其匹的美丽的一页"。① 目前，《哈扎尔辞典》已被译成二十几种文字，产生了世界性影响。无独有偶，中国作家韩少功也于1997年发表了与《哈扎尔辞典》文体相类似的《马桥词典》。这部长篇小说尽管没能像《哈扎尔辞典》那样引起

---

① 帕维奇. 哈扎尔辞典：一部十万个词语的辞典小说［M］. 南山，等译. 上海：上海译文出版社，1998：中译本编者的话1.

评论界的广泛赞誉，但其独特的文体样式同样引起了人们的关注和议论。这两部作品之所以特别引人注目，最重要的原因正如它们的书名所示，是用"词典"（辞典）① 文体写作的小说。

"词典"和"小说"毕竟属于两种迥然不同的文体，将它们熔为一炉，或者说用词典的体式写作小说，可谓小说文体的"革命"，于是不能不引起人们的思考：帕维奇和韩少功都是严肃的作家，他们这样"革"小说文体的"命"仅仅是为了猎奇吗？如果不是，那么，这种词典体小说与传统小说在文体学的意义上究竟有什么不同呢？在这种奇特的小说文体形式中究竟蕴含着怎样的用心和意义？它给读者的阅读活动可能造成什么、引发什么？如此等等，值得我们重视和研究。

一、词典与小说：共时与历时

词典，作为工具书是读书人的案头必备，它对于我们来说再熟悉不过了。按照《辞海》（1979年版）的权威解释，词典是"汇集语言里的词语，按某种次序排列，并一一加以解释，供人查阅的工具书"；小说则是"文学的一大类别，叙事性的文学体裁之一"。前者是语言工具书，后者是文学作品；前者是对词语的解释，后者是故事的叙述；前者是知识的汇集，后者是想象与虚构……完全是风马牛不相及的两类文体。

就显在形式来看，词典和小说最大的不同在于它们的文本编排：为了便于"查阅"，词典总是"按某种次序排列"词语。但是，词典的词语排列次序并不规定读者的阅读过程，只是使读者有规律可循，便于读者在庞大的文本中很快选择出自己所要查阅的词语。就此而言，词典的文本编排是一种共时结构，只为读者"查阅"提供便利，它的排列顺序并非读者的阅读顺序，读者可以任意选择自己所需要的词条进行阅读。因此，词语按照

---

① "词典"与"辞典"同义。

◇ 文体形式论 ◇

某种规律排列的先后次序只是词典文本的"印刷结构"而不是它的"文本结构",它的文本结构实际上是词语在读者面前的共时呈现。

小说就不同了。小说是典型的"叙事性的文学体裁",也就是说,小说文本的基本功能是"叙事",因此,把故事叙述得有头有尾、完整顺达、生动有趣当是小说的基本要求。于是,小说文本必然是一种历时结构,即从头至尾、先头后尾的叙事顺序。尽管小说的叙事顺序不一定刻板地与事件的发生过程完全吻合,叙事也有正叙、倒叙、插叙之别,但就叙事本身的总体特征和根本性质而言,小说的文本顺序先验地规定了阅读顺序,读者阅读文本的顺序没有选择的自由。否则,任意选择其中某一部分阅读,或者违背叙事的先后次序阅读,就会丈二和尚摸不着头脑,如堕五里雾中。

《哈扎尔辞典》和《马桥词典》的文本结构正是词典的共时结构;确切地说,这两部小说都在力图模仿词典文本的共时结构。

《哈扎尔辞典》的副标题是"一部十万个词语的辞典小说",首先标明了它的奇特之处:它是"小说",但其文体又是"词典"的式样——一部由"十万个词语"建构的小说,即通过词语的个别叙说,记述了哈扎尔民族在中世纪突然消失之谜。全书主体由"红书""绿书"和"黄书"三大板块构成,分别汇集了基督教、伊斯兰教和古犹太教关于哈扎尔问题的"史料",各书均列"词条"若干。我们可将这些"词条"分为一级词条和二级词条。所谓"一级词条",是指红、绿、黄三种书中的一级标题,如"阿捷赫""勃朗科维奇"等;所谓"二级词条",是指在"阿捷赫"词条下列出的"快镜和慢镜"、在"勃朗科维奇"词条下列出的"配特库坦和卡莉娜的故事"等二级标题。① 就内容来说,后者从属于前者,是前者的延续或组成部分,所以二者并非并列关系。这样算来,"红书"含 12 个一级词条和 3 个二级词条,"绿书"含 15 个一级词条和 3 个二级词条,"黄书"含 14 个

---

① 有些词条中间还有某种图案间隔以示行文的层次,此略。

一级词条和20个二级词条。红、绿、黄三书共含一级词条41个，二级词条26个，总计词条不过67个。即使将"补编一"和"补编二"算上，距离"十万个词语"仍然相差甚远，《哈扎尔辞典》副题所示"十万个词语"显然是不实之词，我们只能将其理解成这是作者为了使"小说"更像"词典"而虚张声势罢了（或者另有所指）。

《马桥词典》以马桥人的日常用词为引子讲述马桥的故事，共列词语115条，数目比《哈扎尔辞典》多出不少；另外，作者又编写了《〈马桥词典〉条目首字笔画索引》① 置于正文之前，使其似乎更像"词典"了。值得注意的是，这一"笔画索引"并不是小说文本（词条）的排列顺序，小说文本（词条）的排列顺序并没有另外列出目录。对此，作者在《编撰者序》中做了如下说明："笔者原来是依照各词条首字的笔画多少，来决定词条排列的顺序。为了便于读者较为清晰地把握事实脉络，也为了增强一些可读性，后来改成现在的排列顺序，但保留了词条的首字索引目录于后，方便读者查检。"② 这显然是自相矛盾、欲盖弥彰的辩白：一方面，作者承认《马桥词典》有自己的"事实脉络"，即小说叙事的先后顺序，并且明示只有按照小说文本"现在的排列顺序"阅读，本小说才具有"可读性"；另一方面，为了使这小说更像词典的模样，又画蛇添足地列出一个《条目首字笔画索引》来，并明示读者不可以按照这"索引"所排列的先后顺序阅读，"索引"只是为了"方便读者查检"。但是，就心理学的角度来说，任何故事情节（即"事实脉络"）对于人的大脑都具有"刻录功能"，读者对于小说的记忆主要是以故事情节（即"事实脉络"）为根据的，读者如果需要重新"查检"阅读过的小说，凭借对于故事情节的记忆就可以实现，根本不需要依照"笔画索引"之类。这是因为，"故事情节"和"汉字笔画"

---

① 《〈马桥词典〉条目首字笔画索引》列入条目115个，该书封底有文字称收入词汇150个，二者不符。

② 韩少功. 马桥词典 [M]. 北京：作家出版社，1996：编撰者序1.

◇ 文体形式论 ◇

隶属于语言的不同指向：前者是语言的"所指"，后者是语言的"能指"。由"所指"刺激刻录下来的记忆怎么能够通过"能指"重新唤醒呢？传统小说的章回标题并没有排列所谓"首字笔画索引"，但由于故事情节（即"事实脉络"）的记忆功能，读者通过章回标题不就可以"查检"有关内容了吗？《马桥词典》既然有"事实脉络"（尽管不像传统小说那样紧密连贯），也就是说，它可以以"事实脉络"刺激阅读记忆，读者有什么必要按照"首字笔画"去"查检"呢？除非对马桥方言有特别兴趣或其他不将《马桥词典》作为小说进行阅读的阅读者，恐怕不会有人按照所谓"首字笔画"去"查检"《马桥词典》。一方面承认自己的作品有一定的故事情节，属于"小说"，一方面又尽可能地将其装扮成"词典"的模样，这就是《马桥词典》欲盖弥彰的矛盾。这一矛盾表现了它同《哈扎尔辞典》一样的动机——无非是作者为了使这小说更像"词典"而故意虚张声势罢了。

传统小说的章回标题往往是特定故事情节的标识，它们的先后排列次序往往标识着整部小说的叙事顺序、叙事过程和叙事的阶段性。章回标题目录往往是小说梗概的最简化形式。通过章回标题目录，读者可以最简要地把握小说究竟"说什么"和"怎样说"，实际上就是整部小说的"叙事里程碑"和"叙事索引"。《哈扎尔辞典》和《马桥词典》两部小说为了模仿词典，在文体形式方面所做的主要工作便是将传统小说的"章回标题"改为"语词标题"。同时，为了使这些"语词"在编排方面更加词典化，《哈扎尔辞典》还在正文之前煞有介事地炮制了《〈哈扎尔辞典〉使用说明》，《马桥词典》也在正文之前煞有介事地炮制了《〈马桥词典〉条目首字笔画索引》，并且不约而同地使用各种符号标示本"词典"的语词互释。

当然，这种词典体小说在标题和版式等方面的改头换面并非纯粹玩弄形式，在其别样的形式之中当然蕴含着特定的意义，即力图改变或弱化小说叙事的历时性，在以"历时叙事"为能事的小说文体中尝试"共时叙事"之可能。

传统小说的章回标题由于需要尽可能完整准确地标示不同章回的主要故事情节，所以往往使用较长的句段进行标示，换言之，完整准确地标示各章各回的主要故事情节是传统小说章回标题的主要功能。以《哈扎尔辞典》和《马桥词典》为代表的词典体小说使用"语词"作为各篇章的标题并不标示故事情节，只是故事情节的"引子"，或者是以语词解释为"由头"展开叙事。于是，由每一"语词"所引发的叙事便具有相对独立性，各篇章的内容基本上环绕这"语词"本身展开。这样，词典体小说在叙事的连贯性和历时性方面也就被大大弱化；也就是说，"语词"与"语词"的不同意义也就形成了小说各篇章之间的"空场"，从而将一部小说间隔成一个个相对独立的"意义岛"。这不仅十分接近词典对于每一个语词的独立解释，也创建了小说共时叙事的别样文本体式。

　　那么，与传统小说的"历时叙事"相对而言，词典体小说的"共时叙事"究竟蕴含着怎样的意义呢？

二、"可读之文"与"可写之文"

　　法国著名文学理论家罗兰·巴特在解构巴尔扎克的小说《萨拉辛》时曾经对"可读之文"与"可写之文"进行了区分。① 所谓"可读之文"，就是能够吸引人阅读，甚至能够引人入胜，具有可读性的作品；所谓"可写之文"，就是能够引发读者重新写作的欲望，可以将原作重写或重构的作品。巴特将前者称之为"古典之文"，即传统文学作品，实际上也包括运用传统方法进行创作的现代作品，这是文学家族的主体；而后者则是"罕遇之至"的文学特例，只"在某些边缘性的作品中，偶一露面，倏忽而逝，躲躲闪闪地呈现"。② 可能是"物以稀为贵"吧，巴特明显地推崇"可写之

---

① 巴特. S/Z [M]. 屠友祥，译. 上海：上海人民出版社，2000：55–63. 原译"能引人阅读之文"和"能引人写作之文"。
② 巴特. S/Z [M]. 屠友祥，译. 上海人民出版社，2000：61.

文"。这是因为，在巴特看来，"作品"作为"实践"或"生产"，它的评估标准只能与某种"实践"或"生产"，即与写作的"实践"或"生产"相关，而不能用科学和意识形态的标准对其进行价值评估，因为后者的评估标准显然是"再现"或"反映"的价值，二者不可同日而语。依照这一思路，"可读之文"是传统文学体制的产物，它在作者与读者、生产者与消费者之间构筑了不可逾越的壁垒，"读者因而陷入一种闲置的境地，他不与对象交合（intransitivité），总之，一副守身如玉的正经样（sérieux）：不把自身的功能施展出来，不能完全地体味到能指（signifiant）的狂喜，无法领略及写作的快感"，读者只是享有"要么接受文要么拒绝文这一可怜的自由罢了"。① "可写之文"正是在这一意义上具有较高的价值：它摆脱了只有作家才能进行写作的权利，读者也能进入写作的实践和生产。"为什么这种能引人写作者是我们的价值所在呢？因为文学工作（将文学看作工作）的目的，在令读者做文的生产者，而非消费者。"② 可以说，所谓"词典体小说"，正是在这一意义上确立了自己的文学价值。

《哈扎尔辞典》自称是关于哈扎尔民族的"史料汇编"及其"集大成形式"，即未经过小说家加工或改编过的、原汁原味的第一手资料。这一自白本身就为读者参与写作提供了可能——《哈扎尔辞典》只为读者重新梳理和鉴别这些"史料"提供平台，它只是读者参与重写哈扎尔历史的"工具书"。

就《哈扎尔辞典》对"史料"的记述方式来看，似乎是纯客观的"有闻必录"，没有主观倾向，并不试图影响读者对哈扎尔历史的判断。例如，《哈扎尔辞典》中的某些词条可能同时出现在"红书""绿书"或"黄书"中，但由于这"三色书"分属于三个宗教派别的"史料汇编"，它们关于哈扎尔问题的记载就大不一样。"哈扎尔大论辩"是《哈扎尔辞典》中的重要

---

①② 巴特. S/Z [M]. 屠友祥, 译. 上海人民出版社, 2000: 56.

词条之一,因此在红、绿、黄三书中同时出现,因为正是这次大论辩改变了哈扎尔人命运,使其从一个独立、强盛的部族不知在什么年代突然解体。"哈扎尔大论辩"的核心是哈扎尔人改信宗教问题,基督教、伊斯兰教和古犹太教都派代表来到位于里海西南面撒曼达上的可汗夏宫参加大论辩。毫无疑问,这些代表当然都从自己的立场出发,在这场大论辩中极力劝说可汗改信自己的宗教。根据基督教的"红书"记述,哈扎尔的使团首先抵达拜占庭,主动请求教皇在即将进行的论辩中战胜犹太人和阿拉伯人(时称"撒拉逊人"),并答应改信希腊人的基督教;根据伊斯兰教的"绿书"记述,哈扎尔人通过大论辩最终选择的是伊斯兰教;根据古犹太教的"黄书"记述,这场大论辩致使哈扎尔人改信了犹太教。于是,同是关于"哈扎尔大论辩"的记述,由于出自不同宗教的不同"文献记载",其"史实"也就大相径庭。那么,"三色书"中关于"哈扎尔大论辩"的三种相互矛盾的记述,究竟哪种说法是真实的或者更接近真实?历史上关于"哈扎尔大论辩"的实际情况究竟怎样?"大论辩"之后,哈扎尔人究竟改信了哪种宗教?对此,《哈扎尔辞典》语焉不详,没有定论。于是,《哈扎尔辞典》美其名曰记述"关于哈扎尔问题的史料",但是并没有解答任何问题,反而提出了许多问题;它留给读者的不是现成的结论,而是一系列类似"哈扎尔大论辩"这样的重重"谜团",交由读者自己去思考、去破解。用《〈哈扎尔辞典〉使用说明》中的话来说,本书只是"供不同类型读者翻阅之用。它广集百家之言,读者可以各取所需,读罢掩卷,也可以自写续篇——从古达今本书编纂者何止千百,将来当然也会出现新的编纂家,将其重新整理、续写和补遗……"① 这就是作者有意建构的"可写之文"。

为了有效地建构"可写之文",《哈扎尔辞典》多使用模棱两可的语言,故意模糊事实真相,将事物的解释多元化。例如,在追溯该辞典的编纂始

---

① 帕维奇. 哈扎尔辞典:一部十万个词语的辞典小说[M]. 南山,等译. 上海:上海译文出版社,1998:13.

◇ 文体形式论 ◇

末时，作者写下了如下文字：

　　本辞典所记述的那个事件大约发生在公元八世纪或九世纪（其时可能发生过一系列此类事件）。在专门文献中，也有把这个事件叫作"哈扎尔大论辩"的。哈扎尔是个独立、强盛的部族。这群剽悍的游牧民不知是在历史上什么年代被死寂的灼人的黄砂逐出本土，从七世纪起到十世纪定居于黑海与里海之间的这块陆地之上。①

　　在这段只被译为 140 个汉字的简短叙述中，先后出现了"大约""可能""也有""不知"等四个具有选择意义的词汇，以表示所指的模糊、多义、多元和不确定性。"时间"本身是最具确定性的能指，但是，为了表达同样模糊和不确定的指向，作者只得使用"世纪"这样的大概念，用"公元八世纪或九世纪""从七世纪到十世纪"之类的计时概念解构了时间的确定性，最大限度地展示了文本的开放性。

　　至于文本顺序，如前所述，无论是《哈扎尔辞典》还是《马桥词典》，由于它们以独立的"语词"为叙事单位，每个语词形成了相对独立的"意义岛"，所以，读者的阅读顺序当然也就可以违背文本的编排顺序，按照自己的喜好或习惯随意决定自己的阅读方向。"换言之，读者可按自己认为便利的方式来查阅。一些读者可像查阅任何辞典那样查阅他们在彼时彼地感到兴趣的名字和辞汇，另一些读者可把这本辞典看作一本书，从头至尾一口气看完，由而获得关于哈扎尔问题以及与哈扎尔问题有关的人物、事件的完整概念。阅读可从左及右，也可从右及左……。阅读本辞典黄、红、绿三卷的顺序，纯按读者意愿，你可任意翻开一页，便从那儿读起……"②这就是《哈扎尔辞典》"阅读指南"所言，读者可以按照三卷中相互重复的词条阅读，也可以按照人物或事件的内容分类阅读，或者根本不考虑什么

---

① 帕维奇. 哈扎尔辞典：一部十万个词语的辞典小说 [M]. 南山，等译. 上海：上海译文出版社，1998：卷首导语 3 – 4. 着重号为引者所加。

② 帕维奇. 哈扎尔辞典：一部十万个词语的辞典小说 [M]. 南山，等译. 上海：上海译文出版社，1998：卷首导语 13 – 14.

顺序,"像玩魔方一样把页码任意编排,压根儿不计较什么先后程序,而且也用不着遵从任何先后程序。每个读者可以像玩骨牌或纸牌那样自己动手来编辑一本属于他自己的完整的书"①。

这就是词典体小说所创造的与古典小说完全不同的文体意味:钢铁浇铸的文本顺序变成了可以任意把玩的"魔方",读者的阅读顺序变成了对文本顺序的"重新洗牌",所谓读者参与写作和重写的"可写之文"的价值,即其"实践性"或"生产性"价值,包括读者对小说意义的重构,也就蕴含其中和不言而喻了。

值得注意的是,罗兰·巴特所崇尚的"可写之文"与我们所说的"辞典体小说"并不完全等同。巴特的"可写之文"是通过对传统小说的解构提出的文本理论。他首先将巴尔扎克的小说《萨拉辛》分割为561个语义单位(又称"阅读单位"),然后概括出"冥想""笑""接触""景象描绘""告别""狂喜""魅惑力""爱的意愿""死的意愿""约会""警告""谋杀""短途旅行"等共48项"情节序列",将561个语义单位分别纳入48项情节序列,然后又分93题对《萨拉辛》进行了评点,② 最后将这93题按照内容归纳为"能引人阅读者""符码""复数"等三大类别(大类别中又分若干小类别),汇总了巴特对于《萨拉辛》的"所思内容"。这样,《萨拉辛》就被罗兰·巴特的解构之刀横竖斩为碎片,巴尔扎克的原作已经面目全非、踪影难觅,其最终结果《S/Z》是巴特的新作而不是《萨拉辛》的延续,与传统的文学评论完全两样,其中所保留的只不过是《萨拉辛》的碎片。

巴特对传统小说进行解构的另一个典型案例是《恋人絮语》。《恋人絮语》以歌德的《少年维特之烦恼》为解构对象,将传统的爱情故事拆解为

---

① 帕维奇.哈扎尔辞典:一部十万个词语的辞典小说[M].南山,等译.上海:上海译文出版社,1998;卷首导语14.
② 罗兰·巴特对《萨拉辛》的评点是其《S/Z》的主体,中文译者称其为"旁逸的笔墨"。

◇ 文体形式论 ◇

恋人情话。维特是充满激情的思辨型恋人的原型,他的一派痴语是典型的恋人絮语,于是,恋人的倾吐方式和话语载体就成了巴特所关注的主题。但是,巴特并不是用思辨的语言从理论上研究恋人情话的种种特点,而是融合自身及其学生的生活体验,通过虚构特定场景或直接演示将这种话语方式呈现出来。于是,恋人的万千思绪、杂乱的语丝、莫名的醋意、柔情的沉醉、苦苦的思念、等待的焦灼、无言的默契、兴奋和倦怠、自信和自卑、争吵和闲话、放纵和节制,以及那些说不清道不明的意念和偏执等,在《恋人絮语》中被描绘得活灵活现。通过这种方式,巴特不仅解构了歌德的《少年维特之烦恼》,而且解构了所有的爱情故事,因为在他看来,一个精心结构的爱情故事是"社会以一种异己的语言让恋人与社会妥协的方式",敷设这样一段故事不啻是编织一个自我束缚的罗网,真正为爱情而痛苦的恋人并不能从中获益。爱情不可能构成故事,它只是一番感受,几段思绪,诸般情景,寄托在一片痴愚之中,剪不断,理还乱。[①] 正因为恋人话语的这一特点,所以,《恋人絮语》的文本顺序是按标题的字母顺序排列的,巴特试图通过这种词典式的文体形式表达自己并不试图建构所谓"爱情哲学"或"思想体系"的用心。

可见,罗兰·巴特心目中的"可写之文"就是他可以用来解构的《萨拉辛》和《少年维特之烦恼》,而他通过"可写之文"的解构所自行"写"出来的"文"则是《S/Z》和《恋人絮语》。就文体形式来看,前者显然是一种传统的"古典之文",但在其"传统的"和"古典的"文体形式背后,巴特却发现了解构的可能性,这就是他所说的"边缘性作品"。正是通过这类"边缘性作品"的重写和重构,巴特证实了读者(批评家)参与写作的可能性,同时也证实了"可写之文"的"实践性"或"生产性"价值。

但是,《哈扎尔辞典》和《马桥词典》本身并不是传统的"古典之

[①] 巴特. 恋人絮语:一个解构主义的文本 [M]. 汪耀进,武佩荣,译. 上海:上海人民出版社,1988:罗兰·巴特和他的《恋人絮语》4.

文"，而是饱含现代文学观念、创制"边缘性"文体形式的作品。作者之所以将其文体形式本身建构为"词典体"，无非是为了便于读者解构或重写。换言之，与传统的"可写之文"或以传统文体形式出现的"可写之文"相比，这种词典体小说作为"可写之文"，其价值取向无非是为了更加鲜明和更加直率地向读者表明文本的开放性，撕下了一切不利于读者解构或重写的伪装，向读者赤裸裸地敞开了"可写之文"的宽广胸怀。

三、消解"虚构本体"，建构"零距离真实"

中国"小说"一词最早见于《庄子·外物》，本意是指浅薄琐屑的言论。《汉书·艺文志》谓"小说家者流，盖出于稗官，街谈巷语，道听途说者之所造也"，将小说看成是小官吏和下层社会编造和流传的故事，不足为信。就其源头来看，先秦的神话、传说和寓言，魏晋志怪，唐代传奇等都属此体，但直到宋代平话出现之后，"小说"才成为叙事性文体的专称。可见，中国小说叙事最早是渊源于虚构或想象，并非是对客观世界真实事件的叙述。中国"小说"的这一特点和英语中的小说概念是完全一致的：novel作为名词指（长篇）小说，作为形容词意为"新奇的"和"异常的"；fiction一词既是"小说"的统称，又有"虚构""想象""假定""假想""虚设""编造"和"捏造"之意。总之，小说作为一种叙事文体是虚构和想象的产物，虚构和想象是小说的本体特征，这已经是被普遍认同的共识，无须赘言。而词典体小说的出现，恰恰就是对这一普遍共识的挑战。

韩少功之所以决定"为一个村寨编辑出版一本词典"，主要是有感于"说话之难"。例如，海南岛的渔业非常发达，当地渔民对于几百种鱼，甚至每种鱼的部位、习性和状态等都有特定的语词，表达细致而准确。但是，一旦他们试图使用普通话表达"鱼"的概念时，就只剩下"海鱼"和"大鱼"两个词了。除此之外，他们关于鱼的语词几乎都无法进入普通话，当然也无法被各种字典和词典收录。也就是说，人类许多丰富、深切、鲜活的感受，在交流日益频繁的今天，却被冷冷地排除在共用语言之外。一方面，为了交流的方便，人们需要学习和使用共用语言；另一方面，随着共用语言对地域性语言的滤洗，人类的语言表达也就变得更加简单、粗糙、贫乏。面对这一两难困境，韩少功不希望"交流"相互抵消和磨灭，认为"必须对交流保持警觉和抗拒，在妥协中守护自己某种顽强的表达——这正是一种良性交流的前提。这就意味着，人们在说话的时候，如果可能的话，每个人都需要一本自己特有的词典"。因为"词是有生命的东西。……它们在特定的事实情境里度过或长或短的生命"，是人类特定生命形态的标识。于是，韩少功就开始搜集和储存这样一些词，对其"反复端详和揣度，审讯和调查，力图像一个侦探，发现隐藏在这些词后面的故事，于是就有了这一本书"。① 作者关于《马桥词典》写作动机的这一表白显然是向小说虚构本体的挑战。这一表白试图给读者制造这样的印象：作者并非在写小说，而是在做"方言文化学"方面的调查和研究。

就《马桥词典》所收语词及其释义来看，作者似乎确实是在做方言文化学方面的工作。这些语词并不涉及天文地理、国家社稷等方面的高深学问或重要问题，都是马桥人的日常用语。作者通过这些日常用语的翻译和解释，引出语词背后的故事，并发现了马桥人并没有觉察到的微言大义。现试举五例如下：②

醒："蠢"的意思，"醒子"即蠢货。这个词可能和马桥的先人屈原有关。罗人曾被强大的楚国驱杀流落此地，后来屈原被流放几乎循着同样的路线。可以想见，曾做过楚国左徒的屈原沦落在此的复杂心境：罗地是一面镜子，让他看透兴衰分合的荒诞；罗地是一剂猛药，让他开怀宣泄朝臣的矜持，拷问天地和良心。也就是说，他"醒"了。马桥人对"醒"字的使用隐含着先人对强国政治和异质文化的阐释，是不同历史定位之间的必

---

① 韩少功. 马桥词典［M］. 北京：作家出版社，1996：401.
② 下述五例不是《马桥词典》的原文，是笔者对原文的概括或缩写。

然歧义,也是当年罗人留在今日马桥的一脉语词活化石。

台湾:合作化时,茂公家死不肯入社,马桥人就将他家的那块田称为"台湾丘"。一天,社长本义终于忍无可忍,率众"解放台湾",茂公被气死,两家由此也结下了不解之仇。于是,"台湾"在马桥就被赋予"顽固""落后""孤立"等种种贬义。

梦婆:指精神病人。志煌的婆娘水水成了"梦婆"之后反而变成预测彩票的神灵,于是"梦婆"又有了另外的含义:远离知识和理智的人在一般人的心目中只是可怜的弱者,但在一些重要命运关头,突然又成了最接近真理和最可信赖的人,从而印证了只有学术大师(弗洛伊德)才可能研究出来的理论。

不和气:即漂亮。在马桥,凡漂亮的女子在风大水急时过江,都要用泥巴将自己的脸蛋儿涂黑,否则就容易翻船。它隐含着一种让人不寒而栗的观念:漂亮是一种危险,总会带来某种不祥("不和气")。本义的婆娘就"不和气",她是挺着大肚子主动找上门来嫁给本义的,曾经和三个男人有染,最后和三耳朵私奔,死在外乡。

嘴煞(以及翻脚板的):罗伯没有借钱给复查,复查就骂他是"翻脚板的",这是马桥恶毒等级最高的咒语。使复查没有料到的是,罗伯第二天就被疯狗咬伤了,不久便命归黄泉。于是,这成了复查的一块心病,后悔当初"犯煞"之后没有"退煞"。"嘴煞"就是这样一种忌语,不但使罗伯去世,还影响了复查几十年,可见语言的神力已经关涉我们的生命。

就这些词条本身来说,我们确实很难看出这是一部"小说",而认为它是一部"词典",一部方言文化学方面的词典,因为它并没有留下一般小说必定"编"故事的迹象,即没有虚构和想象的斧痕,而是对于一个偏远村寨特有方言的文化学分析。韩少功之所以这样有意为之,正如他自己所言:"我写了十多年的小说,但越来越不爱读小说,不爱编写小说——当然是指那种情节性很强的传统小说。那种小说里,主导性人物,主导性情节,主

◇ 文体形式论 ◇

导性情绪,一手遮天地独霸了作者和读者的视野,让人们无法旁顾。即便有一些偶作的闲笔,也只不过是对主线的零星点缀,是主线专制下的一点点君恩。必须承认,这种小说充当了接近真实的一个视角,没有什么不可以。但只要稍微想一想,在更多的时候,实际生活不是这样,不符合这种主线因果导控的模式。一个人常常处在两个、三个、四个乃至更多更多的因果线索交叉之中,每一线因果之外还有大量其他的物事和物相呈现,成为了我们生活不可缺少的一部分。在这样万端纷纭的因果网络里,小说的主线霸权(人物的、情节的、情绪的)有什么合法性呢?……于是,我经常希望从主线因果中跳出来,旁顾一些似乎毫无意义的事物……"①

可见,韩少功将"小说"写成"词典",并非只在文本形式方面玩花样,而是针对"那种情节性很强的传统小说"反其道而行之,以表达和实践自己独特的小说观念。在那种小说里,为了增强情节的引力设置了"主线因果导控"机制,"一手遮天地独霸了作者和读者的视野",读者只能遵照作者设置的导控线索循规蹈矩、循序解读。但是,"在更多的时候,实际生活不是这样",实际生活中发生的事件往往纷纭复杂、千头万绪、零星散乱,处在"万端纷纭的因果网络里",人们从不同的立场、不同的角度和价值坐标观看、叙述或评价这些事件,往往千差万别、千模百样,不存在什么"主线霸权"。传统小说正是在这一意义上显露出破绽:尽管"这种小说充当了接近真实的一个视角",能够引导读者信以为真,但是,它所达到的"真实"毕竟是建基在虚构和想象之上,无论创作还是阅读,没有虚构和想象都不可能生成。也就是说,虚构和想象既是传统小说的基石和本体存在,也是飘逸在文学主体(作家与读者)与文学对象(生活与作品)之间的山岚。韩少功写作《马桥词典》就是为了驱散飘逸在文学主体与文学对象之间的山岚,使作家和读者直面庐山真面目,将小说中所表现的生活作为

---

① 韩少功. 马桥词典 [M]. 北京:作家出版社,1997:68–69.

"实际生活"、未加修饰过的"真生活",这是一种粗糙但有生命力的"原生态生活"。

正是抱着对于小说的这一独特理解,韩少功摒弃了为马桥"编故事"的叙事方法,改为调查、搜集和审讯马桥人的日常语词,用"词典文体"将这些日常用语及其背后的故事和意义装订成册,交由读者自由地选择阅读。由此,马桥人实际生活的万端纷纭、枝枝蔓蔓、零星散乱的原貌似乎被如实地呈现出来了。《马桥词典》就是马桥的"写真集",读者阅读《马桥词典》如同身临其境,马桥的一草一木和风吹草动尽收眼底。于是,作家挖空心思"编"故事的种种斧痕被这种"词典体"淡化了、磨平了、遮蔽了;于是,传统小说那种虚构和想象的真实让位于词典体小说的"零距离真实"。前一种真实只有进入特定的艺术语境才得以感受,脱离特定的艺术语境就可能烟消云散,在满足读者渴望艺术真实的同时也留下了追寻生活真实的遗憾;后一种真实由于驱散了虚构和想象的山岚,读者似乎可以"零距离"直面生活本身,文本的虚构和假想本质事实上已被读者所淡忘。

事实上,无论是传统小说还是词典体小说,既然是"小说",就不可能舍弃虚构和想象。词典体小说之所以使人淡忘其虚构和想象的本质,完全在于它那独特的文体形式。"词典"本来是知识的载体,是人类求知和学习真理的工具书,小说创作的虚构和想象就是在这样的文体形式中被遮蔽了;换句话说,是词典文体使小说的虚构和想象本质模糊了、淡化了。词典体小说只是在这一意义上对传统小说的真实观提出了挑战:它首先通过"文体革命",将一个真切而不是虚构和想象的世界"零距离"推到读者面前,逼迫读者的视觉认可这部"摄影集"而不是"绘画集"。在这个世界里,读者首先感受到的是其叙述方式的直接性和叙述对象的客观性、真切性,然后才有可能思索或推敲它的真实性或可能性。而在传统小说中,虚构和想象是它的先验规定,读者在进入小说文本之前已经先验地认可了它那虚构和想象的本质。总之,词典体小说无非是为虚构和想象的小说本质披上了

◇ 文体形式论 ◇

一件"零距离真实"的外衣。

为了达到"零距离真实"这一目的,词典体小说当然也会故弄玄虚。例如,《哈扎尔辞典》在正文之前使用了相当大的篇幅交代本"词典"的"编纂始末"和"版本溯源"等所谓"史实真相"。它自称本书是"第二版",是对"第一版"的"补遗"和"修订",而第一版早在1691年就已面世,编纂者是杰奥克季斯特·尼科尔斯基神甫等,出版人是约翰涅斯·达乌勃马奴斯,然后就煞有介事地编造了许多细节以示其"史实"的确凿。在正文之后,《哈扎尔辞典》还附有"补编"两篇,再次向读者确证本"词典"的"史实"确凿无误,可谓煞费苦心。这样,由所谓的"史料"和"史实"建构起来的真实也就迥异于由"虚构"和"想象"建构起来的真实:前者拆解了"读者"与"读物"之间的虚构本体,实现了二者之间的"零距离"接触。《马桥词典》收录了不少"续"词,如"马疤子"和"马疤子(续)""不和气"和"不和气(续)"等,为了使其更像词典文体,作者故意不将它们编在一起,打乱前后顺序,将一种散乱的生活原生态直接交由读者解读。

这使我们想起了时下兴盛的仓储式超市。在传统购物商店,顾客和商品之间实际上是隔着三堵墙:柜台、售货员和货架。顾客购买商品需要隔着柜台请售货员到货架上索取,选择的自由受到很大限制;仓储式超市拆解了顾客和商品之间的三堵墙,由顾客直接进仓面对全部商品,享受最充分的选择自由,成了君临世界的"上帝"。所以,花费同样的时间,超市购物比传统商店购物会有更多的收获,可能购得更多的物品,并且往往购得许多事先并没有计划购买的商品,商家从顾客的口袋里掏出的钱币当然也就更多。更重要的是,顾客在超市所得到的不仅仅是购物的愉快,还品尝到做"上帝"的精神乐趣。词典体小说所创设的"共时叙事"其实就是"仓储式语词",同"仓储式超市"不是很相似吗?也就是说,词典体小说消解了建立在虚构和想象基础之上的真实之后,由其文体形式所引发的

"零距离"真实具有更大的吸引力。无论如何，犹如仓储超市"零距离"购物迎合了现代人的购物观念一样，词典体小说的"零距离"阅读更符合现代人的审美观和价值观。但是，读者的想象力以及建基在想象力之上的审美趣味，恐怕也就随之散失殆尽！

四、撩拨神秘往事，制造现代魔幻

如前所述，词典体小说所创设的共时叙事为读者提供了选择和重写的自由，它对传统小说虚构本体的解构为读者展现了"零距离真实"，那么，词典体小说提供了什么东西值得读者去选择或重写呢？它为什么或有什么必要一定要展现所谓"零距离真实"呢？

首先，就《哈扎尔辞典》和《马桥词典》的共同点来看，都倾向于撩拨神秘往事，或者制造现代魔幻，这恐怕是解答上述疑案的重要线索之一。也就是说，词典体小说所崇尚的"可写之文"并非一般小说所追求的文本，它只为解读神秘主义提供了重写的平台；神秘主义尽管也可以是一般小说的表现对象，但是，"可读之文"只能为解读神秘主义提供有限的方向，远不如"可写之文"享有最充分的自由。神秘主义之"神秘"就在于它是说不清道不明的东西，单向地解读绝非绝对可能、可靠、可信，"可写之文"所提供的多向选择和重写自由，正是在这一意义上显示出它的价值。

《马桥词典》所列词条涉及地名、人名、动物名、植物名、医药名，以及历史遗风、乡规民俗、男女情事、图腾禁忌、愉悦取乐、德行品评等诸多方面，从古到今、从自然到社会、从族群到个人、从事物到心理，可以说无所不包，每个词条都有引人入胜之处。为什么？概出于所选词条大都指向某种神秘性；也就是说，它们都没有被"共用语言"（普通话）所滤洗、所招安、所改造，仍然顽强地守护着自己的表达。正是这样一本"特有的词典"，而不是一般意义上的词典，不是共用语言（普通话）的词典，才显示出其特有的魅力。

◇ 文体形式论 ◇

"马桥弓"是马桥的全称。"弓"是古代的面积单位，一弓就是方圆一矢之地，但从马桥的弓头到弓尾得走上一个多时辰，这不能不使人惊讶马桥的先人是何等伟大和雄武！

马桥弓有一幢无主老屋，人称"神仙府"，是马桥极盛时代的残存。这里曾经居住着四个不作田的"烂杆子"，又称马桥"四大金刚"，现只剩下马鸣一人，他是一个懒惰、食古不化、与公众没有联系的怪人。于是，由"神仙府"和"烂杆子"二词的解释引出马鸣之怪奇。

秋天的山岭间会笼罩着一种蓝色氤氲，即"黄茅瘴"，瘴气的一种，对人体有害。为了避免它的侵害，马桥人在上岭的前一天夜里就不能吃零食，也不能睡女人，戒掉七情六欲，临上岭前最好还要喝口酒，暖暖身子，壮壮阳气。瘴气并非马桥所独有，但马桥人对其有自己的理解：人和自然之间是否存在着某种说不清的关系？

"惊讶""怪奇""说不清"，诸如此类，这就是《马桥词典》所收词条的总体倾向——通过马桥人特有语词的解释，制造一种地老天荒的神秘文化氛围。

无独有偶，《哈扎尔辞典》也是如此，甚至有过之而无不及。

首先，关于版本，如前所述，它自称是对于1691年在普鲁士出版的达乌勃马奴斯版的补遗和修订，还煞有介事地将初版的封面置于本辞典的首页。在初版封面的背后印有这样几行小字：

在此躺着的这位读者

永远也不会

打开这本书，

因为他已长眠于此。

仅这几行文字就给人一种神秘感，紧接其后的《卷首导语》使这种神秘感进一步加强：

"本书现在的作者保证读者诸君读罢本书后绝不会招来杀身之祸，而此种不幸命运曾于 1691 年《哈扎尔辞典》初版面世后，降在当时的读者身上……"①

原来，初版《哈扎尔辞典》"共印五百部，其中一部由达乌勃马奴斯用剧毒油墨印刷而成。这部沾着毒汁的辞典由一把金锁锁住，和另一部上了银锁的辞典放在一起。1692 年，宗教裁判所下令销毁达乌勃马奴斯的辞典时，只有这两本躲过劫难，得以幸免。这样一来，那些胆大妄为的人或异教徒若读了这部禁书，定遭死亡之凶。谁若打开此书便会立刻全身瘫痪，胸口像被针尖刺中一般。读者会在看至第九页上的几个字时死去，这几个字是：词句已成血肉。倘若读者同时阅读带银锁的辞典，便能知晓死亡何时降临。带银锁的辞典里有下述提示：

'倘若你已苏醒却未觉痛苦，须知你已不在活人世界。'"②

这样的文字使人顿感毛骨悚然！

据说，《哈扎尔辞典》还有阴、阳两种版本，但是，它们的区别是什么？作者语焉不详，其他各种译本也讳莫如深，只有美国一本作家辞典中提及，发现二者仅仅 17 行文字有所不同。中文本的译者认为其目的是"把识破阴阳玄机的乐趣让与读者"③。很明显，《哈扎尔辞典》的作者是在故意制造神秘！

至于《哈扎尔辞典》，它将文本分为"红书""绿书"和"黄书"三大板块，分别记述不同宗教派别关于哈扎尔问题的文献，同样给所谓"哈扎尔问题"蒙上了一层神秘的面纱。

就《哈扎尔辞典》所记述的内容来看，更是一些神秘莫测甚或匪夷所

---

① 帕维奇. 哈扎尔辞典：一部十万个词语的辞典小说［M］. 南山，等译. 上海：上海译文出版社，1998：卷首导语 3.
② 帕维奇. 哈扎尔辞典：一部十万个词语的辞典小说［M］. 南山，等译. 上海：上海译文出版社，1998：卷首导语 8.
③ 帕维奇. 哈扎尔辞典：一部十万个词语的辞典小说［M］. 南山，等译. 上海：上海译文出版社，1998：中译本编者的话 3.

思的故事。例如,关于阿勃拉姆·勃朗科维奇三个亲属的故事,就充满魔幻和神奇:

(1) 勃朗科维奇的次子每晚都要遭受食尸吸血女鬼的折磨,当他将其刺死时听到一声很熟悉的惨叫,哪知次日他母亲来看望他时,在门槛上叫了声他的名字便颓然倒下,并在她身上发现了刀伤,于是这孩子变得惊恐不安……

(2) 勃朗科维奇的第三个儿子是用泥巴做的,和新婚妻子卡莉娜野餐时眼前突然出现了古罗马剧场,120个亡灵吞食了卡莉娜的尸体,卡莉娜也加入这人肉宴席,吞食自己身体的残余部分;然后,卡莉娜的亡灵又与她的丈夫对话,随即将其丈夫撕碎,吸他的血,将他的尸骨抛向剧场阶梯,亡灵们便向这尸骨扑去……

(3) 勃朗科维奇的父亲在厕所里结束了一个雪魔的生命,回屋晚餐时自己的头落进了汤盆,可他吻了吻汤盆里的自个儿的脸,照吃不误,他像抱恋人似的双手紧紧抱着汤盆,仿佛他面前不是汤盆而是恋人的脸蛋儿……①

《哈扎尔辞典》就是这样一部现代神话,它将古代与现代、神话与真实、梦境与现实搅和在一起,时空错乱、人鬼转换、真假难辨、似是而非,像一幅色彩斑驳的拼贴画,令人恍兮惚兮,扑朔迷离。这恐怕就是它值得读者去选择、去重写的迷人之处吧。

更重要的是,《哈扎尔辞典》所记述的是人类历史上一个民族突然消失之谜,这一问题恰恰迎合了现代人对于自我生存环境的担忧。和平共处、友善相待、世界大同是人类共同和共通的愿望和理想,政治、经济、宗教、文化等领域中出现的一大堆问题和难题如何解决或缓解?一个民族的兴衰和它的宗教信仰或精神支柱究竟有怎样的关系?这是一些没有任何现成答

---

① 阿勃拉姆·勃朗科维奇是《哈扎尔辞典:一部十万个词语的辞典小说》最初的作者之一,这仅仅是词典的"红书"中所记述的有关其亲属的三个故事。

案而又需要人类做出回答的重大问题。在这些问题面前，人类所能做的只能是探索，各种各样的探索，探索各种各样的可能；而不是限于某一种探索，也不是限于探索某一种可能。于是，历史作为"镜子"也就不能是原来意义上的"一面"镜子，而是通过多种镜片进行多重组合的千万种镜子，即通过历史的多重组合探索未来人类社会的多种可能。

就此而言，"可写之文"有可能提供一种新的真实，或者说达到了真实的新高度。但是，它那离奇的故事和魔幻般的场景很可能将读者引向"神话"语境。而神话只是人类在孩童时代虚构和想象的产物，只能为现代人提供"远距离"观赏的效应，与词典体小说的本义当然大相径庭。于是，追求"零距离"真实也就成了词典体小说的必由之路。所谓"零距离"真实，就是在这一意义上充任了词典体小说的有效补充，吸纳读者在神秘往事中重写现代故事，在魔幻场景中发现现实意义。

五、语词战争：本体或工具

在《马桥词典》所收词条中，不少语词的背后都隐含着一场惊心动魄的战争。例如"亏元"，马桥特有的一个语词，它就来源于由"一字之差"所引发的复仇和错乱。

盐午的父亲和叔父已经过世，当年因政治问题没有举办丧礼。"文革"后盐午一跃成为马桥最有钱的人，父亲和叔父的问题也已平反，当然要好好补偿，大宴宾客。胡魁元收到邀请帖子后发现将自己的名字写错了，"魁元"成了"亏元"。一字之差，意义相反，同为生意人的胡魁元当然很是忌讳，认为很不吉利，并具有挑衅性，于是大为恼火。他不但没有赴宴，还设法寻机报复，于是偷了盐午家正在装修店铺用的一台电钻。正得意之际，被盐午的手下一阵痛打，不得不如实交待。魁元咽不下这口气，多喝了几杯酒之后居然错把村长的耳朵割了下来，最后落得自己进了班房……

这是一场语词战争，确切地说是由语词所引发的战争，既匪夷所思又

◇ 文体形式论 ◇

司空见惯。匪夷所思的是，一字之差居然引发一场大争斗，语词真的会有如此巨大的魔力？司空见惯的是，在人类历史上，由"一字之差"所引发的灾难太多太多了，《马桥词典》所记述的那位播音员，不就因为将共产党要人"安子文"误读成国民党要人"宋子文"而被判十五年大牢吗？对此，韩少功很是感慨。他自称既读过《圣经》也读过《古兰经》，他认为这两本书"除了'上帝'和'真主'一类用语的差别，两种宗教在强化道德律令方面，在警告人们不得杀生、不得偷盗、不得淫乱、不得说谎等等方面，却是惊人的一致，几乎是一本书的两个译本"。于是，他不能理解十字军东征，不能理解"十字与新月之间为什么会爆发了一次又一次大规模圣战？他们用什么魔力驱使那么多人从东边杀到西边又从西边杀到东边，留下遍地的白骨和数以万计孤儿寡母的哭嚎？在黑云低压以及人们不会永远记住的旷野，历史只是一场语词之间的战争吗"？①

　　对此，韩少功持否定态度。在他看来，历史上一次次由语词所引发的冲突和战争并非语言本身的魔力，"恰恰相反，一旦某些词语进入不可冒犯的神位，就无一不在刹那间丧失了各自与事实的联系，……成为战争主导者们权势、荣耀、财产、王国版图的无谓包装。如果说语言曾经是推动过文化演进以及积累的工具，那么正是神圣的光环使语言失重和蜕变，成为了对人的伤害"②。也就是说，语言在人际冲突和战争中的作用已经剥离了它与事实的联系，仅仅是事实的一种"无谓包装"和"工具"。所谓"语言战争"，在他看来，盖出于对于语言的"迷狂"："语言迷狂是一种文明病，是语言最常见的险境。……一旦语言僵固下来，一旦语言不再成为寻求真理的工具而被当作了真理本身，一旦言语者脸上露出自我独尊自我独宠的劲头，表现出无情讨伐异类的语言迷狂"，这种冲突和战争就会发生。③ 那

---

① 韩少功. 马桥词典 [M]. 北京：作家出版社，1996：366.
② 韩少功. 马桥词典 [M]. 北京：作家出版社，1996：366-367.
③ 韩少功. 马桥词典 [M]. 北京：作家出版社，1996：367.

么，我们不禁要问，如果"亏"字没有对魁元造成极大的精神伤害，他有什么必要无事生非，向比他强大得多的势力挑衅呢？事实是，"魁"和"亏"两个字的意义和所指截然相反，其中所蕴含的吉凶意识与现实利害关系密不可分，是几千年中国社会、历史、文化、心理、道德、理性和情感的积淀，具有相对稳定和独立的意义所指，并非仅仅是事实的"包装"和利害关系的"工具"。

显然，韩少功的"工具论"是站不住脚的，这从他在《马桥词典》中所列的相关词条中也可以得到验证：

"压字"是马桥人入族仪式的重要程序，一般在继父葬礼之后进行，由族中长者念继父、继祖父……前辈的名字，目的是让过继者承继祖业，防止日后带着家产回到原来的家族。"在他们看来，姓名是神圣的，死者的姓名更有一种神秘的威力，可以镇压邪魔，惩罚不孝。"① 如果按照韩少功的"工具论"，前辈的名字无所谓神圣不神圣，不过是族人制造的语词"迷狂"，"压字"和入族者在入族之后的德行约束这一"事实"也没有什么必然的联系。这能讲得通吗？

当然，"压字"以及"亏元"和"煞嘴"等语词，在《马桥词典》里都表现出语言的神秘魔力。这种魔力往往制造某种陷阱，使人甘于受困。"结草箍"就是如此：几位女子结草为盟，发誓谁也不嫁给复查，即"结草箍"。此后，尽管有人将她们与复查说合，她们对于复查也情有独钟，但有"结草箍"在先，谁也不肯做不义之人，也就作罢，留下终生遗憾。这是一种对于往日言词的忠诚，其实和"嘴煞"一样，是语言的暴政和牢笼。如果按照韩少功的"工具论"，人们是否可以朝三暮四、朝令夕改呢？是否可以不在乎自己以前说过什么或许诺过什么？那么，一个人的信用也就无从谈起。

---

① 韩少功. 马桥词典［M］. 北京：作家出版社，1996：332.

◇ 文体形式论 ◇

总之，就韩少功在《马桥词典》中对汉语特点所进行的这些探讨来看，他将"语言战争"仅仅看作是事实的"无谓包装"和"工具"是站不住脚的，既轻视了语言本身的力量，也否定了语言本身的独立性，即否定了语言本身所积淀下来的社会、历史、文化、心理、道德、理性和情感等方面的内容及其与现实利害的密切关系。人们之所以对某些词产生"迷狂"，完全是因为这些词本身具有相对稳定和独立的意义所指，这种"意义所指"与其所指称的"事实"是一枚硬币的两面，不可剥离，绝非事实的"无谓包装"。

韩少功的这种"包装论"和"工具论"显然同米洛拉德·帕维奇的语言观大相径庭。帕维奇在《哈扎尔辞典》中所表现出来的语言观显然是本体论的语言观，即从世界本体和语言本体的高度解释语言战争及其人际冲突的根源。

帕维奇《哈扎尔辞典》所记述的主体事件是所谓"哈扎尔问题"，"哈扎尔问题"的核心是宗教信仰问题，宗教信仰的背后就是语言问题。据古犹太教史料"黄书"记载，哈扎尔人本是一个强悍和好战的民族，有自己的宗教和语言，但在他们的宗教信仰改变之后，人们就用另外的语词来代替"哈扎尔人"这一名词：在信仰基督教的希腊人居住区被称为"非希腊人"，在信仰犹太教的犹太人居住区被称为"非犹太人"，在信仰伊斯兰教的阿拉伯人居住区被称为"非伊斯兰人"……总之，不再被称为"哈扎尔人"。至于那些已经改宗其他教派的哈扎尔人，则依照他们所改宗的教派直接称之为希腊人、犹太人或阿拉伯人等。也就是说，哈扎尔人的"哈扎尔"称谓已经消失，"哈扎尔"作为一个民族的符号标识已经消失。这就意味着民族信仰的改变必然导致其名号的消失，而一个民族的名号的消失也就意味着这个民族的不存在，即整个民族的消失。俗话说"名存实亡"尚有"名存"焉，"实亡名亦亡"则是彻底的消亡。这是一个多么可怕的语言现象！民族语言就是这样与一个民族的存在事实血肉相连。

哈扎尔人名称的消失只是其整个民族语言逐步消失过程中的典型。就哈扎尔语言本身来说，原本优美和谐，有七种性，表达丰富动听。改宗其他教派后，哈扎尔人如在国外邂逅，绝不会主动承认自己是哈扎尔人，并装出一副不会说哈扎尔语而且也听不懂的样子。在哈扎尔人集中的地方，尽管哈扎尔语是官方语言，但官府欣赏和重用的却是那些哈扎尔语讲不好的人，那些精通哈扎尔语的人在说这门语言时也就尽可能显得结结巴巴，最好还带点外国口音，这样就可以无往而不利。在从事笔译的人当中，最受欢迎的是那些经常译错的哈扎尔文译者。这样，哈扎尔语的彻底消失也就在所难免。直至17世纪末编纂第一版《哈扎尔辞典》时，哈扎尔语已经彻底消失，编纂者是从鹦鹉的嘴里才了解到些许哈扎尔语——幸亏当年的阿捷赫公主将自己的一些诗教给了鹦鹉，据阿勃拉姆·勃朗科维奇考证，鹦鹉说的是哈扎尔语。[1] 这虽然是作者编造的神话，但却实实在在地告诫人们："倘若一个民族消亡，最先消失的是它的贵族阶级和它的文学。"[2] 米洛拉德·帕维奇就是这样在《哈扎尔辞典》中记述了哈扎尔语及其民族消亡的历史，将语言文学作为一个民族赖以存在的精神家园，赋予语言以本体论的意义。

至于为什么会发生语词战争，帕维奇将其解释为语言的多义性。在《哈扎尔辞典》"绿书"中，作者用穆斯林的观点阐发了语言的多义性问题。在穆斯林看来，《圣书》有三个层面的含义：第一层是文字本身的含义，第二层是暗喻层，第三层是神秘玄奥层，第四层是预言层。由于每个民族从中选取了与之最相适应的含义，于是就产生了不同的宗教。另外，《圣书》的"每句话都有八种不同的领悟方法：字面含义和心理含义，前一句可改变后一句的含义，后一句又可改变再后一句的含义，还有秘密含义、双重

---

[1] 此乃《哈扎尔辞典》编写的神话之一。帕维奇. 哈扎尔辞典：一部十万个词语的辞典小说 [M]. 南山，等译. 上海：上海译文出版社，1998：179，290-291.

[2] 帕维奇. 哈扎尔辞典：一部十万个词语的辞典小说 [M]. 南山，等译. 上海：上海译文出版社1998：225. 广义的"文学"包括语言.

含义、特殊含义和一般含义",如此等等。① 这样,所谓宗教和信仰问题也就成了语言问题,不同的宗教信仰也就成了对于同一文本的不同截取和阐释,语言的多义性于是被提升到信仰之本源,当然也就成了现实世界人际冲突和战争的本源。正如美丽的诗人阿捷赫公主的那句格言:"两个'是'之间的差别也许大于'是'与'非'之间的差别。"②

一方面,就语言的一般意义来说,"达意"是交流得以实现的前提;另一方面,"多义"又是语言的普遍规律。这就构成了语言的矛盾,一个不可回避的矛盾。《哈扎尔辞典》之所以比较关注语言的多义性,主要在于它所展示的历史和宗教信仰有关:宗教信仰改变了哈扎尔民族的历史,而不同的宗教只是源自对于同一文本的不同阐释。正是在这一意义上,语言及其多义性被赋予本体论的意义。事实上,民族语言的衰微既是一个民族走向衰微的先兆,也是它的最后守护者和陪葬人。脱离了民族本身的内涵,语言的多义性也就无从谈起。如前所述,语言与事实只是一枚硬币的两面,是一个不可分割的整体。人们之所以使用语言,毫无疑问是为了真实地表达和有效地交流;另一方面,人们之所以"迷狂"某些语词,也是因为在这些语词中真实有效地积淀着人类社会的历史内涵。由此论之,无论是韩少功的"工具论"还是帕维奇的"本体论",都在理论上割裂了语词表达与其内涵的有机联系,不足为训。

联合国教科文组织2010年绘制的《全球濒危语言分布图》显示,在世界上6 000多种语言中,有近一半的语言已经消失或濒临消失。其中,在澳洲,到20世纪70年代,已有数百种土著语言消失;在美国,已有150多种印第安人的土著语不复存在;在印度,共有196种语言濒临灭绝,是濒危语

---

① 此乃《哈扎尔辞典》编写的神话之一。帕维奇. 哈扎尔辞典:一部十万个词语的辞典小说 [M]. 南山,等译. 上海:上海译文出版社,1998:105.
② 此乃《哈扎尔辞典》编写的神话之一。帕维奇. 哈扎尔辞典:一部十万个词语的辞典小说 [M]. 南山,等译. 上海:上海译文出版社,1998:106.

言最多的国家；在印度尼西亚，则有 147 种语言行将消失。① 在亚洲的情况也大致如此。这些已经消失和行将消失的语言都是宝贵的人类文化遗产，都是人类文明历程的符号载体和历史"铭文"。研究认为，造成语言消失的原因大体上是由于早期殖民主义和现代经济生活所致，各国政府应当采取措施，拯救和保护濒临消失的稀有语言。可以说，词典体小说的出现，正是这样一个时代的产儿，是全球化时代人类关注和思考语言问题之必然，诚如韩少功所说，当人类追求"共同语言"的同时，我们需要防止"交流成为一种互相抵消，互相磨灭"，需要"对交流保持警觉和抗拒，在妥协中守护自己某种顽强的表达"。② 词典体小说正是运用小说的形式进行着这方面的努力，这不仅体现在"词典"本身是语词之集大成，用词典文体进行写作的小说在形式上已经表现出对于稀有语言的关注和保护，更重要的是，就其所涉及的内容来说，词典体小说围绕语词所展开的叙说和议论，更表现出对于语言问题，特别是对于稀有语言问题的关切和思考。无论如何，这种关切和思考是必然的、必要的，功不可没。

---

① 光明日报. 统计显示每两周消失一种语言比濒危动物速度快[EB/OL]. (2012 – 07 – 24)[2017 – 07 – 20]. http://www.chinanews.com/cul/2012/07-24/4055575.shtml.
② 韩少功. 马桥词典[M]. 北京：作家出版社，1996：401.

◇ 文体形式论 ◇

第六章

网络写作及其对传统写作的挑战

"网络写作"是新时期出现的文学写作新种类。它的出现在根本上改变了文学写作的体式,堪当新时期文学的新文体。

一、网络写作及其载体

所谓"网络写作",确切地说,是指互联网上的"即时写作",也可称为"在线写作"。我们这样定义网络写作,是为了和"网上作品"区别开来,后者包括将经典作品或其他现成的作品贴到网上去的发表方式,并不能显示网络写作最重要的特征。而网络上的"在线写作",因其充分代表了现代多媒体技术对写作方式的重大影响,所以最明显地表现出与传统写作的不同及其对传统写作的挑战。

网络写作最明显的特点是它的高自由度。它不像传统写作那样依靠作品的出版和发行实现社会的最终认可,因而不仅摆脱了资金和物质基础的困扰,更重要的是绕过了意识形态和审查制度的干涉,加上署名的虚拟性和隐秘性，使写作者实现了真正的畅所欲言。从这一意义上说，马克思早在160年前、列宁早在100年前就曾呼吁过的写作自由①，在网络时代真正实现了。网络写作是真正自由的写作，网络时代是人人都可以成为作家的时代。当然，网络写作的高自由度也引发了不少负面问题，诸如作品良莠不齐、文化垃圾成堆等，对人文生态环境必将产生并已经产生严重污染。无论其利弊如何，"高自由度"是网络写作最明显的特征之一。关于这一问题，许多学者已经多有论及，恕不赘述。

  网络写作的第二个特点是它的非功利性。写作是一种言说，是人类表达和交流思想情感的一种权利，也可以说是"天赋人权"。传统写作正是迎合了人类的这一普遍需要，逐步形成了一种特殊的专业技能和独立的职业。特别是在文化水平普遍低下的古代社会，写作技能只被少数文人学士所拥有，于是，它的稀有性也就决定了以写作为职业的文人学士必然具有较高的社会地位和经济收入，这些文人学士于是成了以写作为基本技能而获得社会回报的阶层。即使以消遣娱乐为目的的文学写作，也与作者日后可能获得丰厚的名利回报为背景。网络写作就不同了，它并不以是否赢得名利回报为目的。痞子蔡（蔡智恒）当初写作《第一次亲密接触》时绝没有料到此后所发生的一切。如果说网络写作也有回报的话，那么，网络写手只是在网上找到了一个宣泄思想和情感的平台——一个高自由度和隐秘性的平台。在这个平台上，写手们可以任意挥洒、激情表演、无拘无束，而又可以隐藏自己的真实身份以免受到伤害。如此而已，如此足矣，网络写作绝无传统写作名利目的的缠绕和累赘。

  网络写作还有其他许多特点，诸如言说方式的口语话、符号化，传播方式的及时性、广延性，写作风格的通俗性、民间性，等等。但是，这些

---

① 指马克思写于1842年的《评普鲁士最近的书报检查令》和列宁写于1905年的《党的文学和党的出版物》两篇声讨文化专制、呼吁写作自由的檄文。分别见《马克思恩格斯全集（第一卷）》第6~9页和《红旗》杂志1982年第22期。

特点大多还属于网络写作的一般特点。如果我们试图探讨其最具网络特征的特点,就需要从认识网络写作的"载体"开始。从下文的分析可知,载体的不同是网络写作与传统写作最根本的不同。

写作是人类的思想和感情外化为符号的活动。既然是"外化",就要有精神外化后的物质载体,即写作的载体。从"结绳记事"开始,人类把"事"记录在"绳"上,"绳"实际上就成了"事"的载体。此后,龟壳、兽皮、岩石、陶皿、竹简、布帛等原始质料,都曾经是人类写作的载体。由于这类原始载体十分笨重,不便于写作及其传播,所以,直至纸张和印刷术的发明,写作才有了最适宜的载体。纸张的轻便性和印刷术的快速复制使写作变得十分便利,使作品有可能广为传播。所谓"有文字记载以来的人类文明史",指的就是上述以原始载体和纸质载体为代表的人类文明史,其中,纸质载体则是记录和传承人类文明之最适宜、最稳定和最主要的载体。

网络写作的载体不仅不是龟壳、兽皮等原始质料,也不是传统的纸质印刷,而是刻录在磁盘上的电子数据。无论是写作的原始载体还是纸质载体,都是一种可视、可感、可触摸的物体。作者在纸上挥毫泼墨、笔走龙蛇,读者在阅读白纸黑字的过程中心旌摇荡、浮想联翩,所面对的文本载体都是一个真实的存在,一个不需要假借什么中介而直接面对的真实存在。然而网络写作的电子载体则不然,作者和读者所面对的电脑屏幕只是它的外在(显示)形式,它的真正载体是磁盘上的电子数据,而磁盘上的电子数据并不能为人们的感官所直觉,必须通过一系列复杂的中介(电子程序)才能显示出来。这一系列复杂的电子程序"中介",实际上就是网络写作所面对的"虚拟世界"。写作活动中的作者、读者、文本、现实等,正是在这个由电子数据所构造的世界中被虚拟化了,他们可视、可感、可触摸的真实性被电子数据所构造的世界遮蔽了。于是,人们对于纸质写作(特别是作者和文本),总有一种"追问真实"的愿望和情结,这就是经久不衰的

"考据学"；而对于网络写作（包括作者和文本），"考其真伪"则大可不必。这是因为，网络文本及其作者已被电子世界虚拟化了，"虚拟性"本身就是网络写作的特性。写作的电子载体决定了网络写作的虚拟性，没有虚拟便没有网络写作。正是这种虚拟性，才使网络写作获得了充分的自由；正是网络的虚拟性，才使网络写作不可能获得现实的名利回报。总之，虚拟性是网络写作的重要特征。

原始写作和纸质写作之所以能够记载人类文明的发展，是因为它的载体具有恒久性。无论是原始载体还是纸质载体，被铭刻或记载下来的文字都具有相对的稳定性和恒久性，除非着意改动或载体腐朽否则不会变化或丢失。原始载体和纸质载体的文字即使变化或丢失，人们总能设法使其复原或重新面世，这就是上文所说的传统写作所具有的"追问真实"的情结。网络文本就不同了，它随时都有可能被人修改得面目全非，或被网络管理员删除得无影无踪，或被某种病毒席卷而去，然后通过 E-mail 扩散到四面八方，以至于说不定在另外的网站或陌生人的信箱里发现你的写作文本的踪影或变种。网络文本就是这样漂移不定，是一种随时可能改变面貌或时隐时现的"怪物"。因此，它当然也就不可能具有原始文本和纸质文本的"传世"价值和"文明载体"功能，传统文本的"传世"价值和"文明载体"功能在网络文本中不复存在。重要的是，电子文本的这种漂移性使网络写作成为一种即时的"快餐文化"，历史的深度被网络写作的即时性消解了、平面化了。当然，这并不是否认网络写作也有可能写出具有历史深度的作品，问题是即使出现了这类作品，它也不可能在网上永久地保存，除非将其下载到软盘或光盘上，或者通过打印机将其转化为纸质载体。但是，这已经超出了我们所要论述的"网络写作"的范围，从网上下载或被纸质载体转化后的文本已经不是网络文本了。

即时性和快餐式的网络写作虽然不能像传统写作那样作为文明载体而恒久地保存和传世，却为作者和读者的沟通大开方便之门。传统写作从书

◇ 文体形式论 ◇

写到读者阅读，中间需要经过审查、排版、校阅、印刷、发行（流通）等多道环节，网络写作就不存在这一问题，作者写作和读者阅读之间就没有这些间隔（聊天室最为典型）。于是，有一定规模的长篇写作，往往在写作过程中就可以不时地得到读者的反馈，从而影响到作者此后的写作。我们在许多文学网站都可以看到这类未完成的长篇小说以及众多读者对它的即时反馈。从这一意义上说，网络写作真正实现了读者和作者的"对话"。正如巴赫金对陀思妥耶夫斯基所做的评论那样：过去的小说是一种受作者统一意志支配的"独白"小说，陀思妥耶夫斯基的小说则是一种"多声部"的"复调"小说，其中，作者与读者，作者与主人公，以及作品人物之间实现了平等的"全面对话"。巴赫金的这一著名的"对话"理论基于这样一种认识：世界是多元的，人是平等的，各种现象同时并存、相互影响，一个声音不能代表人的生活关系，两个声音或多重声音才是人类生存的基础。在他看来，人的生活从根本上说就是相互交往和对话，"人真实地存在于'我'和'他人'的形式中"，"我不能没有别人，不能成为没有别人的自我，我应在他人身上找到自我，在我身上发现别人，我的名字得之于他人，它为别人而存在，不可能存在一种对自我的爱情"。[①] 如果说巴赫金所倡导的"对话"主要限于文本内部，即强调小说人物、主题、情节和结构等方面的"多元对话"和"同声合唱"，那么，对于网络写作来说，它真正实现了作者和读者的"多元对话"和"同声合唱"。于是，对话，从文本内部走到文本外部，从文本本身走到整个写作活动。这种意义上的"对话"，在传统写作载体中是不可能进行的，只能在互联网出现之后，在以电子为载体的"在线写作"中才能进行，是网络写作所独有的"对话"。

---

① 巴赫金. 语言创作美学 [M] //巴赫金. 陀思妥耶夫斯基诗学问题. 北京：生活·读书·新知三联书店，1988：11-12.

二、网络文学超文本

由于网络写作以电子为载体,使文本由平面转为立体成为可能。就电脑显示屏上的"页面"而言,在我们的视觉和感觉中与传统文本无甚区别。但是,我们所看到的互联网上的"页面"只是我们"即时在线"的"一页",而通过网页和站点之间的"链接",我们可以看到无数张页面,这就可以使同一部作品存放在不同的网页,并且可以对其进行各种不同的排列组合。例如,米罗·卡索发表在"歧路花园"网站上的一篇名为《心在变》的作品,① 进入网页,首先呈现在我们眼前的是一首诗的整体形式,但是它却隐含了六段相对独立的小诗。读者如果试图循序渐进地读到这六段小诗,就必须在诗中找到一个旋转的"心"字,然后按下鼠标,即可读到第一段小诗;继续阅读以下几段,同样按照这种方式,依此类推。如果说前述一般网络作品通过打印机可以转化为纸质作品,那么,像《心在变》这类作品就不能了,因为纸质作品是对文本的一种平面印刷,而《心在变》的文本是非平面的,是一种只有电子(程序)载体才能刻录和显现的文本存在方式。这就是所谓的"超文本"。

当然,纸质印刷也有类似的电子超文本之处。例如正文的注释、辞典的参阅条目等,在读者按照文本的正常顺序阅读时可以得到某种"提示",提示读者可以暂时中断文本的正常顺序阅读转向另外的文本,诸如此类。但是,在纸质文本中,这种所谓的"超文本"只是"正常文本"的"非常现象",纸质文本从其本质上说是平面的、顺序的。相反,超文本是网络文本的"正常文本",因为它在瞬时提供给读者阅读的"页面空间"(电脑屏

---

① 米罗·卡索,真名苏绍连,中国台湾著名超文本作家,在"歧路花园"等网站发表了许多超文本作品。"歧路花园"是台湾超文本文学网站,也是目前我们所能看到的最著名的中文超文本网站,所以,本文所引超文本作品都出自该网站,不一一注明。"歧路花园"的网址为:http://audi.nchu.edu.tw/~garden/garden.htm。台湾的另一超文本网站是 http://www.hello.com.tw/~chiyang。

幕的空间）是唯一的、有限的，而它可供读者阅读的页面却是多元的、无限的，网络读者就是依靠"链接"从"唯一"向"多元"、从"有限"向"无限"延伸，网络写作的特技之一便是依靠"链接"将文本通过唯一有限的"窗口"编织为多维的、立体的、交互式的"超文本"。

事实上，"文本"与"超文本"历来是人类语言表达的两种基本逻辑，前者是自然顺序的逻辑，后者是分类存储的逻辑。例如，《中国通史》教科书按照时间顺序叙述中国的历史，而《中国通史辞典》则按照中国历史知识的类别进行空间归类；小说《红楼梦》按照情节发展的顺序叙述四大家族的兴衰及其悲欢离合的故事，而《〈红楼梦〉辞典》则按照《红楼梦》的创作及其人物、故事、场景、语言等一切有关《红楼梦》的知识进行分类归纳。人类的知识、思想和情感就是通过这两种文本逻辑得以表达的：顺序的或分类的，平面的或立体的，时间的或空间的。所谓"分类的""立体的""空间的"，在传统社会是以"辞典"为代表，在当今的信息社会则以"数据库"为代表。因此，相对传统写作而言，网络写作的最大特点就在这里，即以"数据库"为标志的文本存储方式。

应当说，上述两种文本逻辑各有自身的特殊功能和文体适应性：顺序的、平面的、时间的逻辑最适合历史或故事的叙述；分类的、立体的、空间的逻辑最适合知识的存储。但是，在网络写作中，这两种逻辑已经交互使用了：以数据库为文本载体的网络同时也承担着叙事文体的功能。同义反复，我们现在也注意到，在小说写作中，有些作家也在尝试分类式的"超文本"写作，例如塞尔维亚作家米洛拉德·帕维奇的《哈扎尔词典》和中国作家韩少功的《马桥词典》，其中究竟隐含着作者怎样的文体意识，值得研究。但是，无论怎样，用"辞典"文体写作叙事作品毕竟属于叙事写作的特例。

网络写作以电子文本为载体不仅模糊了两种表达逻辑的界限，而且还使文本由静态转变为动态成为可能。纸质文本是静态的，所谓"白纸黑字"

指的就是传统纸质文本的稳固性和不可变异性，就好像"铁板上钉钉"一样不可动摇。网络写作就不同了，通过特定的程序完全可以使页面上的文字达到动感效果。例如一首名为《西雅图漂流》的小诗，打开网页，整整齐齐写着这样五行字：

我是一篇坏文字

曾经是一首好诗

只是生性爱漂流

启动我吧

让我再次漂流而去

当读者点击诗上端的链接"启动文字"四个字，这诗中的文字就开始抖动起来，歪歪斜斜地朝网页的右下方扩散开来，像雪花一样飘飘洒洒，并逐渐溢出网页，游离我们的视线，电脑屏幕上的文字逐渐稀疏起来……这时，一种失落感和孤独感就会在读者心里油然而生，舍不得它们全部散落和游离屏幕的心理迅速增强。于是，读者就会像急切地抓住落水的孩子或远去的亲人那样，不得不赶快嵌下"停止文字"按钮，然后再嵌一下"端正文字"按钮，《西雅图漂流》就又恢复了原样。这时，紧张的读者才能平静下来，开始细细回味这首小诗的"漂流"滋味。显然，欣赏这样的作品与欣赏传统作品大不一样，一方面，读者的兴奋点不在作品的内容，而在作品的形式；另一方面，所谓就"作品的形式"来说，也不是传统意义上的语言、结构、韵律等，而是它的"动感形式"，即由电子软件所支持、所操纵的"文字舞蹈"，读者的心理感受是在它的影响下升降起伏的。

实际上，许多网络超文本远比我们所列举的作品复杂得多。美国写手瑞克·皮尔在网上制作了一篇题为《谎言》（*Lies*）的超文本小说，讲述了一男一女在共有的日记中分享彼此的内心告白、猜忌、偷情、说谎等男女情事。其中，每一个故事片段都有两个"超链接"供读者选择进入下一片段，这两个"超链接"一律定名为"真话"（truth）和"谎言"（lies），选

◇ 文体形式论 ◇

择不同的链接就进入不同的片段。如果仅仅从内容来看，可以说这篇爱情小说了无新意，叙述的是一则老而又老的故事。然而，有这两个"超链接"的存在，使其内涵和意义变得丰富多彩并且变幻莫测。在英美戏剧界并不出名的查尔斯·迪莫尔在超文本戏剧方面倒是出尽风头，他用超链接允许读者自由地串联剧本中的各场景，因路径不同而得到不同的欣赏效果。他把不同地点发生但在同一时间进行的事件全部搬上舞台，人物按剧码要求进出各相关事件和区域，无须退场回到幕后，观众依据自己的兴趣点击所要观看的内容。正如作者所言，传统戏剧的演出是单一的观赏焦点，人物分主角、配角，情节分主线、副线，而超文本戏剧则允许多种观赏焦点，人物不分主、配，情节不分主、副，人物的编配和情节的进程很大程度上掌握在观赏者手里。这就是超文本作品的作者和读者的"互动创作"。

我们知道，自从康德和席勒提出审美和艺术的"游戏"说之后，人们一直在探索文学艺术和游戏活动的本质联系。但是，康德和席勒所说的"游戏"，着重是从审美和艺术的哲学本质的角度，即从人的完整性和丰富性的角度来阐发的，人性论是传统游戏说的核心。而从上述超文本作品来看，无论是"文字舞蹈"还是"互动创造"，网络写作活动本身就是一种游戏。事实上，网上许多超文本文学作品和游戏软件已经无甚差别了。如前所述，在这类作品中，作者和读者的注意力已经不在作品的内涵和意蕴上，而在文本的载体——电子程序——的形式表演上，文学的娱乐、快慰和感受主要不是来自作品本身，而是支持文本得以显现的电子软件。于是，作为语言艺术的文学创作，在网络写作中变成了"电子的艺术""技术的艺术"。这，恐怕是网络写作对传统写作的最严峻的挑战。

进一步说，如果将整个网络（例如 Internet 网）看作一个文本巨无霸，那么，从传统文体学的角度来看，它属于哪一类文体呢？散文抑或韵文？抒情抑或叙事？戏剧抑或影视？大众文化抑或民间文学？……都是又都不是。一句话，传统文体概念在"网络"这一"新文体"面前已经失去了应对的效力；换言之，网络写作的出现，事实上意味着传统文体概念的涅槃。当然，如果就网络上的某一页面或某一篇文章孤立地看，它和传统文体无甚差别：绘画或诗歌，散文或小说，戏剧或影视，等等；但是，如果将整个网络电子文本看作一种"文体"，它属于什么呢？除非我们另外给它命名——网络文体。

  无论如何，网络写作已经进入我们的生活，已经成为人类写作活动的新形式。这种形式无论是在技能、技术方面，还是在思想、观念方面，都与传统写作大相径庭，其传播速度、广度和影响力又是传统写作无法比拟的。因此，如何趋利避害、正确引导，使有着悠久历史传统的汉语写作不仅不在新写作形式中落伍，而且能够焕发新的活力，确实是当前写作学界需要认真思考和研究的问题。就此而言，我们难道不能从前述词典体小说中看到网络写作的一些影子吗？也就是说，网络技术的出现只为网络写作提供了新载体，而网络写作也在指示着当今文学写作的大趋势——时事造文学、时事造文体，而不是相反。

◇ 文体形式论 ◇

第七章 ◆

超文性戏仿文体解读

无论是词典体小说还是网络文学,"超文性"似乎成了它们的共同点。"超文性"既是一种文本状态,也是一种文体风格;就后者而言,新时期盛行的戏仿文体可用来展开重点分析。

1995年,美国作家唐纳德·巴塞尔姆发表了名为《白雪公主》的小说,很快引起了文学界的注意,后被称为美国后现代主义小说的代表作。① 之所以说它是"后现代"的,就在于这小说是对格林童话的彻底解构。原作《白雪公主》是19世纪初德国民间文学教授格林兄弟搜集整理的童话故事,它那充盈着德国民间晨露的奇幻想象,曾经滋润了全世界多少童真的心灵。但是,这一切在巴塞尔姆的小说中已经荡然无存,猥亵、混乱和不可卒读的文本游戏代替了鲜活而美妙的童趣。无独有偶,我国严肃文学期刊《江南》也于2003年第1期发表了以革命现代京剧《沙家浜》为解构对象的同

---

① 该小说已于2000年被译为中文,由北京师范大学出版社出版。

名小说，原作中早已家喻户晓和深入人心的抗日英雄在小说中成了"风流婆"和"窝囊废"，引发了一片哗然，于是被斥之为违反了"公序良俗"，是"文明堕落的表现"，甚至要"诉诸法律"，将作者送上法庭。① 这不禁使我们联想到近年来文坛刮起的"戏说风"，以及在因特网和民间广为流播的各种戏仿性作品和戏仿段子，其中也不乏深受读者青睐和追捧者。例如《大话西游》，就是通过对经典小说《西游记》的戏仿成为"现代经典"的。看来，"戏仿"这一独特的文体形式及其蕴涵的审美情趣正在当下文坛孳生，我们必须正视并阐释这一现象，对其进行深度理论解说，仅仅冠以"后现代"和"解构主义"的大帽子了事，显然过于简单和肤浅，更不能固守传统的审美观和价值观对其进行武断的价值判断。

一、复合文本及其超文性

"戏仿"是"仿拟"的特种形态，从修辞格的意义来说就是戏谑性仿拟。

包括戏仿在内的任何仿拟必有特定的对象，于是也就决定了任何仿拟和戏仿文体都不可能是单文本的存在，而是一种很特别的"复合文本"。正如格林童话的《白雪公主》是巴塞尔姆的同名小说所戏仿的对象，革命现代京剧《沙家浜》是同名小说所戏仿的对象，古典小说《西游记》是《大话西游》所戏仿的对象，如此等等。因此，从文体学的视角来看，无论是作家还是读者，创作或阅读时所面对的就不仅仅是单一的原创文本，而是两个文本——仿文和源文——所建构的共同体。这就是包括戏仿在内的一切仿拟所独具的文本形式——复合文本，是戏仿体作品最显著的文本形式。

戏仿体的复合文本形式显然涉及互文性问题。

"互文性"概念最早出现在朱丽娅·克里斯特娃于20世纪60年代中期

---

① 鲍晓倩. 小说《沙家浜》风波未平 [N]. 中华读书报，2003-05-21.

在《如是》(Tel Quel)杂志上发表的两篇论文中。当时她使用这一概念是指"一篇文本中交叉出现的其他文本的表述",是"已有和现有表述的易位"。① 此后,这概念被不断地赋予多重解释,从而成为一个使用频率很高但又有诸多歧义的批评术语:罗兰·巴特将其解释为"引用"和"参考",麦克·里法特尔从阅读的角度将其说成是本体文本和其他文本之间的微观修辞,还有些批评家索性将其定义为文本间的"暗示""粘贴""拼凑"和"抄袭"等。巴赫金虽然没有使用过这一概念,但是他的"对话"理论与"互文性"概念显然如出一辙,克里斯特娃也正是通过对巴赫金的阐发明确了"互文性"内涵:

> 横向轴(作者—读者)和纵向轴(文本—背景)重合后揭示这样一个事实:一个词(或一篇文本)是另一些词(或文本)的再现,我们从中至少可以读到另一个词(或一篇文本)。在巴赫金看来,这两支轴代表对话(dialogue)和语义双关(ambivalence),它们之间并无明显分别。是巴赫金发现了两者间的区分并不严格,他第一个在文学理论中提到:任何一篇文本的写成都如同一幅语录彩图的拼成,任何一篇文本都吸收和转换了别的文本。②

可以这样说,克里斯特娃之后有关"互文性"的多种阐释大多只是所取角度不同,有的只是它的细化和具体化,就其概括性和权威性来说,仍然没有超出克里斯特娃当初所设定的基本含义。但是另一方面,由于克里斯特娃的定义只是将"互文性"限定在文本间的局部性"再现""吸收"和"转换"上,也就忽略了包括戏仿在内的一切仿拟文本间性的特殊性。从某种意义上说,仿拟和戏仿文本虽然也可能再现、吸收和转换源文本,但和一般互文性意义上的再现、吸收和转换很不相同。仿拟和戏仿文本对

---

① 克里斯特娃. 符号学,语意分析研究 [M]//萨莫瓦约. 互文性研究. 邵炜,译. 天津:天津人民出版社,2003:3.

② 克里斯特娃. 符号学,语意分析研究 [M]//萨莫瓦约. 互文性研究. 邵炜,译. 天津:天津人民出版社,2003:4.

源文本的再现、吸收和转换并不是局部的、个别的,而是全局的、整体的。重要的不是它将源文本局部的、个别的语词、句段或意象再现、吸纳和转换进来,而是从整体上再造一个新文本,或者说是源文本的"整体转换"。这整体性的"再造"和"转换"就是源文本的外化或异化,二者既有关联又不相同。如果说克里斯特娃所定义的互文性主要是指"文中之文",那么,我们所说的仿拟和戏仿则是"文外之文"。特别是戏仿,和克里斯特娃所定义的"互文性"更有明显不同:戏仿是仿文对源文的戏谑性仿拟,戏仿文本不仅不是局部地"再现"源文,而是源文的对反、异化和戏谑。与其说戏仿是一种"再现",不如说它更是一种"表现"。显然,这属于克里斯特娃"互文性"的另类。

关于这一问题,吉拉尔·热耐特的研究很有启发性。他一方面承续了克里斯特娃的定义,将"一篇文本在另一篇文本中'切实出现'的"(即"再现")称为"互文性";另一方面,他又将一篇文本从另一篇文本中被"派生"出来的关系命名为"超文性"(hypertextualilté):"我所称的超文是:通过简单转换(transformation simple,后文简称转换)或间接转换(transformation indirect,后文称为模仿 imitation)把一篇文本从已有的文本中派生出来。"① 在他看来,"互文"是一种"再现"和"共生"的关系,"超文"则是一种"引出"和"派生"的关系;"超文"不一定直接引用源文,但却是由源文"引出"和"派生"出来的。他以"仿作"和"戏拟"为例说明,源文本虽然不一定在仿作和戏拟中"切实地出现"(再现),但后者却是前者"引出"和"派生"出来的,没有前者就没有后者,后者或在题材,或在主题,或在风格,或在笔法等方面是前者的外化、延续或戏谑。② 毫无疑问,我们所要讨论的"戏仿"就属于热耐特所定义的"超

---

① 热耐特. 隐迹稿本[M]//萨莫瓦约. 互文性研究. 邵炜,译. 天津:天津人民出版社,2003. 21. 着重号为引者所加。
② 萨莫瓦约. 互文性研究[M]. 邵炜,译. 天津:天津人民出版社,2003,40-49.

文"，超文性戏仿就是通过对反性和戏谑性的"转换"（外化），从已有的源文本中"派生"（或异化）出来的"表现性"文本。

那么，相对"再现性互文"来说，"表现性超文"最重要的特征是什么？如前所述，"互文"是局部的、个别的、零星的，"超文"则是整体的、派生的、外化或异化的。在"超文"中，源文本作为"母文本"进入"子文本"的不仅仅是或者说主要不是局部的、个别的语词、句段或意象，而是"母文本"的另类逻辑表现，或者说"子文本"是"母文本"的外化或异化。"互文"和"超文"尽管都存在本体文本和源文本间的对话关系，但它们的对话方式却大有区别：在"互文"中，源文本局部的语词、句段或意象进入本体文本之后必定和后者融为一体，从而化解为后者的有机组成部分；在"超文"中，源文本整体外化或异化为本体文本后，二者形成了一种独立的整体对话关系（如果说这也可以称之为"对话"的话）。就好像一株植物，如果将它吸纳外界的空气、水分和肥料以滋养自身说成是一种"互文性"，那么，由这株植物所衍生出来的"变种"则是一种"超文性"；"变种"由"母本"派生，是"母本"的外化或另类。就这一意义来说，引用、参考、暗示、粘贴和抄袭属于互文性，而改写、改编、仿拟和戏仿就属于超文性。

当然，我们所关心的戏仿并不是一般的仿拟（改编和改写也可看作是一种仿拟），而是戏谑性仿拟。戏仿文本并不是源文本的一般性派生和外化，而是它的戏谑性派生和异化。那么，超文性戏仿作为源文的戏谑性派生和异化，其"复合文本"又是一种怎样的结构方式呢？

我们知道，巴塞尔姆的小说《白雪公主》并没有自我标榜是对格林童话的戏仿，它对格林童话的戏仿完全来自作者和读者关于格林童话的记忆。同样，小说《沙家浜》也没有明确标榜是对京剧《沙家浜》的戏仿，它对京剧《沙家浜》的戏仿纯粹来自关于源文的记忆；《大话西游》也没有标榜是对经典《西游记》的戏仿，它对《西游记》的戏仿纯粹来自关于源文的记忆……也就是说，无论是作者还是受众，在创作或阅读戏仿作品时并不需要准确地核查或一一对照两个文本，戏仿作品之所以引发人们对于被戏仿作品的联想，完全来自作者或受众对于后者的记忆。这一事实说明，所谓"源文本"在戏仿文本中实际上已被幻化为一种"记忆文本"。当然，"记忆文本"的存在前提是戏仿文本本身必然地具有唤醒关于源文本记忆的功能，这一问题我们将在下文具体论及。我们现在需要说明的只是戏仿文本是当下的、现实的、直接被写作或阅读的文本，被戏仿文本则是历史的、幻象的、作为背景的"记忆文本"。并且，在整个文学活动中，戏仿文本和记忆中的源文本必然地发生激烈而反复的互动。因此，我们在这里可以套用格式塔心理学的一个术语——"图—底"关系——来概括戏仿文体这一"复合文本"的结构方式。就这一意义而言，热耐特反对将他所命名的"超文"和信息学里的"超文本"（hypertexte）联系起来是有一定道理的①，因为二者毕竟有很大差别。在我们看来，这差别主要不在文本载体的技术性或其对技术的依赖程度，而在戏仿文本的这一"图—底"结构关系。②

所谓"图—底"结构关系，就是图形与背景的关系。那些从背景中凸显出来的"形"（form）就是"图"；反之，仍然留在背景中的就是"底"。格式塔心理学发现，任何"形"的封闭和开放、凸显和凹陷、简化和繁复，及其色彩、光线和面积等因素，都是影响视知觉判定格式塔"图—底"关系的重要因素。戏仿文本作为一个格式塔（文本结构整体），当下的、现实的文本存在（戏仿文本）就是它的"前景"，即"图"；历史的、被幻化为记忆的源文本就是它的"远景"，即"底"。在这一格式塔结构中，戏仿文本和记忆文本并不共存在同一层面，并非信息学意义上的可以即时置换和组合的并列文本，而是一种"图—底"关系结构。在这一结构中，"图"（戏仿文本）源自"底"（记忆文本），"图"始终保持对于"底"（记忆文

---

① 萨莫瓦约. 互文性研究 [M]. 邵炜, 译. 天津：天津人民出版社, 2003：22.
② 赵宪章. 文艺学方法通论 [M]. 南京：江苏文艺出版社, 1990：390-397.

本）的戏谑性张力。

在戏仿文本结构中，"图"之所以能够始终保持对于"底"的戏谑性张力，首先在于"底"并不是一个当下的现实存在，它只是作为一种幻象留存在记忆中。也就是说，作为"图"的戏仿文本是强势文本，作为"底"的记忆文本始终处于弱势，这当是戏仿文体和其他非戏谑性的超文本最主要的不同。例如跨文体改编，将吴承恩的《西游记》改编成连环画或影视作品，将陈忠实的《白鹿原》改编成秦腔或陶塑，将民间口传的梁祝故事写成小说（张恨水）或曲调、评话、弹词、鼓词、说唱、戏曲、歌剧、芭蕾、皮影、影视、绘画，以及小提琴协奏曲等各种文体形式，主要是文本载体的改变，改编文本和源文本并非"图—底"戏仿关系，而是再现性转换的关系，并无"强势"和"弱势"之分。戏仿就不同了，戏仿文体之所以是戏仿，不在于它的载体是否改变（例如将纸质载体转换成光影或电子载体等），而在于其文本结构是一种对反性的"图—底"逻辑关系。跨文本改编尽管使文本载体发生了变化，但其先后文本的结构和逻辑关系是一贯的，并没有发生对反性转换，它的转换只是在源文本的结构和逻辑关系控制下的载体转换。戏仿就不同了。载体的转换与否对于戏仿来说并不重要，重要的是仿文将源文的结构和逻辑关系转换成了一种对反性的"图—底"张力系统。这一张力系统实际上就是戏仿效果得以生成的发动机。

二、"图—底"戏仿机制

既然在复合性戏仿文本的"图—底"关系中，当下的、现实的、直接的戏仿文本对于历史的、幻象的、作为背景的记忆文本始终保持戏谑性张力，那么，具体考察这一张力系统及其戏仿机制，当是我们解读戏仿文体的关键。

1. 转述者变调

超文性戏仿的叙述者显然不同于原创故事的叙述者，也不同于一般仿拟作品的叙述者，而是一个独特的"转述者"，即将他人已经叙述过的故事用自己的话语转述给当下的听者。由于这故事早已被经典化和众所周知，"转述者"如果不甘于旧故事的如实复述，就会改用自己特有的立场和方式重新叙说，从而改变了源文的方向和语调。这就是戏仿文体的"转述者变调"。"转述者变调"是超文性戏仿"图—底"张力系统和戏仿机制的先导，由此决定了戏仿的叙述者不是对于源文的仿拟、模仿、复制和复述，而是一种变调性"转述"，或称"转向性变调"。

列欧·施皮策尔在研究意大利口语时发现，"转述"是一种最易引发戏仿语调的表达："当我们在自己的讲话里重复我们交谈者的一些话时，仅仅由于换了说话的人，不可避免地定要引起语调的变化：'他人'的话经我们的嘴说出来，听起来总象是异体物，时常带着讥刺、夸张、挖苦的语调。"① 也就是说，同一内容的话语，只是由于叙述者的转换（"转述"），就会"不可避免"地引发戏谑性语调。超文性戏仿就是这样，它就是一种叙述者的转换，即通过"转述者"的"变调"达到戏仿的效果。而在非戏仿的一般仿拟作品中，仿拟的叙述者只是力图充任原作叙述者的"代言人"，叙述语调并没有真正的人称易位，也就不存在"转向性变调"。

"转述"引发戏仿效果之所以"不可避免"，从施皮策尔分析来看，首先在于从"我的嘴"里说出来的是"他人的话"，是"异体物"，于是，脱离"原话"的"自说自话"就成为必然。如果说一般仿拟文体的叙述者总是力求充任源文叙述者（或作者）的"代言人"，"忠于原作"是其仿拟的基本原则，那么，戏仿的叙述者作为源文的"转述者"，所追求的就不可能是"忠于源文"，而是如何"变调"及其"变调"后的戏仿效果。也就是说，仿拟主要是对源文负责，戏仿主要是对效果负责。例如，"在交谈者说出一个问句之后，相接的答话里重复问句中的动词，表示笑谑或尖锐的讽

---

① 施皮策尔. 意大利口语 [M] //巴赫金. 陀思妥耶夫斯基诗学问题. 白春仁，顾亚铃，译. 北京：生活·读书·新知三联书店，1988：267-268. 着重号为引者所加.

刺。这时可以看到，人们不只是力求造出语法正确的结构，还常常十分大胆地造出少见的句子，有时是根本不能允许的句子，意图只在于重复出交谈者的一小段话，并赋予它讽刺的语调"①。事实上，无论是施皮策尔所说的叙事话语还是戏仿作品所叙述的故事本身，《白雪公主》《大话西游》或小说《沙家浜》同原作都是大相径庭甚至荒谬绝伦的，个中真伪概出于"转述者"的转向性变调，"忠于原作"的仿拟标准在戏仿作品中已经失效。因此，如果试图使用仿拟文体"忠于原作"的标准规范戏仿文体，那恐怕就是找错了"门"，就像指责小说《沙家浜》违反"公序良俗"，甚至要将作者送上法庭那样滑稽。

2. 义理置换

如果说"转述者变调"是叙述者的"立场转变"，那么，由立场转变所直接引发的戏仿行为就是对源文的义理置换，即置换源文体式的义理转而赋予另类意义。例如《大话西游》，它仍然保留了唐僧率徒西天取经的故事背景，保留了观音菩萨、唐僧、孙悟空（至尊宝）、猪八戒（二当家）、菩提老祖、牛魔王、铁扇公主、蜘蛛精（春三十娘）、白骨精（白晶晶）等原作中的人物，正是源文体式中的这些"原素"唤醒了受众对于《西游记》的记忆，使受众得以将《大话西游》和《西游记》联系起来。但是，这些人物在原作中所负载的义理关系已被置换：《西游记》中的主角孙悟空为保唐僧西天取经历经磨难的故事，在《大话西游》中被置换成孙猴子劣行难改、鄙弃师傅，"转世"后滥情女色和偷窃如来宝物的搞笑语料。《大话西游》中的孙悟空转世为斧头帮帮主至尊宝，成了强盗部落的首领，居然爱上了前来寻吃"转世"唐僧肉的白晶晶（白骨精）；而唐僧的"转世"则是春三十娘（蜘蛛精）因错用催情大法而失身于二当家（猪八戒）之后的私生子，如此等等。原作中的许多严肃话题和"原素"在《大话西游》中

---

① 施皮策尔. 意大利口语［M］//巴赫金. 陀思妥耶夫斯基诗学问题. 白春仁，顾亚铃，译. 北京：生活·读书·新知三联书店，1988：268. 着重号为引者所加。

就是这样被置换成了荒唐无稽的戏谑。也就是说,尽管《大话西游》自称是《西游记》的"第101回",其实决非原作的"续写"或"扩写",也不是它的"缩写"或"改写",更不是它的"复制"或"翻版",而是通过置换"百回本"的义理"另起炉灶""节外生枝",在《西游记》之外重写一部与原作的义理逻辑错位并进而达到戏谑效果的"大话",原作仅仅是其重新叙说一个新故事的来源和由头。于是,《西游记》便退隐为记忆中的"背景"和"底",《大话西游》作为"前景"和"图"对原作的"大话"和"转述"也就成了"脱胎换骨"和"义理置换"的代名词。

当然,戏仿对于原作的义理置换并非任意所为,其中必有其内在的原因和规律性。就《大话西游》来说,它的成功首先在于它从原作中索取的"由头"合乎情理:孙悟空违背了护送唐僧去西天取经的承诺,再次遭到观音菩萨的追杀,是唐僧舍身相救,愿"一命赔一命"……。《大话西游》的故事就是发生在唐僧舍生取义500年之后,孙悟空已经"转世"为一个强盗部落的头领。正是由于《大话西游》所叙说的是孙悟空"转世"后的故事,戏仿与原作的距离也就变得非常遥远,《西游记》作为《大话西游》的背景也就显得模糊不清,于是,无论如何荒诞不经的戏仿都不会同原作发生文体冲突,当然也就不存在有损于原作的威胁。总之,正是《大话西游》索取了这一自然合理的"由头",使其义理置换得以成立;戏仿小说《白雪公主》和《沙家浜》正是由于没有找到这一自然合理的"由头",才同原作发生了文体冲突,设置了一条无形的阅读障碍。

其次,原作《西游记》本身是一本神魔小说,原本就充满了荒诞不经和对现实的戏仿:唐玄奘(602—664)这个真实的历史人物为追求佛家真义历经百国,费时17载,前往天竺取回梵文大小乘经论律657部,这一史无前例的壮举经过800年流传,直至吴承恩写成《西游记》,演变成了滑稽诙谐的游戏。在《西游记》里,唐玄奘成了懦弱无能、胆小如鼠、听信谗言和是非不分的庸才。就这一意义说来,《大话西游》是对戏仿作品的戏仿，同样不会同原作发生文体冲突。但是，戏仿小说《白雪公主》和《沙家浜》所戏仿的对象并非如此，特别是后者，在某些中国读者的心目中已被还原和幻化为真实的历史，因此就不可避免地遭到现实的顽强抵抗。

最后，用现代置换传统，也是《大话西游》成功的秘诀之一。尽管《西游记》"实不过出于作者之游戏"①，但其中毕竟寓意着"三教合一"思想和传统人生哲理等社会意识形态，《大话西游》所用以置换的恰恰是现代社会特别是青年一代最现实的思想观念。例如孙悟空"转世"为至尊宝之后，虽然身为强盗流寇，但是对于爱情的追求却始终不渝，这似乎是贯穿整部《大话西游》的故事线索。但是，至尊宝对爱情的追求充满了荒诞滑稽和"无厘头"搞笑，完全没有了古典爱情的韵味和悲剧感；尽管如此，他的爱是真诚的，为了爱他甚至不惜告别凡胎将紧箍咒重新戴在自己的头上，最终不得不再次返回护送唐僧西天取经之路，从而复显出"事业与爱情的不可调和"这一古老的文学主题。也就是说，《大话西游》并没有解构爱情，只是赋予爱情以另类的表达方式，其中所蕴含的追求爱情与成就事业的矛盾、游戏人生与英雄主义的合一、自由选择与现实无奈的焦灼，不正是当下社会特别是青年大学生的生存状态吗？戏仿小说《白雪公主》和《沙家浜》的失手恐怕也在这里，它们为解构而解构，以解构的"无意义"代替新观念的置换。看来，这并不符合戏仿文体的审美规律。

3. 极速矮化

如果更深一步探讨戏仿文体"图"对于"底"的戏仿机制，那么，我们可以发现，任何戏仿作品所戏仿的对象都具有某种约定俗成的神圣性，它的崇高感已经牢固地积淀为大众心理定式，所谓"戏仿"就是瞬间抽掉神圣脚下的崇高圣坛，从而享受极速心理落差的刺激和快感。这就是戏仿文体的"极速矮化"原则。

---

① 鲁迅. 中国小说的历史变迁 [M] //鲁迅全集：第九卷. 北京：人民文学出版社，2005：328.

正如巴赫金所发现的，中世纪的戏仿文学之所以洋溢着节日的自由自在和随意不拘，是因为节日期间准许把神圣之物"变为令人开心的降格游戏和玩笑的对象。首先从虔诚和严肃性（从'对神祇的敬畏的不断发酵'）的沉重羁绊中，从诸如'永恒的'、'稳固的'、'绝对的'、'不可变更的'这样一些阴暗的范畴的压迫下解放出来。与之相对立的是欢快而自由的看待世界的诙谐观点及其未完成性、开放性以及对交替和更新的愉悦。因此，中世纪的戏仿文学完全不是对神圣的文本或学校的难题状况和规则形式主义地进行文学的、纯否定性的戏仿，怪诞的戏仿把所有这一切都转到欢快的诙谐音区和肯定的物质—肉体层面，它们被肉体化和物质化，同时使与之相关的一切变得轻松起来"[①]。拉伯雷的小说就经常出现对《圣经》文本的戏仿，即用吃、喝、色情等方面的语料置换神圣文本的语式，"为了对严肃的事物加以滑稽改编，使之在诙谐层面上流露出来，居然甚至连最外部都相似并谐音。在所有方面，即在意义上、在形象中、在神圣的话语和仪式的发音上去寻找，都能找到嘲笑的要害，找到某种特征，使之与物质—肉体下部联系起来"[②]。

巴赫金的研究告诉我们，"戏仿"是一种"令人开心的降格游戏"。换言之，这"游戏"之所以令人开心，就因为它是对虔诚、严肃、永恒、稳固、绝对、不可变更等神圣性的"降格"，从而在解脱羁绊和粉碎禁锢中获得自由的欢快。而这所谓"降格"，就是将神圣的东西与"物质—肉体"联系起来，就像"一股强大的向下、向地球深处、向人体深处的运动从始至终贯穿了整个拉伯雷的世界。他的所有形象，所有主要情节，所有隐喻和所有比较，都被这股向下运动所包容。整个拉伯雷世界，无论是整体还是

[①] 巴赫金. 拉伯雷研究 [M]. 李兆林，夏忠宪，等译. 石家庄：河北教育出版社，1998：97.

[②] 巴赫金. 拉伯雷研究 [M]. 李兆林，夏忠宪，等译. 石家庄：河北教育出版社，1998：101.

细节，都急速向下，集中到地球和人体的下部去了"①。用"三角恋爱"中的至尊宝置换诙谐神奇的孙悟空（《大话西游》），用风流成性的阿庆嫂置换机智勇敢的地下交通员形象（小说《沙家浜》），用无意义的琐细和猥亵置换的白雪公主的善良和美丽（小说《白雪公主》），不正是巴赫金所说的"向下、向地球深处、向人体深处"的"物质—肉体"运动吗？这一运动说到底就是对于神圣和崇高事物的矮化。

遗憾的是，巴赫金并没有充分注意到这一"向下"和"降格"运动的速度问题。如果说对于神圣和崇高的向下降格运动的"速度"在中世纪和拉伯雷的戏仿文学中并不明显的话，那么，对于受后现代和解构主义思潮影响的现代戏仿作品来说，就是一个十分重要的戏仿要素。事实上，早在《巨人传》之前，法国就有庞大固埃和类似庞大固埃的巨人传说和民间故事，拉伯雷不过是使庞大固埃这一形象更加"恐怖而骇人听闻"罢了。戏仿小说《白雪公主》《沙家浜》和戏仿电影《大话西游》就不同了，它们所戏仿的对象是真善美和传统德行的象征，是早已定型了的，已经积淀为公众心理定式的艺术形象；也就是说，在受众没有任何心理预设情况下的"急转弯"，戏仿所造成的心理落差之大及其跌落速度之快是必然的。可以这样说，相对传统戏仿而言，"速度就是最后的战争"②，"极速矮化"当是现代戏仿最重要的特点之一。

2003年获得多项奥斯卡大奖的好莱坞影片《芝加哥》被称为"邋痴魔遏斯"的杰作③，明显表现出后现代电影手法的印迹。"邋痴魔遏斯"的基本准则就是"击中眼球就跑"，由此造成一种令人眼花缭乱和目不暇接的视

---

① 巴赫金. 拉伯雷研究［M］. 李兆林，夏忠宪，等译. 石家庄：河北教育出版社，1998：429.

② 詹姆逊. 文化转向［M］. 胡亚敏，等译. 北京：中国社会科学出版社，2000：49.

③ 邋痴魔遏斯，英文 razzmatazz 的音译，意为令人眼花缭乱的动作或场面，含糊其辞或难以琢磨的语言，模棱两可的欺人之谈，以及活力和精力等。施志伟，等.《芝加哥》：击中眼球就跑［N］. 文汇报，2003 - 05 - 21.

觉效果。在后现代和解构主义氛围中出现的戏仿文体就是一种"击中眼球就跑"似的"极速矮化",它像游乐场里的"过山车"或"高空蹦极"等刺激游戏,是通过瞬间抽掉崇高圣坛所造成的极速心理落差赢得"邋痴魔遏斯"式的刺激和快感。

4. 文本格式化

复合性戏仿文本"图"对于"底"的戏仿关系最终还要落实到文本本身。就文本本身来说,戏仿文本实际上是对源文本的"格式化",即将现实主义文本"另存为"卡通格式的游戏性文本。

先看文本的显在格式。以巴塞尔姆的《白雪公主》为例,作者首先在文本的版式上挖空心思。《白雪公主》只是一篇"中篇"规模的小说,它却被分割成三大部分,由107个独立的片段组成。这107个片段长短不一,最长的5页多,最短的只占一行:"保罗:家里的一位朋友。"这就是被作者故意拆解的"文本碎片",这107个段落碎片又可分两大类:一类是小说正文,每一片段的开头几个字都用特殊的字体和字号标识;另一类如"保罗:家里的一位朋友",多是分行的短语、短句或语词,就像"扉页"的版式,用黑体排列在每页的中间偏上,被零散地插在正文中间,使小说的正文更加显得七零八落。就从这107个段落碎片本身的文本形式来看,除正常的文字叙述之外,有的还使用图示,例如开篇第一片段用6个黑色圆点标识白雪公主身上从上到下有6颗黑色美人痣;有的用空格将短语或语词隔开,以示文本的杂乱及其无意义;有的用留言条或信函的形式,表达话语空间的封闭性及其交流的困难;有的是警句或排句的重复组合,以表达内心世界的焦灼、茫然、无奈和不知所措;有的甚至像考试题一样的问卷,要求读者以填充、选择、回答问题等方式对这小说进行反思……总之,《白雪公主》令人眼花缭乱的文本格式彻底拆解了原作的连贯性,被巴塞尔姆"格式化"了的美丽的童话故事变成了散乱的文本碎片和"没有所指的能指"。

毫无疑问,将巴塞尔姆的《白雪公主》说成是"没有所指的能指"并不确切。从理论上说，语言符号的任何"能指"必有特定的"所指"，被格式化了的《白雪公主》当然也不例外，它那散乱的文本碎片就是指向"无意义"之意义。也就是说，巴塞尔姆的《白雪公主》的"意义"就在于通过消解"传统审美意义"表达后现代社会的无意义、没意思、无奈和无所适从。不同的无非是作者关于这一"无意义"之意义的表达，所采取的并非现实主义的写实方法，像冈察洛夫描写奥勃洛摩夫的无聊和懒惰那样，而是用后现代手法对原作的文本本身进行直接解构，即通过拆解和粉碎经典文本的"意义链"表达现代社会的无意义、没意思、无奈和无所适从。而拆解和粉碎经典文本"意义链"的直接效果就是导致现实主义的鲜活形象及其时空有机整体性的消失，从而使戏仿文本获得近似机械和呆滞的"卡通"效果。

当然，显在的文本格式化在不同的戏仿作品中的表现形式并不相同。《大话西游》的文本格式化就其显在形式来说主要表现为时空倒错和原作人物的"转世"。"时空倒错"和"人物转世"一方面消解了原作的现实主义的文本格式，改写了原作的时间顺序、空间结构和原班人马的相互关系及其行为方式；另一方面，如前所述，也为"大话"找到了合适的由头。至于戏仿小说《沙家浜》，主要侧重在人物关系及其意义的转型上，就文本方面而言只是将戏剧转换为小说，并没有严格意义上的文本格式化，没有显现作者将文本进行"卡通化"处理的企图，这恐怕也是其没能实现成功戏仿的重要因素。

文本格式化不仅仅表现在或者说主要不是表现在它的显在格式层面，最重要的还在于它的内在语言格式，后者才是文本格式化的根本和基础。可以这样说，语言文本的格式化是戏仿的另一重要文体特征，戏仿文体最终是通过格式化的语言赢得一种狂欢效果的。关于这一问题，我们需要在下文另做专题研讨。

三、语言狂欢及其卡通格式

我们知道,"狂吃暴饮"是拉伯雷小说最重要的狂欢形象之一,作者自称就是一个酒肉寻欢的老手,戏称自己的作品都是在吃饭喝酒的时间完成的。① 巴赫金充分注意到这一点,认为"拉伯雷所有饮食形象就像人们常常在狂欢游行队列中激动地传来传去的巨型香肠和面包",和民间节庆形式有着紧密的联系。② 更重要的是,巴赫金发现了筵席与话语之间的密切联系:"筵席作为对智慧的话语、诙谐的真理的镶边,有着特别重要的意义。……饭桌上的谈话是戏谑的无拘无束的谈话。通过这种形式,人们民间节日期间开怀自由说笑的权利得到扩大。……拉伯雷坚信,只有在酒宴的氛围中和吃饭时的交谈中才能说出自由的和坦诚的真理,因为只有这种氛围,才能排除任何谨小慎微的想法,也只有这种交谈的语调才符合真理的本质。"③ 联系当下我们生活中所流传的各种"民间段子"(包括大量的手机短信),深感巴赫金当年的远见卓识。在他看来,由于饭桌上的交谈不讲究等级和身份,"它们自由地把庸俗的和神圣的、崇高的和卑微的、精神的和物质的东西搅拌在一起",可见"宴席具有强大的威力,它能把词从对上帝的虔诚和恐惧的桎梏中解放出来。一切都与游戏、娱乐接近起来"④。《大话西游》虽然没有筵席形象,但其话语格式却有同样的特点,值得我们认真思考。

我们知道,《西游记》中的唐僧有一颗普度众生的仁慈心,这一性格原型在《大话西游》中并没有改变。正因如此,他愿"一命赔一命"从观音手里营救并感化背信弃义的孙悟空。这场戏如果放在现实主义作品中当是

---

① 拉伯雷. 巨人传 [M]. 鲍文蔚,译. 北京:人民文学出版社,1983:7-8.
② 巴赫金. 拉伯雷研究 [M]. 李兆林,夏忠宪,等译. 石家庄:河北教育出版社,1998:322.
③ 巴赫金. 拉伯雷研究 [M]. 李兆林,夏忠宪,等译. 石家庄:河北教育出版社,1998:328-330.
④ 巴赫金. 拉伯雷研究 [M]. 李兆林,夏忠宪,等译. 石家庄:河北教育出版社,1998:330,334.

◇ 文体形式论 ◇

一场壮烈感人的悲剧，但在《大话西游》中却衍生为一场话语造反：

　　悟空还不知道大限将止，兀自向前来追杀自己的观音菩萨叫板："因为你是女人我才不杀你，不要以为我怕你了！"

　　佛教中的观音菩萨是男是女姑且不论，悟空对观音菩萨的"叫板"显示出自己是一个"怜香惜玉"的形象。他在《西游记》中可没有这一性格！

　　唐僧显然知道观音菩萨的厉害，劝道："悟空，你怎么可以这样跟观音姐姐说话呢？"

　　按照《西游记》的说法，唐僧是观音菩萨的门徒，悟空是唐僧的门徒……可在《大话西游》里，观音菩萨怎么成了悟空的姐姐了？

　　唐僧被月光宝盒砸了一下，喋喋不休地劝阻说："喂喂喂！大家不要生气，生气会犯了嗔戒的！悟空你也太调皮了，我跟你说过叫你不要乱扔东西，你怎么又……"听到唐僧的话，悟空一个失神将金箍棒掉在地上，这下唐僧又有话说了："你看我还没说完你又把棍子给扔掉了！月光宝盒是宝物，你把它扔掉会污染环境，要是砸到小朋友怎么办？就算砸不到小朋友砸到那些花花草草也是不对的！"悟空争抢唐僧手中的月光宝盒时，唐僧还是那样耐心地劝说："你想要啊？悟空，你要是想要的话你就说话嘛，你不说我怎么知道你想要呢，虽然你很有诚意地看着我，可是你还是要跟我说你想要的。你真的想要吗？那你就拿去吧！你不是真的想要吧？难道你真的想要吗？"

　　唐僧的仁慈心在这里演变为婆婆妈妈、啰里啰唆、不着边际，类似"意识流"的说教。

　　悟空忍无可忍，一拳将唐僧打倒："大家看到啦？这个家伙没事就长篇大论婆婆妈妈叽叽歪歪，就好像整天有一只苍蝇，嗡……对不起，不是一只，是一堆苍蝇围着你，嗡嗡嗡嗡……飞到你的耳朵里面，救命啊！"他边说边表演，倒地翻滚，痛苦地呻吟着，"所以呢，我就抓住苍蝇挤破它的肚皮把它的肠子扯出来再用它的肠子勒住它的脖子用力一拉，呵——整条舌头都伸出来啦！我再手起刀落，哗——整个世界清静了。现在大家明白了，为什么我要杀他！"

原来，孙悟空背弃西天取经的允诺仅仅是因为唐僧的"啰唆"！这不能不使人哑然失笑。其实，孙悟空批评唐僧"啰唆"时自己更加"啰唆"：从"一只"苍蝇说到"一堆"苍蝇，然后是抓苍蝇—挤肚皮—扯肠子—勒脖子—伸舌头……最后居然值得用大刀去砍杀苍蝇。这才杀死"一只"，还有"一堆"呢？

正如巴赫金在研究拉伯雷的"筵席话语"时所发现的那样，在《大话西游》中，由于神和怪、神和人、师和徒之间的等级和尊严被瞬间抽掉，必然赢得了自由开怀的欢笑。毫无疑问，这一自由开怀的欢笑是由他们之间的话语关系建构的，诸如孙悟空直呼观音菩萨为"女人"，唐僧指称观音是悟空的"姐姐"，悟空痛骂师傅是一只烦人的"苍蝇"等，语言符号能指和所指的极速错位拆解了所有的伦理等级，铺设了相互戏谑的自由平台。特别是唐僧和悟空关于"啰唆"和"反啰唆"的对话，值得我们进一步分析。

首先，按照常理，月光宝盒砸到唐僧的脑袋应该引发他的生气或愤怒，唐僧不但没有任何生气或愤怒的表达，反而转向喋喋不休地劝说他人不要生气；悟空和观音争抢月光宝盒几近生死决战，但是在唐僧的话语中却被轻松地转述成了悟空的"调皮"和"乱扔东西"；悟空本应死命夺回落入唐僧之手的月光宝盒，但当唐僧问他是否真想要时，悟空却回避这一真实目的转而痛斥唐僧的啰唆……。这就是《大话西游》的语言狂欢——颠覆语言自身的逻辑，更改语言自身的所指方向，转向没有任何所指目的的语言游戏。也就是说，"争抢月光宝盒"本是这场戏的基本情节，但是，《大话西游》的话语并不关心和环绕这一所指，而是不断更改言说的方向，"王顾左右而言他"；这场戏的言说并不推动"争抢月光宝盒"这一特定情节的展开，而是以赢得语言自身的戏谑效果为旨归。这样，《大话西游》的所谓

◇ 文体形式论 ◇

"叙事"也就消解了所"叙"之"事",人物之间的相互"言说"也就蜕变成只"言语"不"说事","叙说"和"言语"本身成了游离主题和情节之外的纯粹的话语乐趣。

其次,这一"所指转向"表现为语符之间的极速游弋。从悟空向观音"叫板"到唐僧批评悟空对观音讲话的态度,从悟空准备和观音"决一死战"到唐僧劝阻大家"不要生气",从悟空和唐僧争抢月光宝盒到他们进行啰唆大比拼……,是通过"女人""姐姐""调皮""乱扔东西""污染环境"等与主题和情节毫无关系的语词得以转换的。正因为这些语词同主题和情节毫无关系,只是充任了言说的笑料和润滑剂,所以使语符转换的速度倍增,产生了"击中眼球就跑"的"邋痴魔遢斯"效应。

最后,为了躲避和游离言说的主题,使言说蜕变为语言的游戏,《大话西游》反复使用"重复"牵制能指的外涉:

"你想要啊?悟空,你要是想要的话你就说话嘛,你不说我怎么知道你想要呢,虽然你很有诚意地看着我,可是你还是要跟我说你想要的。你真的想要吗?那你就拿去吧!你不是真的想要吧?难道你真的想要吗?"

唐僧质问悟空的这段话使用了82个汉字,有1个感叹号、1个句号和4个问号,可看作6句话,但所表达的只有一个意思:你是否想要。"想要"一词在这段不算太长的质询中竟然出现了7次,每句都有"想要"出现,都是"你是否想要"的同义反复。更可笑的是,悟空"想要"月光宝盒是不言自明之事,唐僧有什么必要使用不同的句式反复追问呢?这就是语言的狂欢游戏,这游戏的规则就是游离"所指"的"能指"重复,重复的结果当然是语言狂欢格式的建构和定型化。

那么,被《大话西游》所建构和定型的这一语言狂欢格式究竟具有怎样的性质呢?细细品味就不难发现,这是一种类似于卡通叙事的语言格式。

卡通(cartoon),或称动画(animated cartoon),为了表现某种超自然的力量,总是以极度夸张的方式超越常规语言的叙事极限,从而赢得某种超现实的狂烈激情；但是，就卡通叙事的内容和主题而言，又是极其简单和程式化的，善恶、美丑和爱憎一目了然。这就造成了卡通作品"形式大于内容"的幼稚化叙事倾向，所谓"弱智科幻""弱智卡通"和"弱智大片"等就是评论界对它的戏谑性称谓。①《大话西游》就是这样一种"形式大于内容"的幼稚化叙事，它那极度夸张的狂欢化语言其实只是在表达十分简单的意义。

如前所述，至尊宝和白晶晶的爱情贯穿《大话西游》的始终，这应是作品的主线。而情感"这样一些东西在我们的感受中就象森林中的灯光那样变幻不定、互相交叉和重迭；当它们没有互相抵销和掩盖时，便又聚集成一定的形状，但这种形状又在时时地分解着，或是在激烈的冲突中变得面目全非"②。因此，但凡情感戏或以情感为主线的作品多采用细腻的笔法刻画人物的微妙心理世界，这已是现实主义的惯例。但是，我们在《大话西游》中看不到任何这方面的描写。从至尊宝和白晶晶一见钟情，到白晶晶因情自杀，直至至尊宝为拿到月光宝盒争取时光倒流以救回自己所钟爱的白晶晶所做的一切努力，变幻不定和微妙缠绵的"爱情"成了"狂欢游行队列中激动地传来传去的巨型香肠和面包"（前引巴赫金语），至尊宝对白晶晶的真爱被《大话西游》简化成了一面招摇过市的旗帜和纯粹搞笑的道具形式。

例如，为了博得美人一顾，至尊宝将自己打扮成书生的模样，遭到白晶晶的怒斥后便自我检讨："真失败！原来晶晶姑娘喜欢粗犷一面的我。"于是再把剃掉的胡子重新贴在脸上，还在脑门上贴了一丛，又是一番折腾。这种为了讨好白晶晶以便让她欢心的方式显然被极度夸张和漫画化了，至尊宝对白晶晶的"真爱"反而被冲淡和稀释得无影无踪、无关紧要。

---

① 关于"卡通叙事"将另文论述，此不赘述。
② 朗格. 艺术问题 [M]. 滕守尧，朱疆源，译. 北京：中国社会科学出版社，1983：21.

◇ 文体形式论 ◇

  再如：为了拿到月光宝盒救回白晶晶，至尊宝不得不俯首在紫霞仙子的裙下。当紫霞发现至尊宝就是她命定中的夫君，便对至尊宝说："那我们大家立刻开始这段感情吧！"至尊宝为了讨回月光宝盒拯救自己的真爱白晶晶，也就很配合地回应说："好，就立刻开始。"也就是说，无论是至尊宝对白晶晶的"爱"还是紫霞仙子对至尊宝的"爱"，都被简化成了一种应该立刻去做的"工作"而不是难以割舍的"感情"！"能指"的机械性就是这样挤压和榨干了所指（感情）的鲜活性。可见，对于《大话西游》来说，重要的不在于所表达的对象是否真切，而在于语言自身的狂欢是否达到了极致。

  一方面是语言能指的机械性，另一方面是所要表达事物的鲜活性，这种二元对立恰恰建构了语言狂欢的张力，这也是卡通语言的基本特点之一。如果进一步追问我们还可以发现，卡通语言的这种"机械性"是借助于极具跳跃性的节奏建构的，或者说正是跳跃性的节奏，使卡通语言呈现出儿童语言的幼稚结构。在《大话西游》中，越是朗朗上口的台词越具有跳跃性，越能鲜明地呈现出儿童语言的幼稚结构。

  曾经有一份真诚的爱情摆在我的面前，但是我没有珍惜，等我失去的时候我才后悔莫及，人世间最痛苦的事莫过于此。如果上天能够给我一个再来一次的机会，我会对那个女孩子说三个字：我爱你。如果非要在这份爱上加上一个期限，我希望是——一万年！

  这是《大话西游》前后重复使用的台词。这台词之所以在同一个文本中被重复使用并被其他各种"大话"反复改写或复制，就在于它内含着一个稳定的卡通式言说结构："曾经有……我没有……；我失去……我后悔……；如果能……我就会……；如果要……我希望……"正是这样一种强烈的跳跃性节奏建构了一个类似儿童语言的句式结构。这句式共有10个停顿，第一人称单数"我"出现了8次，大大强化了言说者的自我表现能力；但是，这言说者所宣示的"爱情悔过书"，显然被这一跳跃式的节奏机械化和程式化了。于是,言说者的"悔过内容",也就被强大的"悔过形式"所压倒、所湮没、所冲淡。

如果将这段台词从《大话西游》特定的语境中抽出来进行孤立地分析,那么,我们可知这一爱情的悔过者并非一个"情场老手",而是一个被矮化了的爱情的"弱智者"和"低能儿",他的言说表达了一种深沉的内疚和自责(当时的至尊宝确实声泪俱下,很是动情)。但是,在《大话西游》特定的语境中,这"爱情悔过书"不会真实地打动任何受众,因为没有任何《大话西游》的受众相信这是至尊宝发自内心的忏悔,人物的所言和所想是分离的。当然,这种"分离"并非传统作品中的"虚心假意"或"装腔作势",而是卡通叙事所惯用的言说方式——"不经意"和"随便说",绝非现实主义的"深思熟虑"和"句句真实"。因此,用现实主义的立场阅读这类作品显然是跳出了卡通叙事的游戏语境。

《大话西游》就是这样以极其简化的"爱情直白"言说极其复杂的情感世界,以极其机械化和程式化的语言模式言说极其鲜活的事物,以被矮化和幼稚化了的叙述视角言说经典的世界。它那"直白式"的言说,给人以痛快淋漓的感受;它那幼稚化的叙说视角,给人以居高临下的驾驭感;它那幼稚化的语气结构,给人以回味童趣的轻松和怡然自得。《大话西游》的"语言狂欢"就是植根于这样的接受心理中,使受众能在居高临下的心理平台上轻松地观看被矮化了的稚童表演,获得在其他文体中难以尽兴的、淋漓尽致的自由和畅快。就像卡通艺术并非儿童的专利品那样,《大话西游》的语言狂欢为展现人类的幼稚性提供了一个合适的话语平台,将现代人从语言进化轮轴的惯性中暂时剥离出来,以超自然、超现实和超常规的方式复现成人世界一去不复返的"童言无忌"。

◇ 文体形式论 ◇

第八章

日记文体及其私语言说

日记文体是最具民间性和最私人化的言说方式。如果说言说的目的是与他人交流，那么，唯有日记的言说是一种"自说自话"；而"自说自话"既是人类语言行为中的普遍现象，也是人类语言行为的"异常"。换言之，日记作为一种特殊的文体，"私语言说"是其存在的理由；而这一理由同语言之交流功能的悖论，又决定了日记存在的不可能。于是，日记文体的蜕变也就不可避免，各种日记名义下的"假体日记"也就大行其道①。

纵观日记发展的历史，在种种日记变体中，"日记"作为一种文体式样已被形式化了，日记文体的"私语言说"已经蜕变为"形式的诱惑"，特别是以日记体小说为代表的日记文学尤其如此。日记文体被小说挪用完全背离了"日记的正宗嫡派"，② 说明日记文体本身就蕴藉着可能被文学所挪用

---

① "假体日记"在本文的含意是指假借或仿拟日记的文体，相对真正的日记而言，无褒贬含义。

② "日记的正宗嫡派"系鲁迅语。鲁迅全集：第三卷 [M]. 北京：人民文学出版社，1981：308.

的文学性。日记的"形式诱惑"说到底是一种文学性诱惑。

那么,日记文体的"形式诱惑"究竟是什么?文学挪用日记文体呈现出怎样特别的文学意味?日记的存在理由是否由于"假体日记"的存在已被彻底消解?"私语言说"作为人类语言行为的"异常",在日记文本中呈现出怎样的话语诉求?由于以往我们仅将日记简单地看作一种"实用文体"而不屑一顾,致使迄今为止的文体学研究从未涉足上述论题,对于日记体文学的研究也重在"文学"本身,日记体式的特殊性及其变体形式却被忽略和小视。日记对于现实生活的巨大影响力不容忽略和小视,日记的"自说自话"方式在人类语言行为中的普遍存在却不容忽略和小视(那些无人倾听的高头讲章和没有读者的长篇大论,从某种意义上说也是一种"自说自话")。因此,对于日记文体及其变体规律的探讨就显得很有必要。

一、记忆与时间:日记的文体本质

将"结绳记事"作为日记的起源可能是一个合理的猜想,① 因为二者之"记"是相通的,日记不过是文字发明之后的记忆方式,即文字符号替代了"绳结"符号,"文字"和"绳结"都是记忆的载体。就这一意义而言,日记的出现当同文字的历史同步,因为人类发明文字的第一需要就是为了更方便地记忆,而日记书写的第一目的也是为了抗拒遗忘。对此,早在笛福的《鲁滨孙漂流记》(1719年)中就已经有了很形象的解释:

鲁滨孙只身一人被海浪抛到荒岛之后所遭遇的第一恐惧是生存危机。当他设法从那只搁浅的商船上取下几乎所有的食品、衣物、工具、枪械和弹药,并在小岛上安置好自己的住所之后,紧接着就是遗忘恐惧的来临——他担心自己"忘记计算日期,甚至连安息日和工作日都会忘记"。于是,他首先用刀子在一个大柱子上刻下几个字:"我于1659年9月30日在

---

① 张鸿苓. 一般书信 笔记 日记 [M]. 北京:北京师范大学出版社,1994:144 – 145.

此上岸",此后每天在上面刻一断痕,算是自己的"日历"。当他终于从船上卸载下来的杂物箱里找到纸和笔,就开始了"孤岛日记"的写作,把"每天的经历一一用笔记下来",直到墨水全部用完,尽管后来的墨水由于不断羼水已被稀释得笔迹很淡了。鲁滨孙说:"我这样做,不是为的留给后来的人看(因为我不相信以后会有多少人到这荒岛上来),只不过写出来给自己每天看看,减轻一点心中的苦闷罢了。"①

鲁滨孙的经历向我们展示出这样一个事实:在人类解除生存危机之后,紧接着所面临的就是失忆的危机。如果说人与动物的区别在于精神世界之有无,那么,"记忆"则是这精神世界里的中枢,失去记忆的世界将是一个混沌和僵死的世界,思考、感受、视听都将变得毫无意义甚至毫无可能。②而记忆的存在首先在于时间意识,鲁滨孙抗拒失忆的第一反应就是自造一个"日历"。因为正是时间将精神世界"格式化",使记忆赖以存储万物。所以,"日历"赋予鲁滨孙以生命的刻度,使他的"存在"有了相应的参照物。这是他孤身一人在荒凉的海岛上所获取的唯一来自"上帝"的信息,是他与外部世界得以沟通的唯一途径,从而排解孤独的苦闷。这就是记忆和时间的辩证关系,也是日记文体存在的根本意义和充分理由。

诺贝尔物理学奖获得者史蒂芬·霍金在他的《时间简史》中断言,宇宙的开端只能在大爆炸奇点处,即"宇宙开始时处于一个光滑有序的状态,随时间演化成波浪起伏的无序的状态"③。霍金认为这也是时间的开端,"时

---

① 笛福. 鲁滨孙漂流记 [M]. 方原,译. 北京:人民文学出版社,1978:55 – 57.
② 陈茂欣大学时爱上了一位女生,从此开始记日记,把自己心灵的奥秘、炽热的情思、伊人的形象,全用诗歌的形式写在日记里,积累了厚厚一本。20世纪60年代初大学毕业参加工作后,积极参加政治学习和思想改造,对照当时青年先进典型的日记摘抄,深感自己的日记是那样自私狭隘,无地自容,于是将其悄悄地付之一炬。20多年过去了,他对他那本焚于非命的日记总是不能忘怀,时时进入他的梦中,称其是"索命的日记"。这是另一种失忆的痛苦。陈茂欣. 一本索命的日记 [J]. 延河,1986(8):48 – 50.
③ 霍金. 时间简史 [M]. 许明贤,吴忠超,译. 长沙:湖南科学技术出版社,2004:191.

间箭头"由此出发沿着三个方向将过去和将来区分开来:"第一个,是热力学时间箭头,即是在这个方向上无序度或熵增加;然后是心理学时间箭头,这就是我们感觉时间流逝的方向,在这个方向上我们可以记忆过去而不是未来;最后,是宇宙学时间箭头,在这个方向上宇宙在膨胀,而不是收缩。"[1] 其中,心理学时间箭头是由热力学时间箭头所决定的,热力学时间箭头和宇宙学时间箭头又是一致的。也就是说,在心理学时间箭头的方向上我们之所以可以感觉到时间在无休止地流逝,不仅希望而且只能记忆过去而不是未来,是由热力学和宇宙学的规律所决定的,即从光滑有序向无序度或熵增加这一时间箭头是不可逆转的。霍金的这一物理学推论对于我们从哲学的角度理解记忆和时间极富有启发性。

首先,人类为什么可以记忆过去而不是未来?不仅仅是因为过去是已知的、未来是未知的,这只是经验性的表述;而是因为从过去到未来是从有序到无序、从完整到增熵的历史。这就是时间的历史,也是记忆的历史。就像我们看到一个完好的茶杯从桌子上掉下来摔成碎片,我们会在事后记住它原本(有序)的样子,而不可能在杯子完好无损的时候"记住"它未来被摔碎(无序)的样子,后者只能在倒放录像时才能看到,而宇宙的时间不可能倒流。其次,霍金这一理论更深层的意义还在于,他一方面告诉我们"过去"是有序的,另一方面也告诉我们"过去"是唯一的、稀有的,而"未来"则有多种可能,所以人类总是希望并且只能记住过去而不是未来。他以拼版玩具进一步说明这一点:拼版玩具是从有序的图案开始的,当我们摇动玩具盒,拼版就乱作一团;尽管这些乱作一团的拼版可以组合成多种图案,但是最好的图案只有一种。也就是说,有序的稀有性决定了人们的心理倾向总是希望记住过去,并且也只能记住过去而不是未来,因为时间和宇宙的历史像发射出去的"箭头"一样不可逆转,在过去的唯一性和未来的多样性中,记忆只会倾向于选择前者。这也是鲁滨孙写日记的

---

[1] 霍金. 时间简史 [M]. 许明贤,吴忠超,译. 长沙:湖南科学技术出版社,2004:184-185.

◇ 文体形式论 ◇

原初动力——在往事的回忆中减轻心中的苦闷，尽管他所经历的艰难往事原本不堪回首，但是，"时间箭头"使他经历的往事被赋予不可重复的稀有性。也就是说，"往事"之所以能够被记忆，从根本上说和往事本身的酸甜苦辣（性质）无关，主要是因为时间箭头所刻录下来的是生命的留痕，具有不可重复的稀有性。不是"往事"的性质而是"回忆"这一心理活动本身缓解了他的苦闷，从而为当下的生命现实涂抹上"美好"的光彩。

其实，霍金所阐发的这一物理学思想在许多哲学家和文学家那里也被表述过。柏拉图所设想的"理式"作为世界万物之源，就是人类最早的寓所及其由来，人类回忆过去就是要追索逝去的精神家园。瑞士心理学家荣格提出来的"原型"概念就是柏拉图"理式"的翻版，[①] 他把文学史上反复出现的意象看作"种族记忆"，作为"集体无意识"召唤着人类对于童年的回想。事实是，人类越是远离自己的故乡，越是产生浓烈的思乡情结；越是走向成熟和富足，越是怀念童真而简单的岁月。正如现代社会对传统的依赖和钟情，人类文明的进步总是伴随着对于往昔的怀念。所有这一切都根源于"时间箭头"从有序指向无序及其不可逆转性，根源于过去的有序、美好及其稀有性。正如陆文夫所言："回忆象个筛子，能把灰尘和瘪籽都筛光，剩下的都是颗颗好样，一等一级。即使留点儿灰尘，那灰尘也成了银粉，可以增添光辉；即使留几颗瘪籽，那瘪籽也成了坏芽，可以长成大树……痛苦中也能品咂出美味。"[②] 日记作为一种特别的文体，正是"时间箭头"将繁杂的往事串联成一个可供"品咂"的过去。日记所记录的"时间"既是存储往事的格式，也是回味过去的路径；既是繁杂往事的索引，也是日记文体的引擎。日记文体存储着时间的历史，刻录下"时间箭头"的运行轨迹，从而使抗拒遗忘、恢复记忆和回味过去成为可能。这就是日记之最根本的文体特征。

[①] 荣格自称他所使用的"原型"这个词就是柏拉图哲学中的"理式"。荣格. 心理学与文学 [M]. 冯川，苏克，译. 北京：生活·读书·新知三联书店，1987：53.

[②] 陆文夫. 艺海入潜记 [M]. 上海：上海文艺出版社，1987：32.

无论是霍金的物理学推论还是人文学者的形象描述，都将被时间格式化了的"过去"规定为永远萦绕人类的精神家园，这就是"怀旧"作为人类普遍感情之所以永恒的魂魄之源。"人生天地之间，若白驹之过隙，忽然而已。"（《庄子·知北游》）庄子对光阴易逝、人生苦短的感受可谓最早道出了人类对往昔岁月的留恋。班固"攄怀旧之蓄念，发思古之幽情"（《西都赋》），以及杜甫"结欢随过隙，怀旧益沾襟"（《奉赠萧二十使君》）的诗句，更是千古名言，尽情抒发了人类怀念故旧的情怀。而日记作为忠实记载往昔岁月的文体，正是以文本的形式对于人生光阴的真诚挽留，使物理世界的"时间箭头"在心理世界得以真实的回放，为倾泻怀旧思绪铺展了身临其境的平台。

　　当然，抗拒遗忘、回忆过去并非只有日记文体，专门的历史文体更是如此。但是，日记文体是个人的、即时的，历史文体是公共的、事后的。二者对于往事的记忆最根本的不同就在于日记文体与时间箭头同步展开，而不像历史文体那样多为"事后追记"，从而保留了往事的原生态和鲜活性。这就是"时间"作为日记文体"引擎"的要义之所在。

　　时间作为日记文体的引擎，具体说来应当包括文本时间和阅读时间，前者又可分为"记载时间"和"所记时间"。"记载时间"指日记的写作时间，即在日记的篇首所标识的日期和星期等；"所记时间"指日记所记的内容是当日的还是此前的，或者是模糊不定的。由于日记是一种最自由的文体，追记往事也是常见的内容；但一般而言，"记载时间"和"所记时间"越是同步展开也就越贴近日记的本色，即鲁迅所说的"马上日记"。① 他的日记大多就是记载即时发生的信札往来、银钱收付和亲朋交际等，当属日

---

① 刘半农约请鲁迅为《世界日报》副刊撰稿，鲁迅很快就为该刊写了《马上日记》等文。鲁迅在这日记的"豫序"中称：既然答应了半农的稿约就得写点什么，"想来想去，觉得感想倒偶尔也有一点，平时接着一懒，便搁下，忘掉了。如果马上写出，恐怕倒也是杂感一类的东西。于是乎我就决计：一想到，就马上写下来，马上寄出去，算作我的画到簿。……如果写不出，或者不能写了，马上就收场。"鲁迅全集：第三卷［M］. 北京：人民文学出版社，1981：309. 此可谓对这日记缘何称之为"马上"的解释。

◇ 文体形式论 ◇

记的"正宗嫡派";而那些追忆往事,或者以抒发情思、历游问学为旨归的日记,由于远离了记载时间,甚或所记内容不具备时间的确定性和唯一性,因而必然淡化了日记文体的本色,从而和历史文体、回忆文体、游记和笔记等文体多有相像。"记载时间"和"所记时间"的同步对于日记文体来说之所以重要,如前所述,就在于日记从本质上来说是对原发事件的绝对忠诚,所记时间后于记载时间,必然使日记的书写赢得揣摩表述策略的机会,而任何表述策略对于日记来说都是多余的,甚至意味着日记本义的消解,"即时性"书写才能最客观地呈现原生态的面貌。

如果说上述文本内部的时间关系是一种认识论意义上的真切性关系,那么,文本时间与阅读时间之间则体现了某种价值关系。日记既然是写给自己看的,那么,它就应该像一坛白酒,存放得愈久愈显得甘醇和宝贵。因为距离现在越是久远越易被人忘却,日记之抗拒失忆的价值也就越显得珍贵。但是,很多日记的读者往往并非作者自己。就我们现在所能看到的日记而言,从唐宪宗元和四年(公元808年)李翱所作《南来录》到当今的网络日记,都是无意或有意地留给了他人阅读。在这种情况下,文本时间与阅读时间之间也就不一定呈现上述价值关系,甚至相反。就像陆幼青在"榕树下"网站直播自己的《死亡日记》那样,它的价值和意义反而表现为二者的同步性和即时性。①

总之,"记忆"是日记存在的理由,"时间"是日记言说的引擎,日记最主要的文体特征是"时间"将"记忆"格式化以存储往事。因此,日记文体被赋予"真实可信"的本义,特别是时间对于记忆的刻录进一步强化

---

① 陆幼青,早年毕业于华东师范大学中文系,上海浦东房地产展销中心副总经理,曾有多年的胃病史,1994年被首次确诊为胃癌并手术治疗,1998年又被确诊腮腺部瘤体为恶性肿瘤并第二次手术,此后半年出现淋巴结肿大,疾病复发。2000年夏天,医生断定陆幼青的生命只有最后100天左右的时间了。在这样一种情况下,他决定将自己的死亡过程以日记的形式在网上直播,引起广大网友和多家媒体的关注。同年12月11日,陆幼青撒手人寰,享年37岁。在他去世前不久,华艺出版社出版了他的《生命的留言:〈死亡日记〉》全本。

了日记的不可更改性和无可置疑性。就这一意义而言，日记和历史结下了不解之缘，日记被看作历史研究的补充也就不足为奇。但是，我们在下文的进一步探讨中将会发现，日记文体这一本义的消解可能难以避免。

二、孤寂与倾诉：日记的言说语体

鲁滨孙孤岛写日记的故事不仅道出了日记的意义和性质，而且也是关于日记写作动因的形象言说——日记是孤寂者的自我倾诉。当然，鲁滨孙的境遇只是一个特例，但是，人生在世不可能时时处处灯红酒绿或高朋满座，也不可能没有任何隐私而真正做到"无话不谈"或"无限阳光"，日记就是自我交谈的最好对象和自言自语的最好文本。就这一意义而言，任何日记的写作动机都来自孤寂感的驱动，任何日记的作者都是一个飘零他乡的孤寂者和陌生人。而"孤寂感"既是人生俱来的特性之一，也是现代人的心理病症。

与惠特曼齐名的美国女诗人艾米莉·狄金森被誉为"代表了19世纪美国心灵拓荒最高的才智"[1]，她的日记就是一个孤寂者的自我倾诉。狄金森写日记主要和她的孤寂个性有关。她一生极少离家外出旅行或参与社交活动，被友人称为"隐遁之后"[2]。她也有过热恋的狂喜和懊恼，但却终身未嫁，因为她从未对心仪的情人有过任何爱的表达，只在日记中倾诉自己的暗恋，用她日记里的话说就是"透过文字接触他"，让这不打算寄出的纸页吸收爱情的创痛。[3] 她特立独行，紧紧包裹自己，深藏生命秘密，在任何场合都将自己看作局外人，选择孤独和寂寞为人生的最大慰藉。她为世人留

---

[1] S.T. 威廉斯语。刘海平，王守仁. 新编美国文学史：第二卷（1860—1914）[M]. 朱刚，主撰. 上海：上海外语教育出版社，2002：186.
[2] 狄金森. 孤独是迷人的：艾米莉·狄金森的秘密日记 [M]. 吴玲，译. 天津：百花文艺出版社，2000：47.
[3] 狄金森. 孤独是迷人的：艾米莉·狄金森的秘密日记 [M]. 吴玲，译. 天津：百花文艺出版社，2000：48.

◇ 文体形式论 ◇

下的1 800首优美诗篇，却被她紧紧地锁在自己的箱子里不为人知（生前只发表6首），只是将诗歌看作自己"苦闷时刻的救赎"，一生躲在里面倾听灵魂的自我诉说并不企望他人的回应。因此，她对出版自己的诗篇毫无兴趣，她说："既然推动我的灵感没有人能够了解，那我为什么又要别人来赞许我的诗。如果我的音乐不合大众的口味，那我们就各自听自己的音乐好了。"① 这就是她的"隐遁逻辑"——将不可能的东西作为与人交流的前提，从而为自己的孤寂性格寻找精神的庇护。她的所谓"秘密日记"，正是其孤寂人生的自我诉说："我安安静静地活着，只为了书册，因为没有一个舞台，能让我扮演自己的戏。不过思想本身就是自己的舞台，也定义着自己的存在。……让这个日记成为写给自己的信吧，这样就无需回信。"②

像狄金森这样一生固守孤寂生活的人是少见的，这是她的天性使然；但是，孤独的境遇或寂寞的时刻对于人生来说却是常见的，于是，通过日记倾诉孤寂的自我就很自然和普遍。包括鲁滨孙日记在内（尽管这是虚构的），古今中外许多优秀日记作品多为客居他乡、出使域外之作，或为身陷囹圄、负荆流亡所写，还有"文化大革命"期间的"知青日记"和"牛棚日记"等，都是作者身临陌生世界，在孤独和寂寞的煎熬中的自我倾诉。其中，《安妮日记》当是这类日记的代表。

安妮·弗兰克1929年出生在德国犹太人家庭，1933年希特勒上台后随家人逃亡荷兰。希特勒占领荷兰之后，为了逃避法西斯的搜捕，全家躲进了一家办公楼的顶层，依靠友人的庇护在密室里蜗居了两年。此间（1942年7月至1944年8月），年仅十几岁的小安妮几乎见不到阳光，呼吸不到新鲜空气，更不能自由活动或者与同龄人交流，实在寂寞难耐，于是开始写日记。她将自己的日记视为知己，亲切地称它为"凯蒂"，以给凯蒂写信的

---

① 狄金森. 孤独是迷人的：艾米莉·狄金森的秘密日记［M］. 吴玲，译. 百花文艺出版社，2000：33.

② 狄金森. 孤独是迷人的：艾米莉·狄金森的秘密日记［M］. 吴玲，译. 百花文艺出版社，2000：3.

方式记下了这两年的见闻和生活。安妮的每篇日记都以"亲爱的凯蒂"开头，以"你的安妮"结尾。这一特别的"书信格式"，显然是小安妮极度渴望朋友和交流的心理形式，是这一幼小心灵排解孤独和寂寞的文体创意。安妮之所以假想"凯蒂"这一知音，虚拟一个并不存在的"听者"，就是为了以更加直观的诉说挣脱令人窒息的困境和难以忍受的孤寂。① 这一虚拟听者的出现一方面来自安妮的灵感，另一方面蕴藏着日记作者无限的辛酸、无奈和苦闷，其孤独寂寞的神情跃然纸上。②

如果说个人性格和特定境遇所造成的孤寂感仅是个别的、偶然的，那么，个人私密之不能对他人言说所造成的孤寂感则是人生普遍存在的。如前所述，一个人的性格无论何等"阳光"，一个人的阅历无论何等一帆风顺，总有"不可告人"的私密存在。③ 个人私密之"不可告人"，很难说它就是污浊的、卑鄙的，而是个人与社会之间达成的默契："不可告人"之私密一旦曝光或外泄，于人、于己都可能造成某种尴尬或伤害，本来正常的人际关系就可能发生混乱。退一步说，即使污浊和卑鄙的个人私密也有其不可告人或不予告人的理由，否则便无异于执意打开潘多拉的盒子而引发祸患。女中学生李伟因自己的日记被继母发现而失语身亡的极端案例就很

---

① 和安妮类似遭遇的另一犹太女学生赫尔加·德恩当年在纳粹集中营写下的日记最近被发现，堪称《安妮日记》的姊妹篇。她在日记中写道："我感到孤独，我们每天都渴望铁丝网外的自由。"见《文汇报》2004年12月21日驻慕尼黑记者严建卫的报道：《犹太女学生日记录下集中营苦难》。

② 秘室被发现后，安妮惨死于法西斯的屠刀下。父亲是唯一的幸存者，他将安妮的日记保存下来，并于1947年出版，1952年被译为英文在美国出版。迄今为止，《安妮日记》已被译成50多种语言在世界各地出版，发行1 500多万册，并被多次改编为戏剧和电影，引起世界性轰动。陈洪生. 世界名著《阿娜·弗兰克日记》的新发现[J]. 外国文学报道，1981(5)：33. 晓君. 荷兰出版《安娜·弗兰克日记》[J]. 世界文学，1986(5)：312-313.

③ 颇受读者尊敬的约翰·契弗（1912—1982）是一位严肃的美国作家，他的作品回避直露的性描写，鄙视酗酒、同性恋等不良现象，但在日记中却展现了完全相反的另一副面孔：嗜酒成瘾、欺负妻子、恐吓女儿、男女关系不检点等，活脱脱一个粗鲁、放纵和自我麻醉的形象. 仓. 契弗日记问世[J]. 世界文学，1991(3)：314.

◇ 文体形式论 ◇

能说明问题。① 李伟在日记中对继母所倾诉的怨恨是否合理姑且不论，我们仅仅从日记作为个人私密的"庇护所"这一角度来看，李伟的失语和死亡不仅有生理学和病理学上的原因，更有心理学和语言学方面的原因，即本来属于私密的自言自语被突然公示，就像在公众场合将一个人的衣服突然扒光，使其失去了任何遮羞和退避的屏障，可谓"无地自容"，从而导致精神乃至整个生命的全面崩溃。就这一意义而言，任何纯属个人的私密都有其存在的理由和倾诉的渠道，不能对他人言说而又非要言说的东西，那就自我言说，以实现心理的和谐与平衡。"自我言说"也是一种言说，既能释放由于"不可告人"而积聚的郁闷，又能庇护个人的私密，是常见的语言行为，也是公认的基本人权之一。因此，尊重和保护日记的私密性，不仅对于个人的身心健康，而且对于社会的稳定与和谐，都是必要的。

日记之所以成为倾诉个人私密的渠道和庇护所，就在于它在理性、德性和人性的层面隔断了与外部世界的信息交流。日记的私语言说及其文本的私密化已经成为约定俗成的定规和法理，只有在理性、德性和人性沦落、"无法无天"的时代，日记才有可能违背作者的意愿而扩散为公众读物甚至被人视作某种"思想的罪证"（像"文化大革命"时代那样）。② 一方面是

---

① 李伟漂亮文静，5岁时生母因病去世，父亲很快迎娶了一个新娘。当时只有6岁的李伟对新来的继母一直怀有戒备和敌意，于是就开始记日记，将对继母的冲突和怨恨全写在里面。直到1999年春节，李伟已是高中一年级学生，继母发现了李伟整整写作和隐藏了7年的5大本日记，于是恼羞成怒。使继母没料到的是，在她对李伟兴师问罪时，极度恐惧之下的李伟突然失语了：李伟只是睁着一双大眼睛望着她，一句话也说不出来！后经多家医院治疗无效死亡。张爽. 日记招灾，花季少女竟失语而亡 [J]. 女子文学，2000（1）：22 - 24.

② 张抗抗曾经详细讲述过"文化大革命"期间自己的"初恋日记"被造反派抄走的过程和感受："几乎从50年代开始，一个人假如在日记中倾诉了自己的心里话，而又不慎将其丢失，肯定意味着一场大祸即将临头。……19岁的我已隐隐懂得，中国人的日记还有信件，有时甚至会让它的主人付出生命的代价。我越想越怕，越想越担心。一次次偷偷哭泣，惶惶不可终日。更让我气恼的是，平日被我东藏西掖，就连妈妈也一直不让看的、绝对保密的日记本，如今却落到了一群不相识的人手中。那些属于我内心深处最珍贵最秘密的个人情感，就这样赤裸裸地暴露在外人面前。好像让人一刀划开了胸膛，被人窥视被人嘲弄被人肆意歪曲践踏，连同我的自尊和人格……"。张抗抗. 遗失的日记 [J]. 北京文学，1998（6）：94 - 97.

个人私密的客观存在必然导致言说的冲动；另一方面，私密之所以是私密就在于它之不能与人言说。而所谓"个人私密"，本质上就是抗拒交流，就是自外于他人和社会，就是选择孤独和寂寞，于是诉诸日记写作。只有日记的私语言说才是宣泄并能屏蔽个人私密的话语场。

其实，某些并不属于个人私密的对话与交流，在现实的语言活动中同样会遇到意义传达方面的语障——即使言说者倾其真心和费尽口舌，难以得到预期的回应也是常有的现象。这就是语言表达、接受和反馈过程中的先天性阻碍，于是迫使人们不得不孤独地面对自己，在日记中完成自己与自己的对话、真心与真心的交流。

总之，无论哪种类型的自我倾诉，真正的日记写作都源于孤寂感的驱动；而任何孤寂感又都是信息屏蔽的产物，即言说主体与外部世界的不可通约性。日记作为孤寂者的自我倾诉，无论是来自性格还是来自境遇，或者是个人隐私使然，都表现为无对话、无交流、无回应的自说自话。就这一意义而言，任何日记都是一个自我闭合的文本。这样，我们又回到霍金用来论证宇宙时间的"熵"定律——任何一个封闭系统都是一个从有序到无序的时间过程；日记作为一种隔断外部交流的自闭性文本，其"自说自话"的言说结构决定了它的历史同样是一个从有序走向无序的时间过程。具体说来，日记的言说语体是言说主体依照时间顺序对于言说空间的绝对占有，即日记的言说者主要是从本位立场出发，假借被时间格式化了的记忆叙说自己的所见、所闻、所感和所思，无视听者、读者和他者的存在。于是，日记之所"记"的真实性也就没有了任何客观的参照和验证，孤寂和郁闷的自我消解和倾诉成了日记言说的根本动因和终极目的。这样，日记的私语言说就成了人类语言活动中最典型的霸权话语，日记的言说者成了所有言说主体中最主观的话语独裁者，因为它从根本上违背了语言的交流本性，其私语言说的可信度也就同历史文本所强调的客观真实性大相径庭。这样，日记作为一种闭合文本，从"记忆"走向"失忆"、从"真实"

走向"失真"、从"可信"走向"可疑",即从有序走向无序也就不可避免,日记的解体及其本义的消解也就成为必然。

三、听者与文饰:日记文体的消解

日记的解体及其本义的消解不仅来自日记文本与外部世界的不可通约性,还来自日记文本内部"隐身听者"的存在。尽管这一"隐身听者"是沉默的、无言的,没有独立的话语权,但其存在本身必然影响甚至左右日记的写作。因为"文饰"就是日记隐身听者存在的产物,从而在根本上导致了日记的真实性和自由度只是相对的、有限的。

南帆教授曾对日记的"伪饰"现象进行过很精彩的分析。在他看来,日记的伪饰倾向"更多地由于记述日记所使用的文字符号——由于文字所固有的天然过滤器。在必要的时候,文字的过滤器将产生监核功能……。这些形成于远古的方块字具有一种道貌岸然的威慑力——民间甚至将文字形容为孔子的眼睛。文字永远以一种高贵的姿态睥睨人的内心世界,这里的种种卑劣之念常常在文字的逼视之下退缩了几分。"[①] 关于这一问题,许多日记作者则有另外的体会。他们认为:"日记上的自己,远比生活中的自己更为细致、奔放、温柔,这是被文字和静谧的空间所塑造的更加完美的空间。"[②] 日记作者之所以不愿别人看自己的日记,并非其中一定有什么见不得人的东西,而是因为"人们会觉得,这与他们所认识的我是有区别的,我猜想这是使用了书面语的缘故"[③]。也就是说,日记言说作为"书面语",它那文字符号所具有的文饰本能,不仅仅像南帆教授所说可以阻止某些卑劣之念进入文本,还可以美化和粉饰日记的言说者,尽管这种"美化"和"粉饰"说到底是一种"自我装扮"。也就是说,日记既是社会德行的"过

---

① 南帆. 论日记 [J]. 北方文学,1990 (9):67-70.
②③ 尤朵. 关于日记的 YES 或 NO [J]. 海上文坛,1999 (12):11-15.

滤器",也是自我形象的"美容院"。无论是"伪饰"还是"粉饰",都是书面语的"文饰"本能。因此,将被文饰过的日记等同于言说者全人和真人,毫无疑问是对日记私语言说的过分信任,包括那些曾经感动过和教育过社会的"英雄日记"和"模范日记",也不完全等于现实生活中的日记作者本身。被文字编辑过的私语言说必然呈现出一种有序的和纯粹的境界。①

更深层的问题还在于,文字符号之所以成为社会德行的"过滤器"和自我形象的"美容院",它所具有的"过滤"和"美容"功能是从哪儿来的呢?显然是创造并使用文字的"人"而不是文字本身。如果说文字符号确实具有这种神圣的属性,那也是由创造并使用文字的人赋予的。因此,在我们看来,日记文饰倾向的真正根源在于"隐身听者"的永远在场,因为任何私语言说一旦诉诸"白纸黑字",就会成为永远抹不掉的"字据",因而也就难以排除将来的或可能的读者的出现,担心被他人"窥视"也就成了日记书写的普遍心理。正如茅盾对鲁迅日记所做的评论:"当时白色恐怖很厉害,我自己不记日记,以免一旦被捕连累别人,而鲁迅虽记日记,也只能记些小事……因恐为敌人所得,惹起破坏。"② 陈白尘《牛棚日记》是其"文化大革命"受难的记录,担心被人发现后自己罪上加罪,不得不用"某公""某人"指称张春桥和江青,用"×××"和英文字母作为只有自己才明白的指代符号,反复使用"潸然泪下""苦闷之极""忧心忡忡""哭笑不得""不可理喻"表达复杂的心境和对时局的愤怒,不敢有任

---

① 1982年由战士出版社出版的《雷锋日记诗文选》,对1963年解放军文艺出版社出版的《雷锋日记》做了50多处改动。这些改动不仅有日期和标点符号等技术方面的,还删去了诸如"驯服工具""以粮为纲""美蒋罪行""粉碎帝国主义""解放全世界劳苦人民"等颇具时代色彩的语词。1960年11月15日的日记改动更大:原来的标题成了日记开篇第一句,增添了旧社会家庭血泪仇恨的具体描写,诸如此类。尽管我们无法判断1963年版的《雷锋日记》与雷锋实际书写的日记有多少差别,但是,我们从雷锋死后20多年对先前已经公开出版的《雷锋日记》的修订中就已经可以看出,关于日记的"编辑",就是"文饰"。

② 摘自1957年2月9日茅盾致单演义的信。中国现代化文学馆. 矛盾书信集[M]. 刘麟,编. 天津:百花文艺出版社,1987:242.

◇ 文体形式论 ◇

何具体、细致和充分的描述，从中可以真切地感触到日记文本背后作者那警惕的目光。由此可见，日记的私语言说并不意味着"毫无顾忌"和"无话不谈"，在隐身听者的监视目光里，私语言说的自由度和可信度并非绝对的和无限的。

鲁迅曾将日记和书信并论，说明他也意识到日记"听者"的存在。他说："日记或书信，是向来有些读者的。先前是在看朝章国故，丽句清词，如何抑扬，怎样请托，于是害得名人连写日记和信也不敢随随便便。……一个人的言行，总有一部分愿意别人知道，或者不妨给别人知道，但有一部分却不然。然而一个人的脾气，又偏爱知道别人不肯给人知道的一部分……。这并非等于窥探门缝，意在发人的阴私，实在是因为要知道这人的全般，就是从不经意处，看出这人——社会的一分子的真实。……写信固然比较的随便，然而做作惯了的，仍不免带些惯性，别人以为他这回是赤条条的上场了罢，他其实还是穿着肉色紧身小衫裤，甚至于用了平常决不应用的奶罩。话虽如此，比起峨冠博带的时候来，这一回可究竟较近于真实。所以从作家的日记或尺牍上，往往能得到比看他的作品更加明晰的意见，也就是他自己的简洁的注释。不过也不能十分当真。有些作者，是连账簿也用心机的，叔本华记账就用梵文，不愿意别人明白。"①

细究起来，鲁迅自己的日记也是这样，也难免文饰的俗套。他写日记虽然不为发表，自谓"是写给自己看的"，属于"日记的正宗嫡派"，② 但也有"不肯给人知道"或"不愿别人明白"的留痕，其中最引人注目的当

---

① 鲁迅. 孔另境编《当代文人尺牍钞》序 [M] //鲁迅全集：第六卷. 北京：人民文学出版社，1981：414 – 415.
② 鲁迅. 马上日记 [M] //鲁迅全集：第三卷. 北京：人民文学出版社，1981：308.

是1932年1月31日的"空白"以及此后五天的"失记"。① 尽管有些学者以"鲁迅在日记中从来不记政治事件"为由而站出来为这"空白"和"失记"打圆场（实际上大可不必），② 但是，无论国事（是）还是家事（是）③，鲁迅日记确有文饰之痕当是不争的事实。无论文饰什么或怎样文饰，源于日记作为诉诸"白纸黑字"的私语言说总有"隐身听者"的存在。"隐身听者"一旦"显形"，就有可能招惹许多本来可以避免的麻烦，以至于许多美国政治家将写日记看作"很危险的事"，戏称写日记的人"脑袋有问题"。他们宁可将太多的事情忘掉，将记忆丢到碎纸机里，或者在日记里

---

① 1932年1月31日是鲁迅日记中空白的一日，此后的5日，即2月1日至5日，均只记"失记"二字，无任何其他文字。但这几日并非无事可记，更不是他的遗忘，因为这是"一·二八"事变之后鲁迅在内山书店避难的日子，是他倍感羞辱和不会遗忘的几日，只是当时的处境使他难以启齿，在日记中有意回避。这几天，整个上海笼罩着战火的阴云，日本军到处搜捕抗日志士，一片恐怖。鲁迅为了自己和家人的安全，竟然在没有告知任何亲朋好友的情况下躲进了内山书店。于是出现了"鲁迅失踪了""鲁迅已经死了"的传言，许寿裳、史沫莱特等都很焦急。直到陈子英登报"寻人启事"后，他才意识到这一点。从后来他给许寿裳、李秉中的信中可知，鲁迅当时是不想让人了解他在内山书店避难的情况，理由很简单：自己一方面反对"日本（人）的武力侵略，但又在日本人居住地区，受到日本人的保护，还和日本人一起生活，这种生活除屈辱之外还有什么呢？鲁迅也是肉体之躯，有自尊心和自豪感，这件事不提则可，如果提及，不久的将来也许会牵连到自己周围人的安全……""想抹掉而抹不掉记忆的六天对鲁迅来说，不是与妻子一起感到生命危险，也不是勉强维持不方便而又穷苦的生活，而是既反对日本军的侵略，但又在日本人居住地区，在日本人保护之下，还要和日本人一起避难，这里涉及一个根本问题，就是民族意识问题。"渡边新一. 论《鲁迅日记》中空白的一日 [J]. 王惠敏，译. 鲁迅研究月刊，1992（2）：56-62.
② 谢泳. 两种日记的比较研究：读鲁迅郁达夫日记札记 [J]. 鲁迅研究月刊，1992（9）：19-22.
③ 1923年7月，鲁迅和周作人失和。这一"家丑"在鲁迅日记中语焉不详，只记有"是夜始改在自室吃饭"等字样；周作人在日记中虽有明确记录，但后来又被他用剪刀挖去。此事经常被后人议论。

◇ 文体形式论 ◇

只记一日三餐吃什么之类的流水账。① 由此看来，日记的言说并非全真的历史，② 日记中的历史只是有限的真实，假借日记的可信性而对历史撒谎也不是绝无仅有的事。③

既然"隐身听者"的普遍存在决定了"文饰"成为日记书写的必然，那么，"隐身听者"的不同身份也就决定了日记的不同文饰倾向。尽管确定每种日记"隐身听者"的具体身份是很困难甚至是不可能的，但是，"亲友的"或"公众的"这两大类型的听者当是最简易的辨别坐标。

某高级军官离休后难耐寂寞，瞒着家人在建筑工地打小工；更寂寞难耐的当是缺乏家人之间的交流，多年戎马生涯养就的他那粗放性格在家人的心目中只留下威严形象。身患绝症去世后，女儿张小木在遗物中发现了父亲离休两年来的日记，日记中记下了他对生活的感悟和对家人的愧疚。张女士读后感动不已，终于在日记中实现了与父亲的心灵之会。④ 日记尽管在父亲去世后才被女儿发现，但是，毫无疑问，父亲用日记倾诉孤寂和反思人生的同时，必然料到有朝一日会被家人发现，家人就是其倾诉的"隐

---

① 他们为什么怕写日记？[J]. 海外文摘，1995（6）：25.
② 追星族小芳所崇拜的歌星来演出，观看后欣喜若狂，并于次日写下了她同这位歌星在小树林幽会和亲吻的日记。但是，这位歌星在演出后的第二天就随团离开本市了，小芳的这篇日记显然是假的。心理学家分析认为，说假话和写假日记并非一回事；前者是欺骗别人，后者是欺骗自己，实则是一种心理补偿，即在日记中获得在现实中不能得到的东西以自慰。梅丁. 少女的假日记［J］. 人文初，1998（11）：9. 这是日记造假的特例。
③ 除日记作者在日记中故意对历史撒谎之外，后人篡改或假造前人的日记的事也时有发生。如篡改日本甲级战犯松井石根的《战中日记》以否认南京大屠杀（李松林. 日本学者田中正明篡改松井石根的《战中日记》：兼驳田中正明的"南京大屠杀之虚构"论［J］. 北京师院学报（社会科学版），1987（3）：64－68），伪造《希特勒日记》（江中人."希特勒日记"的骗局被戳穿［J］. 世界知识，1983（13）：18.）、《普希金秘密日记》（余一中. 作者死了，可以为所欲为了……《普希金秘密日记》是一本伪书［J］. 俄罗斯文艺，2000（2）：61－66.）、《石达开日记》（世界书局1928年版）等以捞取名利，《李鸿章日记》和《汪精卫日记》的真伪至今仍然是个谜。
④ 张小木依据父亲的日记写成的《父亲生命的最后倾诉》一书已经出版。见《新民晚报》2004年2月1日。

身听者"。至于有些日记写作本身就是为了实现与亲友的沟通,① 那么,其中"隐身听者"的身份也就不言而喻了。隐身听者的亲友身份决定了这类日记较少涉及国家社稷等宏大叙事,多为亲友情感和日常生活方面的自我诉说,其文饰倾向当然表现为消解现实生活中的误解和隔膜。

如果日记的"隐身听者"是公众,那么,其自我言说的文饰倾向当然是自我的公众形象。最典型的当属对社会公众产生重大影响的英雄日记和模范日记(可统称"修身日记")。从恽代英、方志敏到雷锋、王杰,他们的日记充满了革命激情和修身格言,其崇高精神令社会公众肃然起敬,具有最广泛的普适性和教化意义。恰如一位读者用诗篇对这类日记的赞颂:"一不写\个人哀怨,二不写\儿女私情!用普通的文字\记载崇高的思想;用朴素的语言\抒发伟大的感情!写的是\斗争里的风风雨雨;写的是\征途上的阴阴晴晴……时时刻刻\想的人民;分分秒秒\想的革命!肺叶\和人民一起呼吸;心脏\和人民一起跳动……"②

当然,"亲友"和"公众"只是"隐身听者"的两极,大量的日记听者当是游弋于这两种身份之间。无论如何,日记书写者心目中不同身份的听者,影响甚至决定着日记的不同文饰倾向。③ 当然,我们至此所讨论的主要还是那些并不准备公开发表的、初衷是写给自己看的日记,其中的"听者"当然也只是隐身的;一旦逾越了这一界限,写日记就是为了公开发表,

---

① 例如,面对日渐长大的女儿,某女士越来越难以同她当面交流。苦闷中偶然发现了女儿的日记,了解到女儿的真正心思,从而使该女士茅塞顿开。于是她自己也开始写日记,写下自己对女儿的担忧和希望,然后装作"无意"的样子故意让女儿看到,最终取得满意的效果。
② 峭石. 王杰日记 [J]. 延河, 1966 (4): 15.
③ 刁斗先生少年时代的日记因被老师批评为"封资修"而改写同报刊文章无二的"革命日记",于是获奖;大学时代,他的日记因被人偷看而东躲西藏,时时戒备,并且从不褒贬室友和同学;结婚后的日记因担心被夫人看到,所以总是费神琢磨表达方式,并在日记里使用各种代号、遁词,以备"鱼目混珠,混淆视听"。对此,他很是感慨:日记的本义是将自己心灵的波动转移到一个安全的港湾,但事实上的日记"实在又成了一个人怀里的刺猬或脚下的地雷",不得不在日记中"伪饰"全真的自我。刁斗. 关于日记 [J]. 青年文学, 1990 (9): 69 – 70.

目的就是写给他人看，日记的听者从"隐身"走向"现实"，那么，这样的"日记"也就溢出了它的本义而泛化为散文、小说等广义的"文学"了。

四、形式的诱惑：第一人称权威

日记是否溢出了它的本义而泛化为广义的文学，最主要的标识在于它的听者是"隐身"的还是"现实"的，这是"真体日记"和"假体日记"的分水岭——由于后者的言说对手已经从"自我"转向"他者"，使原本"隐身"的听者"显形"，孤寂的自我倾诉及其私密性不再是日记书写的真实动力及其语体特征，于是，这类所谓的"日记"，也就只剩下"被时间格式化了的记忆"这一纯粹的文本形式。[①] 也就是说，日记被形式化了。

日记被形式化是日记文体的消解，同时也说明日记文体——被时间格式化了的记忆——本身具有形式的诱惑，诱惑出各种假借日记文体形式的"假体日记"层出不穷。其中，"第一人称权威"当是其形式诱惑之肯綮，我们应当由此开始解读。

第一人称"我"是日记的法定叙述者。相对第二或第三人称而言，第一人称"我"毫无疑问具有法定的权威性，这就是戴维森所说的"第一人称权威"（first person authority），即"在直觉上，一个人关于自己的心的状态的第一人称陈述具有不可置疑的权威性，而他关于他人的心的状态的第二或第三人称陈述则不具有这样的权威性。……如戴维森所言：'当一个说话者声称他具有一个信念、希望、欲求或意向时，有假定认为他是没有错的，这个假定并不适用于他关于类似的心的状态的他人归结。'"理由很简单："心的状态的自我归结并不需要行为观察或其他方面的证据来支持，但

---

① 当然，在"写给自己看"还是"写给他人看"之间还有大量的"不妨给他人看"之类，即可"隐"可"显"之类日记听者的存在。但是，为了论述的方便，我们只能就其两大极端而言，处于中间部位的听者必须付之阙如，就像康德关于"美在形式"还是"美是道德的象征"的辨析那样。赵宪章. 文体与形式 [M]. 北京：人民文学出版社，2004：27-86.

心的状态的他人归结则必以对他人行为的观察以及相关证据为根据。"① 于是，人们便可以假定一个人具有了解并陈述自己的心的状态的"优先通道"。以小说为代表的日记体文学之所以假借日记展开叙说，首先看中的便是日记的这一形式诱惑。

韦恩·布思曾在他的《小说修辞学》中用"讲述"和"展示"区别不同的小说叙事方式："讲述"即作家或其可靠叙述者直接在作品中呈现，对作品中的人和事进行评论或判断；"展示"则客观地将故事展示给读者，如同戏剧演出，作家或其可靠叙述者不在作品中露面，也不对作品中的人和事流露倾向或发表评论。布思认为，前者是传统小说的主要叙述方式，后者则是现代小说的主要叙述方式。如果说这一判断大体符合文学史的实际，从某一角度揭示了小说叙事方式的现代转换，那么，我们进一步追问就可以发现，日记体小说在现代文学史上的出现和兴盛②，恰恰同现代小说叙事视角偏向"展示"是同步的。这是因为现代小说以强调叙事的客观性为由而主张清除作家存在的一切痕迹实际上不可能完全实现，特别是涉及"内心透视"（布思语）的人物心理描写，其实在现实中并不存在这种视点："在生活中，我们通过完全可靠的内省方式来了解自己，而对他人的内心世界却不能把握……。在文学中则有点奇怪，作品一开始就直接地用权威式的语气把人物的动机讲述出来，而不必根据人物的外部行动去推断其内在动机。"传统小说的叙述者实际上就是这样强制读者相信未经证实的情况，否则就不能接受和认同他所讲述的故事。这种被布思称之为"人为的权威

---

① 唐热风. 第一人称权威的本质 [J]. 哲学研究, 2001 (3): 54-60.
② 西方最早的日记体小说出现在18世纪下半叶，歌德的《少年维特的烦恼》（1774年）最为著名，此前虽有文学性日记面世，或在小说中插入日记文体（如《鲁滨孙漂流记》等），但并非真正意义上的日记体小说。中国第一部日记体小说是徐枕亚的《雪鸿泪史》（1914年），影响最大的当然是鲁迅的《狂人日记》（1918年）。总体看来，日记体小说的大量出现，当在19世纪之后，是现代小说史上的重要文体创新，和韦恩·布思将法国作家福楼拜作为小说叙事视角现代转换的标志是一致的。布斯. 小说修辞学 [M]. 付礼军, 译. 南宁: 广西人民出版社, 1987: 20.

◇ 文体形式论 ◇

式的讲述故事方法"①，尽管从福楼拜之后有了很大改变，作家及其可靠叙述者退隐了，不再充任直接的干预者，客观性、非个人或戏剧式的"展示"成为小说的主流，但是，一旦进入人物的内心世界，现代小说所推崇的所谓"展示"也就显得力不从心和难以服人，经不起细心的旁观者的冷静的拷问。于是，第一人称叙述也就在这一特定语境中凸显出无可代替的优势——只有"我"讲述"我的内心"才具有无须他人证实的、毋庸置疑的权威性。就此而言，日记体小说在现代文学史上的兴盛，既和整个现代小说强调客观性、非个人和戏剧式相敌对，也是其"展示"倾向的有效补充。它作为一种最典型的"讲述"，一方面在叙述视角上和现代小说的"展示"倾向两相对峙；另一方面又作为"第一人称权威"之"内心透视"的自我陈述，有效地"展示"出无须任何旁证和毋庸置疑的内心世界。

事实是，中外现代文学史上最著名的日记体小说无不以"展示"人物的内心世界见长。歌德的《少年维特的烦恼》的情节十分简单②，讲述的就是主人公维特对绿蒂姑娘一见钟情，却因不能相爱而苦恼万分，最终用手枪结束自己生命的故事。它之所以成为德国"狂飙突进"运动的时代号角并使德国文学产生世界性影响，显然不是以复杂曲折的故事情节取胜，而在于精工于主人公"苦恼"内心世界的细致刻画。例如，维特在一次乡村舞会上首次结识绿蒂便暗自认定"这是我心爱的姑娘，我要她除了我永远不许和别人跳华尔兹，哪怕我不得不因此沦入地狱！……我们在大厅里缓

---

① 布斯. 小说修辞学 [M]. 付礼军，译. 南宁：广西人民出版社，1987：6.
② 歌德的《少年维特的烦恼》中的很多篇章都使用了第二人称"你"，以"我对你倾诉"的语调表达主人公维特对绿蒂的爱恋及其复杂的内心世界，但是不能由此认定这小说是"书信体"而不是"日记体"。歌德与《少年维特的烦恼》[M]//歌德. 少年维特的烦恼. 侯浚吉，译. 上海：上海译文出版社，1986：219. 尽管作者在作品中也使用过"这封信"之类的字眼，但是，那完全是一种修辞手法（更真切地表达维特对绿蒂的爱恋），而不是一种真实的称谓。这不仅因为构成这部小说的每一篇章均有日期标识，即日记的"排日记述"格式，更在于维特的"倾诉"只是"自言自语"，没有也无须他人回应，"我"和"你"并未构成"对话"关系，何况"你"在作品中并非特指绿蒂一人。

步转了几圈，喘一口气。然后她便坐下，我把特意摆在一旁、现在已所剩无几的橘子取来，这倒很起作用，她出于礼貌，一片又一片分给邻座一位不知趣的女士，每分一片，我的心象被刺了一针"。（5月30日）"从那时候起，尽管日月星辰静悄悄地沿着它们的轨迹奔波，我既不知白天，也不知黑夜，整个世界统统在我周围消失了。"（6月19日）"我过得多快活，就好象上帝给他的圣徒们保留的日子一样：今后不管我的命运如何，我永远不能说我没有领略过欢乐的滋味，生命的最纯洁的欢乐。"（6月21日）这种情爱的冲动及其妒忌和苦乐完全发自维特的内心，只有第一人称"我"的自白才有"全知"的特权，才能承担如此细腻和隐秘的情感诉说，现代小说所张扬的客观性、非个人和戏剧式"展示"对于这类"内心透视"肯定无能为力。

鲁迅的《狂人日记》也是这样。这篇带有浓烈象征意味的小说显然是"主题先行"，① 即为了"暴露家族制度和礼教的弊害"②，作者臆想出一个深受其害的"迫害狂"，试图假借这"狂人"的"荒唐之言""惊起"一直待在"铁屋子"里"昏睡""不久都要闷死"的人们，呼吁他们醒来，发出了"救救孩子"的"呐喊"。③ 这"狂人"的"日记"13篇，"不著月日，惟墨色字体不一，知非一时所书"（《狂人日记》小序）。也就是说，这日记首先在格式上就呈现出非常人的混乱，名为"日记"，实则并无正常人的时间概念。全篇所记"狂人"所患"迫害狂"的全部病症是对"人吃人"的猜疑，尽管他那呓语式的假想和感受像"意识流"一样颠三倒四，不合常规逻辑，但是通篇所表达的意向非常清楚：赵贵翁、古久先生、陈

---

① "主题先行"即在创作之前就有了比较明确的主题思想。顾农. 读鲁迅对《狂人日记》的自评［J］. 天津师范学院学报，1981（2）：18-22.
② 鲁迅.《中国新文学大系》小说二集序［M］//鲁迅全集：第六卷. 北京：人民文学出版社，1981：239.
③ 鲁迅. 呐喊·自序［M］//鲁迅全集：第一卷. 北京：人民文学出版社，1981：419.《狂人日记》最初发表在1918年5月《新青年》第4卷第5号，后收入小说集《呐喊》，北京新潮社1923年8月初版。

◇ 文体形式论 ◇

老五、大哥、何医生等都是吃人的人;"我"一方面被他们合伙算计着如何吃,也曾无意中吃过"我妹子的几片肉",为了弄明白其中的缘由,"我"夜读史书,却看不出年代,每页上的"仁义道德"几个字,"歪歪斜斜",终于从字缝里看出满本都写着"吃人"两个字!——这就是《狂人日记》的主题,即作者假借"错杂无伦次"的"荒唐之言"所要表达的思想,非常明确。试想,这种"呐喊"式的思想表达如果不是第一人称"讲述",将大大消弱小说的震撼力和鼓动性,韦恩·布思所说的"展示"只能引发"思考"而不是"呐喊"。因此,只有作为第一人称"讲述"的"日记",才是"呐喊""救救孩子"最便捷的文体并能产生振聋发聩的效果。

值得注意的是,无论是歌德的《少年维特的烦恼》还是鲁迅的《狂人日记》都并非无源之水和纯粹虚构,日记体小说往往有一创作原型或现实因由:《少年维特的烦恼》和青年歌德的一段情感经历有关,《狂人日记》和鲁迅的姨表兄患"迫害狂"病有关。可见,日记体小说尽管是文学"虚构",但是往往和日记的"纪实性"难脱干系。换言之,与一般小说相对而言,以精雕细刻心理世界为主要优长的日记体小说,更多地渗透着现实的因由或作家的体验。再联想到这两部日记体小说分别是两位作者的成名作这一事实,我们是否可以做出这样的推断:就像许多家长和教师将日记看作写作训练的启蒙途径那样,日记体小说作为日记和小说的胶合,同时也是"纪实"和"虚构"的交界;既是纪实性文体的虚拟化,也是虚构性文体的初步与雏形。小说钟情于日记文体,正在于小说可以方便地假借日记形式的可信度,轻而易举地制造出艺术真实的雾瘴。①

另一个值得注意的是,无论是歌德的《少年维特的烦恼》还是鲁迅的《狂人日记》,都在正文之前冠一"小序"。其他如萨特的《厌恶》、茅盾的《腐蚀》等,很多日记体小说都采用这类格式。"小序"无非是简要地交代

---

① 至于日记体散文,则是纪实的虚拟化和文学化。如陆游的《入蜀日记》和郁达夫的《日记九种》等。

"日记"的背景或来龙去脉,有时还会略加点评,目的是拉开小说作者及其可靠叙述者和日记言说者的时空距离。进一步说,"小序"最重要的作用是实现叙述人称的转换,将日记文体的第一人称"讲述"转换成第三人称"展示",将"我"的私语言说转换成"他人"私语言说的展示。这一叙述策略显然是为了弥补日记体小说专注于主观"讲述"的缺憾,为个人内心世界的"展示"预设客观性、非个人化和戏剧式的平台。由此可见,小说的"讲述"和"展示"并不是绝对的,韦恩·布思的理论划分只具有相对的意义。以第一人称"讲述"为主要叙述方式的日记体小说的独到之处就在于它对隐秘的心理世界的客观"展示"。

现实的因由和体验使日记体小说的"讲述"具有真情实感,这是没有任何"中介"的动情力;对于心理世界的客观"展示"则使日记体小说具有毋庸置疑的可信性。这就是日记体小说"第一人称权威"的形式魅力。它用日记形式所营造的内心独白是一个真切而诱人的雾瘴,以其"格式化了的记忆"诱惑读者的艺术猜想。

◇ 文体形式论 ◇

第九章 | ◆

民间书信及其对话艺术

一项民间写作调查显示,"书信"是普通民众使用频率最高的文体之一,仅次于"条据"但高于"日记"而位居第二。① 但是,"书信"并非"条据"之类纯实用文体:尽管"信息传达"是书信的基本使命,但它同时又是情感的寄托和对话,书信所传达的信息往往表现为情感的倾诉和交流,或者说它所传达的信息已被情感化了。就此而言,一方面,民间书信是典型的"情感对话"文体之一,② 彪炳在中外文学史上的众多书信名篇就是它

---

① 张鸿苓. 一般书信 笔记 日记 [M]. 北京:北京师范大学出版社,1994:前言 2.
② 在名目繁杂的民间文体中,如果说日记是典型的自我"独白",那么,书信就是典型的双向"对话"。关于日记话语的"独白"性质,参见拙文《日记的私语言说与解构》(《文艺理论研究》2005 年第 3 期)和《日记的形式诱惑及其第一人称权威》(《江汉论坛》2006 年第 3 期)。上述两文合并后更名为《日记的私语言说与变体》被收入《现代性视野中的文学理论》,南京大学出版社 2006 年 8 月版。

的身份证。① 它所传达的浓情厚谊曾经撩拨起多少撕心裂肺的思念与忧伤，感动着一代又一代读者。另一方面，随着电信时代的来临，以"信息传达"为使命的传统书信恰恰面临着灭顶之灾；与此相应，"烽火连三月，家书抵万金"式的古典情思正被现代电信和网络对话所湮灭；当人们为"书信处理系统"（E-mail）的速度与效率而欣喜若狂和忘乎所以的时候，由文房四宝和绿衣使者所传达的幽情已经荡然无存……这种由科学技术所导致的情感载体的失落，就是人类谋求物质生活的便利所付出的沉重代价，也是我们今天研究民间书信的现实意义：快速堵截这一即将断流的情感血脉，静静地感受这一情感脉搏即将远逝前的微弱跳动，在它诀别人类情感世界之前倾听其最后的诉说，品味"书信对话"这一特别的民间文体及其情感传达的艺术形式。②

一、作为"艺文之末品"的民间书信

《左传》所载《郑子家与赵宣子书》《子产与范宣子书》等是我国古代文献保存下来的最早的书信文体。③ 这些书信主要是商议国家之间的政治事务，类似于后来的"国书"或"公函"。中国古代书信脱离公牍文性质而成

---

① 《文选》所列"笺""书"两类相当于现在的"书信"，共31篇，数量仅次于诗、赋二体，可见昭明太子对于书信文体的关注和偏爱。这种关注和偏爱又没能在他为《文选》撰写的序文中体现出来，于是引发后人的种种猜测。赵俊玲. 论《文选》所收建安时期书信[J]. 西安交通大学学报（社会科学版），2007（3）：70-73. 在我们看来，这恐怕和正统的文体观念有关，书信毕竟属于"艺文之末品"（刘勰语）。

② 所谓"民间文体"，很难下一确切定义，只是相对学界惯常所论及的小说、诗歌、散文、戏剧和政论等"主流文体"而言。所谓"民间书信"，主要是指非官方的、非学术的，实用色彩相对弱化的书信，即亲友之间的往来书信。无论是"民间文体"还是"民间书信"，它们的"民间性"主要表现为较少接受主流意识形态的影响和辐射。

③ 姚鼐在《古文辞类纂·序》中将《尚书·君奭》作为书信的源头并未被学界普遍接受，认为那不过是周公的"告语"，还算不得是"书"（信）文体。叶幼明，等. 历代书信选[M]. 长沙：湖南人民出版社，1980：3.

◇ 文体形式论 ◇

为私人之间的往来，就现存文献来看，当在秦汉之后①，例如司马迁的《报任安书》。

史家通常将《报任安书》和《太史公自序》相提并论，因为阐发《史记》写作的动因和宗旨是它们的共同主题，对于研究司马迁的人生阅历和史学思想具有同等重要的意义。但是，由于二者属于完全不同的文体，导致其叙事策略和言说方式大相径庭。其中，关于"李陵之祸"的表述最为明显。②

《报任安书》写于作者遭遇"李陵之祸"之后，友人任少卿致信规劝他应该"慎于接物，推贤进士"。可能是这种好为人师的口吻撩起了司马迁的满腹牢骚，所以在回信中尽情地倾诉自己的遭遇和不幸，将满腔的愤怒和屈辱向任安诉说，一吐为快，酣畅淋漓。书信开篇就感愤自己"身残处秽，动而见尤，欲益反损，是以独抑郁而谁与语"③，哀怨情绪溢于言表。书信的结尾仍然哀叹自己遭遇此祸被乡党耻笑，侮辱了先人，已经没有脸面祭扫于父母的坟前，以至于整日神情恍惚，不知所措，"每念斯耻，汗未尝不发背沾衣也"，怎么还能按照少卿所说的去"推贤进士"呢？也就是说，诉说自己遭受宫刑的冤屈、耻辱、悲伤和无奈，是《报任安书》主要话题，

---

① 在湖北省云梦县睡虎地区秦墓中出土的木椟书信被认为是现存最早的书信原件（朱靖华，等. 历代书信选 [M]. 北京：中国青年出版社，1989：4.）。这是战国末期秦始皇24年（公元前223年）两个出征战士的家信。当然，书信被民间普遍使用当在纸张发明之后，在敦煌悬泉置遗址出土的简帛文书中，发现了一张留有墨迹的残纸，尚存30字，墨迹清晰可辨，当是迄今所发现的最早的纸质书信实物，时间当在东汉之后。陈启新. 悬泉置出土墨迹残纸为东汉以后之书信 [J]. 中国造纸，1992（6）：66 - 68. 另外，我们在云南民族学院民族博物馆里还可以看到曾经流行于景颇族青年男女之间的实物书信，他们用树叶、树根、辣椒、火柴、大蒜和木炭等表达爱意、交流感情。蔚韬. 传情达意的景颇族实物书信 [J]. 中国民族博览，1998（3）：29.。如果将这种古老的传情达意方式视为人类书信的"活化石"，那么，它的最早起源应在文字发明之前。

② 汉武帝天汉二年（公元99年），西汉名将李广的孙子李陵投降匈奴，司马迁因在汉武帝面前为其辩解而惨遭宫刑，史称"李陵之祸"。

③ 司马迁. 报任安书 [M]//吴楚材，吴调侯. 古文观止：上. 南京：凤凰出版集团，2005：223 - 228. 下引《报任安书》均出自该书，恕不另注。

"行莫丑于辱先，而垢莫大于宫刑……自古而耻之"是司马迁刻骨铭心的情结。但是，这一事件在《太史公自序》中的表述却完全不同。《太史公自序》除去关于《史记》一百三十篇的"内容提要"之外，主要涉及作者家世、司马谈《论六家要旨》、子承父志继任太史令、儒家经典的主旨以及孔子写《春秋》的意义等。至于自己遭遇的"李陵之祸"，只是一笔闪过，目的还是为了引出西伯拘羑里演《周易》、孔子厄陈蔡作《春秋》、屈原放逐著《离骚》、左丘失明有《国语》、孙子膑脚论兵法、吕不韦迁蜀传《吕览》、韩非囚秦而有《说难》和《孤愤》等"圣贤发愤之作"，以表达自己如何以史为鉴完成《史记》写作的意志和决心，完全是正面的、积极的自我激励之辞。

这就是"书"与"文"的不同，即民间书信和公牍文①的不同：《报任安书》之所以是"民间书信"而不是"公牍文"，首先在于它是个人私情的充分倾诉，即所谓"函绵邈于尺素，吐滂沛乎寸心"②；而在《太史公自序》中，对自己的身心造成重大创痛的"李陵之祸"，只能深深地掩埋在纸背文后，实则是转换语气，将"不幸"说成是"万幸"，将"受辱"表述为"受挫"，以显示自己永不气馁、勇往直前的奋斗精神。另外，《报任安书》和《太史公自序》均有司马迁的家世及阅历的自述，以表达自己编修《史记》的缘由和动因，但其叙事的策略和语调大相径庭：前者面对知己，从个人立场出发宣泄私人真情，直抒胸臆，慷慨激昂，无所顾忌；后者从公众立场出发表达自己的修史大志，严谨得体，语气平缓，措辞讲究。这并非意味着作者写作《太史公自序》时已经淡忘了"李陵之祸"，主要是它

---

① 本文使用"公牍文"一词是广义的，不仅指相对民间私人书信而言的"公函"，也指相对所有"尺牍"而言的其他意在"公布于众"的"文"，包括司马迁为《史记》所写的"自序"在内。刘勰《文心雕龙》中的"诏策""檄移""章表"和"议对"等都是关于书信文体的讨论，但是只有"书记"篇中"书"的所指是民间书信。

② 陆机. 文赋 [M] //郭绍虞. 中国历代文论选：第一册. 上海：上海古籍出版社，1979：171.

◇ 文体形式论 ◇

的"公牍文"性质决定了他不能将个人私情诉诸笔端,因为"公牍文"所面对的是所有可能的读者,必须有所忌讳、有所回避、有所遮掩,只能以国家和社会代言人的口吻凸显"公牍文"的公众性和公益性,而不可任性直率和畅所欲言。这也是中国人文知识分子的基本操守和德性准则。

值得注意的是,司马迁的《太史公自序》虽然名曰"自序",实则是假借他人视角进行叙述,即采用第三人称叙事①。和"第一人称叙事"相对而言,"第三人称叙事"有效地缓冲了主观情绪的任意宣泄,有益于掩饰作者个人的精神创痛,使得叙事语调显得客观而平缓。《报任安书》就不同了。《报任安书》作为致友人的书信,不可能采用第三人称叙事,"第一人称"无疑是所有书信文体选择的叙事视角,从而为宣泄个人感情预设了"无障碍通道"。就此而言,民间书信作为最典型的"第一人称文体","私语真情"是其最显著的特点,是它区别于一切公牍文体之最显著的特点。尽管我们不能在此妄断刘勰为什么将书信贬为"艺文之末品",②也无须评论孔尚任为什么感慨人们只知"词为诗之余"而不知"尺牍亦诗之余"③,或贬或褒并不重要,重要的是书信的文学性已经达成历代学人的共识。那么,我们是否可以这样推断:"私语真情"当是民间书信之所以被文学史所接纳的重要原因,是书信文体之"文学性"的主要标志之一。

"私语真情"之所以是书信文体之"文学性"的主要标志,就在于它的个人化和情感性,即"个体情感"本身的文学属性。将"个体情感"作为文学的重要特质并不否认宏大叙事及其爱国家、爱民族之人类普遍情感的文学表达,问题在于,即使在这类作品中,人类的普遍情感也被个人化了,

---

① 例如:"太史公遭李陵之祸,囚于缧绁。"事实上,《太史公自序》全篇基本上采用的是第三人称叙事,诸如"太史公(此指司马谈——引者注)既掌天官,不治民。有子曰迁。迁生龙门,耕牧河山之阳。年十岁则诵古文……"等等。
② 刘勰. 文心雕龙注释[M]. 周振甫,注. 北京:人民文学出版社,1981:278.
③ 孔尚任在《与徐丙文》中说:"盖尺牍一体,即古之辞命。所云使四方能专对者,实亦原本风、雅。人但知词为诗之余,而不知尺牍亦诗之余也。"汪蔚林. 孔尚任诗文集[M]. 北京:中华书局,1962:503.

总是通过鲜活的个体得以表现。也就是说，文学中的情感必定是个人的、个体的，而不是普遍的、抽象的，后者是学术抽象的结果而不属于鲜活的文学现实。"私语真情"正是在这一意义上使民间书信跻身于文学世界。更由于它不需要像宏大叙事作品那样必须借助于普遍情感的"个人化转换"，本身就是个体情感的直接显露或自由宣泄，从而为民间书信进入文学世界开具了最便捷的通行证。

于是，同一个作者（或叙述同一个事物），在公牍文和私人书信中所显示的就有可能是完全不同的面目。《报任安书》和《太史公自序》中就有两个很不相同的司马迁：前者充满哀怨，牢骚满腹，消极悲观；后者摇身一变，成了一个自觉地以承传史家薪火为己任的伟大人士，判若两人。这就是不同文体使然：人的两面性、多面性和复杂性，需要通过不同的渠道进行言说，于是造就了不同的文体类型；由于言说对象不同、言说目的不同、言说语境不同，也就决定了言说者选择怎样的文体"说什么"和"怎么说"。总之，不同语境的不同言说造就了不同的文体类型，不同的文体各有最适宜表达的意义和不同的言说策略，从而展现出人的多面性和同一作者的不同形象。陶渊明这位以田园诗歌名世的诗人，"少无适俗韵，性本爱山丘"才是其公众形象，但在他写给儿子们的家信中（《与子俨等疏》），却大谈柴米之忧，坦陈内心的苦痛和矛盾，其隐逸和安适的境界荡然无存。这恐怕就是鲁迅说过的私人书信不同于任何公牍文的重要区别：公牍文的本意就是"公之于众"，于是也就难免"峨冠博带"；私人书信尽管也要给他人看，并非独自一人"赤条条的上场"，却由于其传播的范围是限定的，传播的对象是熟悉的，传播的语境是安全的，即使"穿着肉色紧身小衫裤，甚至于用了平常决不应用的奶罩"，但是比起公牍文的"峨冠博带"来，要简单和自由许多。① 至于这种不同是否有必要像鲁迅那样继续追问哪一种更

---

① 鲁迅. 孔另境编《当代文人尺牍钞》序[M]//鲁迅全集：第六卷. 北京：人民文学出版社，1981：414-415.

◇ 文体形式论 ◇

加"真实",恐怕不能简单论定。因为,无论是"穿着肉色紧身小衫裤"还是"峨冠博带",都是文体语境使然,都是一种真实,如前所述,"两面型、多面性和复杂性"本身就是人的客观存在方式,在不同场合显露不同的面目本身就是合理的,公众场合"峨冠博带"和私人空间"赤条条"都是特定语境中的真实,否则便有违于常规。如果一定要在这一问题上坚持"反潮流",那就有可能"别有用心",例如假借私人书信达到公牍文的目的,等等。①

当然,鲁迅所认为的书信更加真实,并非仅就文体本身(文本语境)而言,更多的是相对特定的社会语境。正如张抗抗之所以称当年在北大荒插队"依赖书信维持生存",是因为当时"常须躲闪避开周围警犬般的耳目,使得书信的来去变得隐秘而鬼祟,那仅仅只因为小小的信封承载了最大的私人空间,是充满敌意的生活中唯一的温暖和慰藉,支撑我们度过苦涩难耐的时光。……我们的眼睛一旦离开那几页信纸上含蓄的真话,面对的将是铺天盖地的赤裸裸的谎言和虚伪"。② 在这篇回忆文章中,张抗抗详细而生动地记述了因大雪封山两个月之久而断绝了亲友通信时的焦躁心境:"寂静和寂寞让人透不过气,每个人都狂躁不安,快被逼得发疯。暴风雪的夜晚,我们在微弱的蜡烛下疯狂地写信,写给我们想得起来的任何人。一只只用米粒粘合起来的厚信封,在炕席下被压成薄片,一只只薄片积成了厚厚一摞,硌的人腰疼,我们共同守望着冰雪,却没有邮递员来把那些信

---

① "假借私人书信达到公牍文目的"大体有两种类型:一是写信本来就是为了发表或者预想到将来有可能发表,例如马克思和恩格斯的通信,鲁迅和许广平等的《两地书》,或者本来就没有真正的隐私,或者即使有些隐私,也是作为言说的背景而存在,仅仅预设了某种阅读效果;二是有意识地假借书信的"私语真情"达到公牍文的目的,例如1949年6月19日毛泽东诚邀宋庆龄前来北平参加中国人民政治协商会议的信,并派邓颖超亲自前往上海送达,堪称以个人书信处理公务,以"私语真情"打动受信人的典范。刘济民. 公务书信的典范:读毛泽东致宋庆龄的一封书信[J]. 写作,1994(6). 44-45. 至于公元506年南朝梁国丘迟一纸功降敌军8千,化干戈为玉帛,则是非常极端的例子(即丘迟《与陈伯之书》)。其中,"暮春三月,江南草长,杂花生树,群莺乱飞"已成千古名句。

② 张抗抗. 逝去的书信[J]. 书城,2001(3):99.

接走。"终有一天，拖拉机的轰鸣声打破了沉寂，载来了几麻袋信件，大家一哄而上抢走属于自己的信。于是，"整整一个夜晚，帐篷里鸦雀无声，人人都在马灯下安静地读信，就像享受一件天降的礼物，只听见纸页的翻动声和姑娘们喜极的啜泣……"[①]张抗抗回忆说，其实那些信里写的是再平常不过的小事，但20多年前的那个夜晚他们没能入眠，信中的每一个标点都使他兴奋不已。可见，书信之所以被鲁迅称为"更加真实"，不仅仅在于其中"说了什么"，主要还在于它提供了一种"文体安全"（相对公牍文而言），书信具备自身特有的"安全言说"的文体形式。这就是美国心理学家马斯洛所说的人类的"安全需要"，也是吉登斯所说的"本体安全"。民间书信作为一种对话文体，对话双方的相互熟悉和信任，营造了一个在相对隔断的有限时空中可以无所顾忌、畅所欲言的安全言说语境。就此而言，书信的言说堪称自由的对话和语言的狂欢。这也是书信之所以成为传统社会日常生活的重要组成部分的原因之一，因为那是一个以血缘为纽带、以情感为依托、以互信为准则的"熟悉人"的社会。"熟悉人"社会的日常生活是书信赖以存在的基础，否则，它必将逐渐淡出人类交往的视野。就此而言，现代电信、E-mail和网络对话只延续了书信的实用功能，作为"私语真情"的文体属性已经稀释或隐退。

  这就是包括情书、家书等一切民间私人书信的情感形式：它所诉说的情感往往不能外言。"不能外言"的东西并非都是丑陋的、低俗的，仅仅因为它是一种"私密"而已。因为"私密"本身就是人的一种存在方式，甚至可以说是人的"本体存在"方式，就像弗洛伊德认定"潜意识"是人类心理世界的主体部分那样。这也是民间书信作为情感载体之所以动人和诱人之处，它只是在特定的、熟悉的和知己的对象间的一种对话，先验地预设了一种熟悉的、可靠的、安全的因而也是"不予告人"的语境。正是这

[①] 张抗抗. 逝去的书信[J]. 书城，2001 (3)：99.

◇ 文体形式论 ◇

一"不予告人"的言说使其成为文学,因为书信的言说实际上是在说"不可(与他人)言说之说"。而"说不可说之说"恰恰就是文学的言说,是文学言说的艺术特性。① 当然,书信的言说同文学的言说尽管都是"说不可说之说",但是并非意味着可以将二者等而同之:前者是现实的、即时的,后者是虚构的、假想的。尽管文学是现实的影像,所有的文学参与者都会由此联想到现实,但和书信所表达的现实的、即时的情感完全是两码事,这是其一。其二,文学语言作为艺术符号,严格说来,只有在它表达一般语言所不能表达的东西时才是文学的,这就是雅各布森所说的文学的"文学性",也是朗格所辨析过的"艺术符号"和"艺术中的符号"的区别:"凡是用语言难以完成的那些任务——呈现感情和情绪活动的本质和结构的任务——都可以由艺术品来完成。"② 同样,艺术作品中凡能用语言明确表达出来的意义,都是"艺术中的符号"而不是"艺术符号";并且,一般符号一旦进入作品就必然发生变异,它本身的意义必然在艺术化过程中被消解,或者仅仅是作为"技术"而不是作为"艺术"附庸在作品中。就这一意义而言,书信的"艺术性"并不等于说书信本身就是艺术,最多算是刘勰所说的"艺文之末品";同样是在这一意义上,书信也就具备了不同于文学的文学魅力:它以现实的私密性诱发了人的好奇心和想象力,以其现实的而不是虚构的真实赢得了类似于文学的动情力。所以,与其说它是"艺文之末品",不如说它是"艺术类同品"。

当然,书信的"艺术性"还有其他诸多方面的成因,诸如语言修辞、行文格式、笔墨书法,以及信笺、信封和邮票的艺术设计等,甚至包括整个邮政事务在内的传递活动,都包含丰富的审美因素和艺术趣味,这些因素和趣味显然游离于书信的实用价值之外,是书信的艺术性之所在,我们

---

① "不可说"是佛家精神,也是文学的精神。文学作为语言的艺术,说出一般语言"不可说"或"说不出"的东西才是它的本义,即文学之"文学性"之所在。维特根斯坦和海德格尔等都涉及这一问题。

② 朗格. 艺术问题 [M]. 滕守尧,朱疆源,译. 北京:中国社会科学出版社,1983:7.

将在下文详细论及。但是毫无疑问,在书信的所有艺术性因素中,"私语真情"是其最具文学诱惑力的内在成因。正是在这一意义上,书信和艺术一样,不会因为时过境迁而失去它的价值,往往是愈久愈可以散发浓厚的醇香。在人的日常生活中,书信实际上是一种情感的守望和期待。

二、"千里面语"及其"笏艺术"

在古代汉语中,"书"指函扎、书札,即书信的"语言文本";"信"与"讯"通,指送信的使者,即所谓"信使"。① 后世"书""信"并称,即我们今天所说的"书信",实际上是由两个词组合而成的,说明书信并非像其他文体那样只是一张"白纸黑字"(语言文本),关于它的"传达"也属于书信不可分割的组成部分;换言之,无论是从词源学还是从历史的角度来看,书信文体应当包括"文本"和"传达"两个方面,二者构成一个有机的整体,缺一不可。可以设想,没有历代的邮驿制度,哪来书信文体的存在?黄庭坚在《望江东》中感慨"灯前写了书无数,算没个、人传与",这种无人传达的书信文本并没有实现发信人和受信人的"对话",还能称之为"书信"吗?由此观之,书信是一种非常特别的文体,它的前提应当是一种"对话的实现",而"书信文本的有效传达"就是书信作为一种对话文体最终得以实现的必要条件,也是书信有别于其他文体的重要属性。

我国古代早在周朝就开始了邮驿制度。君臣之间、天子和诸侯之间,将涉及政治、军事的信息写成"书简",交由信使徒步传达,称之为"邮"或"置";如果骑马传达,则称为"驿"。"驿站"作为信使歇息和换马的地方,到了唐代全国已达 1 600 多处,由兵部负责管辖,主要是传达官府的

---

① 关于"信"字何时分别具有"使者"和"书信"的含义,学界有不同意见。王力认为中古时期"信"字才有了"使者"的意义,另有学者认为早在汉代就有了此义;王力认为"信"字具有"书信"的意义起自中唐,另有学者则认为早在六朝。常立杰."信"字"使者""书信"二义缘起时间小议[J].广西大学学报(哲学社会科学版),1987(1):100 - 101. 当然,最早起自何时不等于当时已被普遍使用。

公文，民间书信则主要是委托亲友、商贾等捎带传递。直到明代永乐年间官方设立了"民信局"，民间书信的传达才有了公共管道。1840年之后，各国列强在中国沿海沿江城市设立"书信馆"，1896年清政府设立国家"邮传局"（民国初年划归交通部），现代邮政体系开始在中国出现。20世纪中叶之后，由书信传达而衍生出来的邮政事业已经四通八达，仅我国的从业人员就达数十万，涉及航空、铁路、轮船、汽车和助力车，以至骡马驮送和徒步传递等几乎所有的交通方式，就像密布于人体肌肤的血脉网络将人际交往的世界相互联通。就此而言，"书信对话"是一种依托"邮驿传达"的"远距离对话"，即通常所说的"千里面语"①。毫无疑问，书信对话的艺术性应当和它的这一特征密不可分。

书信对话作为人与人之间的"千里面语"，它的艺术性首先来自书信人双方对于对话能否最终实现的期待与渴望，以及由此所引发的"远距离想象"。尽管现代邮政体系已经非常发达，但是，书信传达环节中的各种差错总是在所难免；更何况古代社会，简单落后的传达渠道决定了书信对话的最终实现总是充满了许多非确定性和未知因素。就像古代那位名叫殷洪乔的人，在去章豫做太守的途中，就故意将为他人代捎的书信付诸水中，所以后人就有"书来莫附洪乔便，直到经年一字无"之说，将书信在途中的遗失称为"付诸洪乔"。即便并非殷洪乔之流故意为之，旅途的遥远和艰

---

① 《旧唐书·房玄龄传》载：房玄龄在秦王李世民手下十余年，代李世民撰写军书表奏，文约理赡，驻马立成。高祖李渊曾夸奖他说："此人深识机宜，足堪委任。每为我儿陈事，必会人心，千里之外，犹对面语耳。"这就是人们常说的"千里面语"的出处。实际上，早在刘勰的《文心雕龙·书记》中，对于书信文体就有"辞若对面"的评语。刘勰. 文心雕龙注释 [M]. 周振甫, 注. 北京：人民文学出版社，1981：277.

难，或者书信传达经由多次辗转而发生意外的总是难以避免。① 因此，书信文本的有效传达向来是书信对话人双方挥之不去的浓重心理阴影。1493年，航海家哥伦布从美洲乘坐一艘破旧的帆船返回欧洲，因担心自己途中遇险而不能回到西班牙，就给皇后伊萨伯拉写了一封信报告自己发现新大陆的消息，连同一份美洲地图用蜡布密封起来放在木桶里抛进大西洋。直到1852年，这个奇特的"漂流瓶"才被一个美国船长在直布罗陀海峡发现。这封行走了359年的书信尽管充满了戏剧性和传奇色彩，只是书信传达的特例，但是，它之所以常常被人提起从而成为书信史上的趣闻，表现了人们对书信传达过程及其有效性总是充满了迷茫和不可预见性，说明了书信传达的偶然性以及书信对话能否最终实现总使人牵肠挂肚。正因如此，无论是发信人还是收信人，书信传达和书信文本一样，都会引发书信当事人的无限想象。恰恰是这种"对话的距离"，使他们充满了期待和忧虑、盼望和焦虑，从而成为历代文学的重要题材和描写对象。

"远信入门先有泪，妻惊女哭问何如。寻常不省曾如此，应是江州司马书。"这是袁稹收到白居易的书信后，和家人一起激动不已的情形。元稹为什么在尚未阅读白居易的书信之前就已"先有泪"？因为是"远信"，距离的遥远和传达的艰辛使友人的书信如此"不同寻常"，这已经足以使他们全家泪流满面了，至于信笺上究竟书写了什么，似乎显得无关紧要。也就是说，书信的动情之处并非只是书信文本的言说，还在于它的有效传达及其

---

① 人们经常可以听到类似的趣闻，2007年4月4日的《扬子晚报》就报道了"一封家书，迟到57年"的故事：92岁高龄的彭凤池，祖籍山东滕县，26岁从军，1949年到台湾，现在台湾桃园荣家安度晚年。1948年他在广东时就曾写信给山东的父亲，但一直杳无音信。1990年他回山东探亲时谈及此事，才知道早在1950年父亲就通过香港友人转寄过一封信给他，由于彭凤池1951年就已经退伍，也就没有收到任何家书。直到2007年3月，他所在的桃园荣家警卫室突然收到一位不明人士匆匆递交的信封，上面没有邮戳，只写"彭凤池收"几个字。彭凤池打开一看，竟是他盼了半个多世纪的家书。老父亲当年寄来的这封信早已泛黄，劣损严重，受过潮气，纸质脆弱。摊开细看，彭父用毛笔简述家中"近况"，诸如"老幼皆平安""家中勿挂念"之类，彭凤池看后百感交集，老泪纵横。

过程；收信人所期待的不仅是书信文本言说了什么，还在于书信行为本身，包括信纸、书体、信封、邮票、信使及其传递过程等，甚至残留其上的汗迹、水印和揉折都可能引起无尽的遐想。"客从远方来，遗我一书札。上言长相思，下言久离别。"（《古诗十九首·孟冬寒气至》）"长相思"是因为"久离别"，离别和相思的长久是因为距离的遥远和书信传达的不易。这也是杜甫和杜牧分别在其《述怀》和《旅宿》中所感慨的"自寄一封书，今已十月后"，"远梦归侵晓，家书到隔年"，更是古代之所以出现所谓"鸿雁传书"或"鲤鱼传书"一说的原因："欲尽此情书尺素，浮雁沉鱼，终了无凭据。"（《蝶恋花》）"木落山空天远大，送飞鸿，北去伤怀久。"（《贺新郎·寄丰真州》）黄庭坚的《望江东》在感慨书信之无人传达之后，紧接着想到的也是借助于鸿雁。① 这些都是书信对话的"时空间离"触发了诗人的艺术想象，于是被他们移情到"鸿雁"和"鲤鱼"那儿去了。很清楚，书信的有效传达作为书信对话得以实现的必要前提，蕴藉着所有书信人的思念和牵挂；它和书信文本一起，共同建构了书信对话的情感世界。这既是书信传达之所以被历代诗人吟咏的艺术根由，也是书信对话作为"千里面语"的艺术"格式塔"。

　　正是在这一意义上，书信传达及其"时空隔断"对于书信而言也就具有了艺术本体论的意义而不仅仅属于它的传达载体。由此我们也就可以理解，人们为什么要在邮品上花费那么多心思，从而制造出一个气象万千的邮驿世界。

　　首先是书法。书信尽管是最自由的文体，但是对于它的文本书写总是特别用心。陆机的《平复帖》、王羲之的《奉橘帖》、王献之的《鸭头丸帖》等就是他们当年与他人的通信；还有李邕的《久别帖》、苏轼的《致杜

---

① 黄庭坚《望江东》词系作者因党祸迁徙南方时期所写，全文如下："江水西头隔烟树，望不见、江东路。思量只有梦来去，更不怕、江阑住。灯前写了书无数，算没个、人传与。直饶寻得雁分付，又还是、秋将暮。"前两句描写对远方亲人的惆怅情思，后两句感慨无人传达书信，纵使交付给鸿雁，秋天它要往南飞，也不能将书信传给北方的亲人了。

氏五札》、司马光的《宁州帖》、陆游的《候问帖》等，都是中国古代书信留下来的书法精品而成为后人习字临摹的范本。书信书法不是为书而书，与当代人纯粹的书法作品有所不同，它是在人与人对话过程中个人性情的自然彰显，即所谓"文如其人""字体随性体"，是"千里面语"的自然表现，其中的真切和亲近不言而喻，任何单纯的书法作品在这一意义上都无与伦比。

其次是信笺。中国书信历来讲究信笺，唐代有著名的"薛涛笺"，宋代有"芦雁笺"，① 到了元代，赵梦頫等书法家开始用"观音笺""清江笺"等新品种。明代出现了以《萝轩变古笺谱》和《十竹斋笺谱》为代表的多色套印笺谱，立体感强，丰富艳丽，本身就是版画中的杰作。清代嘉庆道光之后，文人学者自印笺纸成风，如翁方纲、俞樾等，根据自己的喜好定做笺纸，例如用金石、古玩或书法作品做图案，形成了所谓"金石书笺流派"。晚清之后，江浙一带出现了以名家书画作品为图案的笺纸，或将各种信笺图谱编订成册，俨然成了专门供人欣赏的画册，以至于成了许多文人雅士相互传阅和馈赠的礼品，足见其艺术性已经大大溢出它的实用性。② 由此我们可以理解，为什么包括鲁迅在内的那么多现代文人，对于自己使用的信笺都是那样的在意和情有独钟。③

---

① 当时裘万顷就有咏笺诗："六七叶芦秋雨里，两三个雁夕阳边。"
② "文化大革命"期间，陶继明先生偶然发现了100年前上海广方言馆一位学生的书信，信笺为浣花笺纸，一黄一蓝两张，桃花底纹，仁茂造纸厂制作，相当精美高雅。陶继明. 一封百年前的学生书信［J］. 上海滩，2001（1）：33. 上海广方言馆创办于1863年，是我国最早的外国语学校，每年招收40名14岁以下的童子，1905年关闭，历时42年，为中国培养了一大批精通外语、外交和洋务方面的人才，被称为"外交家之乡"。当时普通学子就已经使用如此精美的信笺，可见此风之盛行；我们从郑振铎和鲁迅等现代学人对于艺术信笺的喜爱中也可窥见一斑。
③ 鲁迅对于信笺的在意和喜爱众所周知：他曾在一年之内和郑振铎往返书信30余封商量印制笺谱一事，他平时也非常注重笺纸的选择，特别是和许广平的往来信件更是如此，例如1929年5月下旬两人曾就所用信笺及其寓意进行过很有意思的讨论。日本阿部幸夫教授对这些问题进行过非常细致的专门研究，著有《鲁迅书简与诗笺·芥子园花笺与澄心堂笺》一书。王得后. 鲁迅书信的笺纸［J］. 鲁迅研究月刊，2002（6）：67-69.

◇ 文体形式论 ◇

最后是邮票。可以说，从邮票诞生之日起①，它就是一件艺术品而不仅仅具有实用功能。1840年在伦敦发行的世界上第一枚邮票印有英国女王的头像，1878年（光绪四年）清政府发行的我国第一枚邮票则是龙图案，只有实用标示而没有任何艺术设计的邮票只在最早期偶尔出现。可以这样说，邮票的历史就是一部艺术设计的历史，不同国家、不同时代和不同设计师的邮票为书信传达绘制了丰富绚丽的艺术画廊，人物、动物、植物、政治、历史、文化、科学、艺术、神话，其题材之丰富难以数量。这些或复制或模仿或原创的作品被贴在信封的一角，不仅仅充当着书信传达的通行证，而且也为书信对话披上了艺术的盛装。它的"通行证"功能是一次性的，但是，它被赋予的艺术想象和历史记忆，却会被永远粘贴在审美的画廊。

总之，书信传达不仅仅是书信对话得以实现的流转过程，也是书信对话的艺术过程。作为艺术过程，我们还可以从信封、邮戳、信瓤、署名印鉴，甚至专门为邮政设计的徽章标识、服饰用品和色彩等方面发现书信传达始终充盈着艺术精神。可以说，由书信传达所衍生的邮品世界实则是一个被充分情感化和艺术化了的世界。这就是所谓"千里面语"作为艺术符号的世界：邮品的艺术化和艺术化的邮品建构了书信的"距离美"，使千里之遥的对话能够超越空间距离而看到对方的表情和音容笑貌，使亲友之间交流犹如当面对谈。

书信传达的艺术意义，不仅仅表现在对话距离的消弭，还具有另外的甚至看似完全悖反的意义——将近在咫尺的距离延长。这就是斯蒂芬·茨威格笔下的那位"陌生女人"写信给小说家P先生的长信。这位"陌生女人"作为P先生的崇拜者，不仅是P先生的邻居，和P先生也有过不同寻

---

① 邮票的发明者是英国贵族罗兰·希尔爵士。据说，他在一个偶然机会看到一位姑娘从邮递员手里接过信件，但是，这位姑娘只是看了一眼信封就把这信还了回去，理由是她没钱付邮资。希尔为这姑娘垫付了邮资使她很是感动，于是说出了自己的秘密：来信人是她的未婚夫，他知道她没钱支付邮资，就约定在信封上做记号传递简单的信息，无须打开阅读。希尔由此受到启发，建议在信封上粘贴票据以示"邮资已付"。英国政府采纳了他的建议，不论路程远近统一邮资，将"邮资已付"预先印在封套上供人购买。这就是1840年5月6日在伦敦发行的世界上第一枚面值1便士的黑色、无齿孔的邮票，被称为"黑色便士"。

常的亲密接触，为P先生生养了一个孩子；也就是说，她完全有条件并且可以和P先生约会面谈，但是为什么选择写信的方式向P先生倾诉？原因正是这位"陌生女人"在信中对P先生所表白的：写信就像"在黑影里同你谈话，我不感到害羞"，① 书信充当了她和P先生进行交谈的"遮羞的黑影"，屏蔽了对话双方的面孔和表情，从而增强了她的自信和勇气，回避了直面交谈可能遇到的怯懦和尴尬。可以说，书信作为"遮羞的黑影"这一意义，在民间书信往来中可谓屡见不鲜。②

黄维华在考证书信的起源时溯及我国"书之于笏"的传统，认为"上古时无论贵贱皆执笏从事"；"书之于笏，为失忘也"，将要说的东西写在笏上以备遗忘。③ 在我们看来，如果结合中国的礼制传统，就不能将"笏"仅仅解释成"备忘"功能，尽管刘勰在《文心雕龙·书记》的开篇也引用了大舜帝的话表明"'书用识哉！'所以记时事也"④。特别是从其后世的演变来看，"笏"的更重要的意义还在于它的"礼仪"性质，正像《礼记·玉藻》所做的解释那样："凡有指画于君前，用笏。"⑤ "笏"实际上成了下臣向君主禀奏的"隔断"，将自己的"脸面"用笏遮蔽起来以示微臣对于君主的敬畏，其"羞于言说"的谦恭意义便不言自明。如果说中国书信的起源和"笏"确有某种联系的话，那么，这倒是一个很有说服力的表征：书信，作为人与人之间的对话交往之"笏"，在其"记事"和传达信息等实用功能之外，更有着"遮蔽脸面"之类的礼仪功能。这就不难理解为什么对话的

---

① 茨威格. 一个陌生女人的来信 [M]. 王守仁，等译. 南京：江苏人民出版社，1980：39.
② 例如在徐晓主编的《民间书信》（安徽文艺出版社2000年版）中就收录了这类的书信：两位朋友刚见面之后却要马上写信，不是面谈时忘记了什么需要补充，而是将自己不便、不愿或不敢当面诉说的意见用书信的形式进行表达。美国诗人艾米莉·狄金森极少与人交往，即使老朋友鲍尔斯前来造访也避而不见，而是事后写封信过去。她早在十几岁就开始写信，一生写信无数，几乎就是生活在日记和书信中，书信成了她与人交流的唯一工具。这种极端的生活方式显然同她的幽闭性格有关，书信成了她那怯懦个性和幽居生活之"笏"。
③ 黄维华. 书信的文化源起与历史流变 [J]. 江海学刊，1996（3）：170-173.
④ 刘勰. 文心雕龙注释 [M]. 周振甫，注. 北京：人民文学出版社，1981：277.
⑤ 李学勤. 十三经注疏·礼记正义（上、中、下）[M].《十三经注疏》整理委员会，整理. 北京：北京大学出版社，1999：903.

◇ 文体形式论 ◇

　　双方本来近在咫尺却要选择通信的方式进行交谈：书信作为人类对话之"笏"，遮蔽了当面和在场的表情，通过延长对话的距离和时间缓冲了即时反应的尴尬，从而给畏惧或羞涩的心理以自我卫护的功能，也为对方的回应预留了推敲斟酌的时间和自由。它实际上是一种"人格面具"，① 类似于某些舞会或艺术表演中的"面具"，也类似现代社会的"网络匿名"。书信和它们的不同只是"署名"和"匿名"的区别，后者不仅遮蔽了自己的面目也隐匿了自己的身份；二者的共同点在于它们都是人类交往中的"马甲"，成了言说者之间的"隔断"，卫护了交流的可能和安全。②

　　一般而言，将书信作为对话之"笏"缘于"对话间性"的陌生，从而违反了"熟悉人对话"这一书信的本体属性，当是书信对话的异类。"对话间性"的陌生必然造成交流的障碍，从而需要某种符号中介的调剂和过渡。这种陌生和障碍或是身份、地位等方面的不对称，或是对话内容的非常性以至于难以营造面谈时的和谐语境。前者如李斯的《谏逐客书》③，或晚辈规劝长辈的书信④、学生向老师的建言⑤等。李斯批评逐客令的错谬之所以

---

　　① "人格面具"（persona）一词最早出现在戏剧中，是表演者为了扮演某种角色而佩戴的面具。荣格将这个词移植到心理学中，指人为了适应社会生活，在公众面前所展现的面貌和外观，目的是为了让社会悦纳自己。

　　② 弗兰茨·卡夫卡和他的恋人费理采·鲍威尔在情书中亲密无间、情投意合，但是，两人一旦见面就开始对立，甚至形同路人，以至于他们两次订婚、两次解除婚约。为了享受书信中的温馨和默契，他们有时不得不选择拒绝见面，但是仍然无济于事，最终还是以悲剧而告终。这就是书信作为对话之"笏"的"隔断"效果——由字词所建构的世界与鲜活的现实毕竟不同。

　　③ "战国以前，君臣同书，秦汉立仪，始有表奏。"（《文心雕龙·书记》）可见，李斯的《谏逐客书》尽管不是严格意义上的民间书信，但同此后的"表奏"在性质上也有所不同。

　　④ 报载无锡某公司林先生的婚姻生活出现了第三者，全家乱作一团，痛苦不堪。某日，他刚钻进自己的轿车准备上班，突然发现方向盘上有一封女儿写给自己的信，读后百感交集，终于下决心了结此事，与原配夫人重归于好。一封信倾注"天使之声"：高三女儿拉回"情迷"老爸 [N]．扬子晚报，2005 - 07 - 20（A8）．卡夫卡在1911年11月给他父亲写的那封著名的信中，就直言不讳地表白自己之所以用"书面的形式"而不是面谈的原因："一来是确实我畏惧您，二来是要阐明这种畏惧涉及的细节太多，凭嘴很难说清楚。"朱雯，王捷．外国名作家书信精选 [M]．北京：中国青年出版社，1994：149．

　　⑤ 报载某中学校园形成了一股"书信热"，其中就有不少是学生写给老师的信，他们尽管天天见面，还要以书信的形式交流，可谓"咫尺天涯"。乔德伟．火爆的书信热 [J]．现代交际，1995（5）：23 - 24．

没有直接当面进谏,而是采取书信的方式间接禀奏秦王,当然和他们之间身份、地位、权力的不同有关,他不能不考虑对话效果以及可能的后患,包括双方在场的即时反应和自尊,甚至自身的安全。由于对话内容的陌生和非常性,所"对"之"话"又缺乏先在的暗示或预设,当面直言往往置对方于突然的境地使其猝不及防,由此就可能衍生"敌意"而不是"友好"的回应,使对话不能朝向预设的方向,而用书信的方式就可以缓解由于陌生所引发的冲突,避免非常性的急促可能引发的尴尬。

由于书信是两人之间的私密对话,男女之间表达爱意的"情书"也就成了书信家族的重要成员。① 书信作为对话之"筏"的意义在这类书信中往往得到充分体现,被视为中国古代情书经典的《凤求凰》和《我侬词》等就属此类。② 司马相如初次遇见爱慕已久的卓文君不可能马上直白心意,何况当时自己作为卓家的宾客暴露在大庭广众之下,借助于琴曲(《凤求凰》)传达爱意当然是最好的选择。至于才女管道升规劝夫君赵孟頫不要在外纳妾的书信,更是得体、适当,恰如其分,这就是广为流传的《我侬词》:

你侬我侬,忒煞情多,情多处,热如火。把一块泥,捏一个你,塑一个我,将咱两个一起打破,用水调和,再捏一个你,塑一个我,我泥中有你,你泥中有我,与你生同一个衾,死同一个椁。

没有责备,没有尴尬;情真意切,感人至深,不能不使赵孟頫反躬自省,问心有愧。如果管道升不是写信而是当面理论,由于对话内容的陌生与非常性,也就很难营造合适的在场语境,其效果往往适得其反。总之,无论是司马相如的《凤求凰》还是管道升的《我侬词》,都是不宜和羞于面

---

① 例如,仅一部《西厢记》,插入的各种书信,包括口信、物信、诗信和一般书信等就有十余封,加上涉及与书信相关的雅称、典故等就达七八十处之多,以至于有人认为"一出《西厢记》,全凭信支撑"。仇润喜. 西厢与书信 [J]. 中华文学选刊, 2003 (8): 98–100.

② 司马相如向卓文君表达爱意的《凤求凰》和管道升规劝夫君赵孟頫不要纳妾的《我侬词》,尽管在体式方面不是标准的书信(诗信),但同书信的作用和意义无甚二致,所以仍可将其看作是"情书"。

◇ 文体形式论 ◇

谈情事转而改用文字书写的。改用文字书写由于无须营造在场语境,避免了面对面的尴尬和窘境,可以用委婉和缓的方式传情达意,就能够在自然的交流中实现对话的预期。① 在这方面,施皮茨莱编写的《亲吻神学——中世纪修道院情书选》为我们提供了很有意义的资料。

神学,特别是中世纪神学,男女情事当是远离尘俗的修道生活的重要禁忌。但是,施皮茨莱编写的这部书却真实地告诉我们,那些在修道院深居简出的修士和修女们,与普通民众有着同样的七情六欲。但是,修道生活的环境不允许他们像普通男女那样卿卿我我、相亲相近,于是,通信便成了他们联络感情、表达情爱的唯一方式。那么,如何在严格的戒律和鲜活的激情之间找到平衡点呢?这就是他们在自己的书信中所反复强调和自慰的"亲吻上帝":"爱",作为基督的主题不是空洞的理论,应该表现为"灵性的生活",因此,修士修女间的灵性之爱就被他们称为"亲吻上帝"。这种爱欲观作为鼓舞他们之间情书往来的精神支柱,不仅作为铭言反复书写在他们的信件中,也成了他们之间大胆展开情爱对话之"筏",暂时隔断了修道与禁欲的现实语境,维护了自己的安全和自尊,寻得某种心理平衡。

……最亲爱的,因为我不能经常——像你与我都希望的那样——与你晤面,向你倾吐衷肠,所以,每当我提笔给你写信,让我的信去见你,向你述说我的近况时,我便能够减轻几分我内心对你的深切思念。

……最亲爱的,尽管我不能像你和我共同希望的那样,经常亲眼见到你、经常向你敞开我的心扉,但是,只要我写的信能到你手里,能告诉你我的行止起居,我心中对你的深切思念就能稍稍平静下来。

---

① 奥斯汀的小说《傲慢与偏见》以夹杂众多书信著称,其中,达西写给伊丽莎白的长信解除了后者对前者的误会和偏见,在促成"有情人终成眷属"的情节中起到关键作用。如果达西不写信给伊丽莎白,或者不是用写信的方式进行辩白,那么,两人的关系就有可能不是朝向浪漫爱情的方向发展。正如达西在信的最后所表白的那样:"你也许不明白为什么我昨天晚上不把这一切当面告诉你。可是当时我自己也捉摸不住自己,不知道哪些话可以讲,哪些话应该讲。"这就是书信作为男女情爱交流之"筏"的特殊意义。

"倘若我能在你面前像展开这封信一样敞开我的心扉,该多好啊!倘若你能读懂上帝用他的手指在我心中写下对你的爱的话语,该多好啊!"

……此刻,我的精神正在你身边,虽然我的身体离你很远,我们两人谁也看不见对方。①

可以看出,他们反复表现出与对方接近和相见的渴望,但是现实的修道生活又不容许他们那样,在"希望"与"不能"之间,他们只能选择"书信",书信写作使他们备受压抑的心理得以释放,书信往来成了他们相互表达爱意之"笏"。这就是书信作为"千里面语"的另一面——咫尺天涯,书信的"隔断"功能使近在咫尺的距离变得远在天涯。说到底,这也是一种"距离美"——书信之"笏"作为人类交往的"人格面具"所制造的距离美。

三、"文本礼制"及其修辞艺术

在历代文体学分类中,人们习惯于将书信和日记并称,② 其实二者大不相同,绝不可同日而语:日记是私语独白,书信则是交往对话;"私语独白"是一个人的地下室,自言自语而不涉及他人,也就无须考究什么;"交往对话"涉及言说对象,属于社会语言行为,于是就要讲究礼貌、礼节、礼仪。因此,如果说日记是最自由的书写,只要自己明白即使随意涂鸦也无妨碍,那么,书信则不能,无论书写格式还是言辞表达都要有所考究。在这一意义上,书信作为交往对话的"千里面语",实则是日常交往礼仪的文本化、书面化,是以特定的"文本礼制"代替当面交谈的表情、神态、姿势、动作、声音、语气、语调和礼节。"文本礼制"作为书信文体的独特

---

① 阿贝拉尔,等. 亲吻神学:中世纪修道院情书选[M]. 施皮茨莱,编. 李承言,译. 北京:生活·读书·新知三联书店,1998:38,41,120,126.

② 在中图法的分类中,日记和书信也被划为同类,但其归属非常混乱,主要是根据内容将其分别插入传记、历史、散文、思想教育、汉语读物或作者专类等之中。黄亚海. 关于日记、书信集在《中图法》三版的分类问题[J]. 图书馆论坛,1992(5):19—21.

形式，实际上是人类语言交往行为中的礼仪符号，是一种蕴藉着丰富文化内涵的艺术形式。

书写格式是书信文本之最显在的礼仪表征，经过长期的历史积累已经成为它的主要文体标示。① 所谓"格式"，严格说来就是书写的空间定位，即不同功能的语词表达被要求书写在不同的文本位置。② 以中国现代书信比较通行的格式为例，称呼（或曰抬头、上款等），应在信纸的第一行顶格写，以凸显对于受信人的尊重；之后应有问候语，位置在称呼后面单独成行，并在行前空两格；再下一行应是缘起语，叙说写信的缘由，接下来才是正文。正文之后应有祝词，祝词中的"祝"和"词"一般也应分别独立成行，前者空两格，后者顶格书写。最后是落款，包括署名、启禀词和日期，书写在右下方位，以示自谦。书信的文本格式还包括字体的大小、笔墨的颜色、信瓤的式样及其折叠方式等，甚至包括书写工具以及信封格式等方面的要求，形成了许许多多、数不胜数的规矩。这些"规矩"尽管多是约定俗成，不同的民族和语种、不同的时代和文化也不尽相同，但是有一点却是共同的：它们都不是无意义的，都有着自己的历史与文化背景，特别是和一定的礼仪、礼节、习俗等有着密切的联系。

首先，不同的民族或语种就有不同的书信文本格式。例如英文书信，不仅信封格式与中文书信大不相同，文本格式也有齐头式（full block form）、混合式（semi-block form）和斜列式（indented form）等不同款式。③ 信笺的

---

① 书写格式作为书信文体之最显在的文本标示，尽管有着长期的积累过程，也不过是一种约定俗成的惯例而已，无所谓高低和对错，只是书信参与者对于某种"礼仪"和"格式"之互文性质的默契和认同。就像信封上的称谓是指收信人呢还是写给邮件投递人呢，争论的结果总是不依学者的界定而改变。于全有. 书信称谓语的规范化与社会文化心理 [J]. 语文建设, 1998（8）：16 – 17.

② 例如，同为"启"字，写在信封上表示"开启"之意，即请收信人打开信封，诸如"钧启""安启""惠启""台启"之类；信函内的"启"字则为写信人的陈述和告白，首行称谓后的"敬启者"（敬禀者）的意思是："（某某），请允许我恭敬地向你陈述"。

③ 杨静宽. 第一讲 英文书信的格式 [J]. 英语自学, 1991（3）：13 – 18.

前端一般不是对于收信人的称呼，而是将发信人的姓名、单位、地址等首先写在右上角。俄文书信的称呼和问候语可以居中书写，并且称呼之后要用惊叹号（称呼后没有问候语就用逗号）。日文书信的"後付"（落款）不仅有写信人的署名，还要写上收信人的敬称，因为日文书信的收信人姓名不是写在信首而是写在信尾，具体书写形式是正文结束后另起一行，空1~2字位置写日期，下一行是写信人的署名，再下一行才是收信人的敬称。收信人如是长辈或上司，其敬称的位置较之标示日期的起笔位置稍前一字，如是同辈就与日期平起，晚辈则可稍微靠后。诸如此类，不一而足。

其次，同一民族或同一语种的书信格式也不是固定不变的，例如我们常见的中国现代书信格式，并非古已有之。在中国古代，不仅"上书"帝王首先要"自报家门"，而不是将署名放在最后（最后是"死罪死罪"之类的结束语），而且即使写给亲朋好友的民间书信，为了表达自谦和敬意，署名和称呼也往往一并写在信首。司马迁《报任安书》开首第一句即为"太史公牛马走司马迁再拜言。少卿足下"；南齐丘迟的《与陈伯之书》也是如此："迟顿首，陈将军足下"。也有将写信日期和署名一起放在信首的，例如"六月二十六日，愈白，李生足下……愈白"（韩愈《答李翊书》）。也有开头署名而不写称呼，最后再次署名的情况，例如："植白……植白"（曹植《与杨德祖书》）；还有开头既不署名也不写称呼，只在最后署名的，例如："近腊月下，景气和畅，故山殊可过……山中人王维白"（王维《山中与裴秀才迪书》）；更有既不在开头称呼，也不在末尾署名的，例如："白闻天下谈士相聚而言曰：'生不用封万户侯，但愿一识韩荆州'……惟君侯图之"（李白《与韩荆州书》）。这说明，尽管中国被称为"礼仪之邦"，书信格式当然也就非常考究、十分严格，但在古代并非统一和固定不变的，具有很大的随意性。即使同为一人所写的书信，例如韩愈的书信，其书写格式也多有不同。所谓"中国现代书信格式"只是在"近代文言书信"的基础上形成的，而近代文言书信堪称中国书信格式的登峰造极之作，不仅

◇ 文体形式论 ◇

在语词空间位置方面的规定极为烦琐精细,而且在字体的大小方面也非常考究。例如,大凡涉及长辈的语词不仅要求顶格写,而且字体也会加大一些,写信人的自称则要写得小些;为了表达对收信人或第三者的尊敬,行款时一旦涉及他们都要顶格或空格。最典型的当然莫过于鲁迅在《阿Q正传》中提到的"黄伞格"了。①

杨义在其《中国叙事学》中通过对汉语和主要西语关于时间表述的比较,印证了中国叙事和西方叙事的不同顺序,即前者从大到小、先整体后个体,后者从小到大、先个体后整体的叙事模式。② 一方面,尽管我们很难像杨义那样找到不同书信格式所一一对应的礼仪,但是有一点是肯定的:它们都在意指某种礼仪,或者说都是某种礼仪文化的"格式化",而这些"礼仪格式",往往只可意会而很难明确言说。例如所谓书信文本的"空间位置",是否就是现实生活中"人伦位置"的文本化?也不过是一种猜想或推理而已。另一方面,我们似乎也可以通过中国礼仪文化和书信格式的历史演变,从宏观上发现二者之间确实存在着某种同构关系。

如前所述,中国最早的书信并没有固定的格式,当然也谈不上关于书信礼仪的通则。直到晋代书法家索靖写作《月仪》,我国才出现了第一部书信礼仪著作,此后便有各种"书仪"陆续出现供人写信时套用。就现存的中国主要书仪著作来看,集中出现在明清两朝,诸如杨慎的《古今翰苑琼

---

① 旧时书信讲究使用"红八行"信纸,自右向左竖行书写。所谓"黄伞格"要求每行都应使用敬辞或颂辞,而敬辞或颂辞需要提到顶格,于是每行就不可能一写到底。写到靠近中间一行时还要求提到收信人的名字,而收信人的名字需要抬高一格,这行的字数也要多一些,可以一直写到底,此后的各行便恢复到原样。于是,中间的这一长行便像伞把儿顶起了一把"黄伞"。"黄伞"是古代非常高贵的仪仗,把信写得像把黄伞当然是对收信人的莫大尊敬。成桂春,等. 社交书信写作 [M]. 北京:宝文堂书店,1990:18-19.

② 所谓时间的表述顺序是指,汉语依照"年→月→日"的顺序,西语依照"日→月→年"的顺序。前者从大到小、从整体到个体,后者从小到大、从个体到整体。杨义认为,这就是小说叙事时间的"文化密码",直接影响了中西小说的"叙事元始"(开头):前者习惯于从一个宏阔的、纵深的场景开始,后者则是从具体的一人、一事、一景写起。杨义. 杨义文存:第一卷 中国叙事学 [M]. 北京:人民出版社,1997:122-147.

琚》、王世贞的《尺牍清裁》、王锡爵的《历代尺牍大全》和陈韶的《历朝名媛尺牍》、周莲弟的《分类尺牍大成》等,说明国人对于书信礼仪的通则是逐步形成的,并且呈现出越来越繁复、越来越精细的趋势。即使具体到某一格式,也有一个渐变和逐步细化的过程。例如,关于末尾的请安格式,在我国最早的书信集《苏黄尺牍》(宋代苏轼和黄庭坚与人的通信)中还没有一定的程式,到清朝嘉庆道光年间袁枚的《小仓山房尺牍》也没有固定的框框,直至光绪宣统时期在坊间流行的《尺牍初桄》和《书翰津梁》等书中才被定型化。也就是说,作为书信礼仪格式登峰造极的近代文言书信,有一个长期累积的过程,而这个过程显然也是中国礼仪文化逐步走向极端和烦琐的过程,二者的演化趋向密切相关。正如刘勰所言:"若夫尊贵差序,则肃一节文,战国以前,君臣同书,秦汉立仪,始有表奏。"① 也就是说,中国的书信礼仪和古代的社会礼仪是同构甚至同步的。

我们知道,自从汉代儒家思想成为中国主流意识形态之后,历代统治者就非常注重礼仪文化建设。至宋代,儒家的礼仪文化建设开始从官方向民间渗透,出现了以司马光的《司马氏书仪》(10卷)、朱熹的《朱子家礼》(5卷)和袁采的《袁氏世范》(3卷)等为代表的、包括书信礼仪在内的许多民间礼仪著作。有学者在分析这一状况时指出,统治者"家国一体"的政治观、宋初所面临的礼制崩坏的局势,以及庶人阶层的崛起这三个方面,是宋人开始注重民间礼仪建设的原因。② 在我们看来,这三个方面其实也是包括书信礼仪在内的整个中国民间礼仪越来越被重视,直至走向极端和烦琐的主要原因。明清两朝对于书信礼仪的重视和考究,更有文化专制主义的背景,这便是《礼记·乐记》中所说的"礼胜则离":对于社会失控的担忧致使统治者不断强化"礼"的意识形态性,对于"礼"的意识形态性的强化折射到民间社会便有书信礼仪的兴盛。就此而言,包括书礼

---

① 刘勰. 文心雕龙注释 [M]. 周振甫, 注. 北京: 人民文学出版社, 1981: 278.
② 王立军. 宋代的民间家礼建设 [J]. 河南社会科学, 2002 (2): 76-79.

在内的"礼"的极端强化和烦琐化实则是人类关系趋向疏离甚至恶化的表征。"乐由中出,礼自外作。乐由中出,故静。礼自外作,故文。大乐必易,大礼必简。乐至则无怨,礼至则不争。揖让而治天下者,礼乐之谓也。"① 中国的统治者早就清楚治国的礼乐之道,即使在他们的语境中也晓得"大礼必简"的道理,所谓"黄伞格"之类的书信格式,说到底是人类情感逐渐疏离和陌生的表征,从根本上违反了书信作为人类情感的载体及其自由交流的本义。

书信的文本礼制还表现在它所特有的礼词套语。以黄鸣奋等编《社交书信大全》(鹭江出版社,1986年第1版)为例,共辑录书信习语300条,内分"惠书敬悉,甚以为慰"等启始语、"分手多日,别来无恙"等思念语、"奉读大示,向往尤深"等钦佩语、"春寒抖峭,善自珍重"等问候语、"敝寓均安,可释远念"等自述语、"顷闻嘉讯,再祝鸿猷大展,万里鹏程"等祝贺语,计20大类,可谓洋洋大观,说明书信交往所积累下来的礼词套语非常丰富。特别是中国近代文言书信,单是信首的敬称就令人眼花缭乱,诸如"双亲大人膝下""叔父大人尊前""某某夫子函丈""某某先生钧鉴""某某仁兄左右"等,不同的辈分、地位和性别都有特定的称呼。结尾的祝颂词更是多不胜数,书信的不同用途、收信人的不同职业、写信的不同季节甚至时辰等都有细致的区别,以示言说者的自谦及其对于交谈对象的"厚礼"。我们的问题是:这么繁复且极度夸张的敬谦辞在多大成分以及何种程度上具有实指意义?如果仅仅是一种被过度放大了的交往"仪式",那么,这种"厚礼"实则是礼仪的暴政——"暴礼"。因为,无论是文本格式还是礼词套语,一旦定格为"模式""模块",也就失去了语言表达的鲜活性和真切感,从而蜕变为纯粹招摇的形式,反而陡增了人与人之间的陌生感,拉大了人与人之间的情感距离,违反了"大乐必易,大礼必简"的古

---

① 李学勤. 十三经注疏(标点本):礼记正义(上、中、下)[M].《十三经注疏》整理委员会,整理. 北京:北京大学出版社,1999:1 086.

训。书信的历史证明，越是经典的书信越在礼仪方面不拘一格，如毛泽东、鲁迅、马克思、狄金森等，这些中外名家的书信从来就没有什么固定不变的礼仪格式。① 特别是作为民间书信主体的家书和情书，不仅在格式和用语方面历无定法，更有暗语、密语、谐语、象征、幽默、戏称等夹杂其中，充分体现了书信作为情感交流载体的自由性和亲密度。

当然，所谓"大乐必易，大礼必简"也不能绝对化，应当具体情况具体分析。前述明清两朝民间书信的繁荣，既是政治集权和文化专制的产物，又是民间社会疏离主流意识形态的重要形式。就这一角度而言，其书信礼仪不仅是社会礼仪的文本化，同时又具有和主流意识形态及其政治礼制"分庭抗礼"的性质。至于"文化大革命"期间的民间书信，废掉了一切书信礼仪，对于包括双亲在内的收信人一概称呼"同志"，所有的信尾祝词皆署"此致敬礼"等等，也是其时"革命运动"及其"造反有理"的产物。这就是书信礼仪的一对矛盾，也是"礼"和"乐"的矛盾：一方面，书信是人类情感的自由表达和文本寄托（乐）；另一方面，书信表达又要"言之有礼"。在我们看来，修辞艺术恰恰可以调和这对矛盾。

书信又称"双鲤""双鱼""尺素""尺书""雁足""雁帛"等，每一个别称和雅号都是一个意味深远的典故，这是历代文人对于书信文体的审美附会，本身就是一种修辞，说明修辞艺术对于书信的意义绝非一般。因此，就广义而言，书信作为一种独特的文体，本身就是民间言说的修辞，其文体格式及其礼词套语也是一种修辞；但是，我们现在所要讨论的是书信的语言表达，即狭义修辞——怎样的语言表达才能更好，才能消解书信礼仪所导致的情感疏离，从而使书信回归到书信的本义。

我们知道，刘勰的书信理论是中国古代最重要的书信文体专论，其中，

---

① 据统计，人民文学出版社1976年出版的《鲁迅书信集》有50多种不同的结尾用语，人民出版社1983年出版的《毛泽东书信集》更有70多种不同的结尾用语。卢传裔. 书信文体的结尾（续）[J]. 秘书, 1987 (4)：34-35.

◇ 文体形式论 ◇

关于书信修辞的理论毫无疑问是其最主要的构成部分。在刘勰的书信修辞理论中，最核心的当是"辞若对面"的概括，是他提出的关于书信修辞的基本原则。正是在这一意义上，书信修辞确立了它的独特性。换言之，和"公牍文"（非书信文体）相对而言，书信是两个人之间的远距离对话，如何使这种远距离对话（"千里面语"）变得"辞若对面"，也就成了书信修辞的首要选项。

"书者，舒也……详诸书体，本在尽言，言以散郁陶，托风采，故宜条畅以任气，优柔以释怀；文明从容，亦心声之献酬也。"①

首先，书信的本义是"尽言"，即畅所欲言，尽情倾诉，明确表达；因为书信只是两个人之间的私语言说，最能体现言说的无忌和自由，无须闪烁其词或吞吞吐吐。"洛阳城里见秋风，欲作家书意万重。复恐匆匆说不尽，行人临发又开封。"唐代诗人张籍在这首名为《秋思》的诗里所表达的就是书信修辞，道出了如何在有限的篇幅"说尽""万重意"的苦衷。

其次要有文采。但是，书信文采与诗词等纯文学文体应该有所不同，它不可以过度夸张，更不能矫揉造作，应是个人"心声"的自然表达，"条畅""优柔""文明从容"。就像丘迟的《与陈伯之书》，一方面要把规劝对方弃魏回梁的意愿明确表达出来，晓之以理；另一方面又要以平实的语言动之以情："暮春三月，江南草长，杂花生树，群莺乱飞……"这一千古不朽的名句没有任何雕琢，相反，是在不经意间将本是寻常的风景轻轻点染，以极其自然的表述唤起对方的去国怀乡之情。否则，匠心雕琢或居高临下，繁文缛节或毕恭毕敬，也就失去了书信的亲近感，反而不可能产生"辞若如面"的效果。

毫无疑问，正是上述两个方面——自由的"尽言"和自然的"心声"——才能使"千里面语"变得"辞若对面"。在我们看来，这就是书信

---

① 书记第二十五[M]//刘勰. 文心雕龙注释. 周振甫, 注. 北京：人民文学出版社，1981：277-278.

修辞的最高境界，对于消解书信的"暴礼"所造成的疏离感应当有所裨益。

"礼"的本义是"敬神"，引申为"敬意"，核心是稳定有序的社会规范和道德准则。书信的文本格式是书信人之间达成的礼仪默契，事实上已经先验地默认了发信人的自谦及其对于收信人的尊重，无须再依赖语言"暴礼"将其进一步强化。它所应当强化的恰恰是其"乐"的一面，即其自由的言说和自然的表达。毫无疑问，不是书信的文本礼制，而是其自由和自然的修辞艺术，造就了书信最具文学性的方面，是使书信文体有可能成为艺术作品的重要元素，从而使它和文学结下不解之缘。

通观中外文学史，书信和文学的结缘无非表现在三个方面：一是书信本身就不愧为文学作品，汉魏时期的弥衡和阮瑀等就是以书信而名世的作家；二是书信体文学作品，特别是小说，被称为书信体小说创始人的塞缪尔·理查逊就是从替人写信开始书信体小说创作的；三是文学作品中的书信，特别是长篇小说，多有书信插入其中。在这三类书信中，除最后一类书信在小说中往往起到明显的勾连情节的作用外，无不是主要在修辞的意义上实现了和文学的结缘。毫无疑问，书信修辞源于它那自由和自然的第一人称言说。正是第一人称言说的在场性和真切感，才被历来的文学叙事所钟情，至于它对"发现"与"突转"等情节的勾连功能，只是次要的、技术性的。就像伊恩·P. 瓦特对理查逊所做的评论那样："对于无拘无束的书信写作的崇拜，实际上为查理逊提供了一种已经与个人经验的基调相协调的传声筒。"[①]

"待月西厢下，迎风户半开，隔墙花影动，疑是玉人来。"这是王实甫《西厢记》中崔莺莺写的一首诗，也是她委托红娘送给张君瑞的第一封信，

[①] 瓦特. 小说的兴起：笛福、理查逊、菲尔丁研究 [M]. 高原, 等译. 北京：生活·读书·新知三联书店，1992：217.

自然清丽、委婉动人、寓意美妙。① 这类"诗信"之美毫无疑问来自修辞之功,它的情节功能当在其次。即使在长篇小说中,例如《三国演义》第一百回诸葛亮气死曹真的"夺命书",《红楼梦》第三十七回探春和贾芸分别写给宝玉的"诗社信"和"效忠信",《廊桥遗梦》中被女主人公弗朗西丝卡保留了22年的三封信等,之所以给人留下深刻印象,无不是书信的修辞之功;通过修辞,而不是其他,使书信在小说中成为无以替代的艺术符号,从而在心理刻画、人物塑造,包括勾连情节等方面发挥了独特的艺术功能。

总之,是书信之自由和自然的修辞而不是其他,使书信有可能成为艺术符号和艺术中的符号,并和文学结下了不解之缘。而刘勰所谓"辞若对面"作为书信修辞的基本原则,道出了修辞艺术才是书信最具文学性的方面,从而造就了它忝列文学之门的根本理由。

---

① 诗与信的结合是王实甫的《西厢记》很有特色的修辞艺术。据统计,剧中出现的书信以及和书信相关的雅称、代指、典故、神话和传说多达近百处,在所有杂剧中实属罕见。仇润喜. 西厢与书信[J]. 中华文学选刊,2003(8):98-100.

第十章 ◆

"文学图像论"之可能

从 19 世纪到 20 世纪,包括文体论在内的文学理论似乎经历了从关注"文学与社会"到关注"文学与语言"的蜕变,并且正在朝向 21 世纪的"文学与图像"渐行渐近。后者作为 21 世纪之"新学",参照维特根斯坦的"语言图像论",可将其命名为"文学图像论"。"文学图像论"属于新创的概念和论域,应该进行必要的学理论证,以便使之成为文体论以致整个文学理论的新可能。

一、一代有一代之"新学"

100 年前,王国维曾经感叹"凡一代有一代之文学……而后世莫能继焉者也"[1],充满了文学的自信与豪迈;100 年后的今天,文学的风光不再,我们已经很难说出哪种文体堪称当下之天骄,诗歌?小说?散文?……都

---

[1] 王国维. 宋元戏曲史 [M]. 北京:中国戏剧出版社,1999:自序 1.

◇ 文体形式论 ◇

不是,因为整个文学的"模样"已经模糊不清;唯有和图像的关系密切、甚或是被图像符号咀嚼过了的叙事作品才备受青睐。在这类跨媒介的"新文体"中,"白纸黑字"经过它的反刍已经改变了原有的模样,"文学读者"已经变身为"文学看客"。这就是文学志士们所惊呼的"图像时代的来临"以及"文学命运的终结",深沉的忧虑和无奈溢于言表。可以说,当今之时代,文学和图像的关系复杂多变前所未有,二者的剑拔弩张前所未有,它们之间的痛苦纠缠前所未有;令人特别忧虑和无奈的是,此境此势遥遥无穷期,图像对于文学的饕餮将愈演愈烈,因为一日三变的"技术"就是它的生产力。

更重要的是,在所谓"文学危机"的背后,还有整个人类所面临的"符号危机",那就是20世纪下半叶电视文化普及以来,人类社会开始经受的图像符号的挑战。这是更深刻、更严峻的危机。美国学者尼尔·波兹曼为此写过一本《娱乐至死》,深刻批判了以电视为代表的图像文化,将其斥之为足以让美国人"娱乐至死"的大众传媒。值得注意的是:波兹曼在20世纪80年代中期写作这本书的时候,互联网还没有进入日常生活,所谓"娱乐至死"不过是他的一个隐喻;而在当今的网络时代,"网瘾"所导致的"娱乐至死"已经成为正在发生的血腥的事实。① 事实是,包括电视、网络、大众文化在内的所有图像,"娱乐"正是它的符号本质;图像作为最强势的传媒符号,正在迅速而无节制地、强行而不容商量地侵入到包括政治和意识形态在内的每一方寸。在图像符号的强力诱惑下,人类的思考习惯正在逐步丢失,人类的语言能力正在慢慢萎缩。更可怕的是,这种"丢失"和"萎缩"是在不知不觉中进行的,就像青蛙跳进正在加热的温水中,大限将至还浑然不觉。这就是"文学危机"背后的"符号危机",一种涉及人

---

① 2012年1月31日,中国台湾新北市一名23岁男子在连续网游23小时之后暴死。警方抵达网吧时,发现他的尸体仍然端坐在电脑前,两手伸长的模样好像仍在一手打键盘、一手握鼠标。"网瘾"所引发的类似灾难已经多次见诸报端,屡见不鲜。

类存在的更沉重和更挠心的危机。人文学术不能在这样的危机面前保持沉默,需要对"语言"和"图像"重新认识,需要对它们之间的符号关系做出有说服力的阐释。于是,在文学的视野中研究这一关系,即文学作为语言艺术与视觉图像的关系研究,也就成了文学理论之义不容辞的学术责任。

毫无疑问,对于文学和图像二者关系的认识和阐释必须是历史的、学理的,而不能仅仅停留在情绪判断的层面;进一步说,只有历史的才能是学理的,建基在历史把握之上的学理分析才是可靠的。因此,在我们正式进入本论题之前,不妨首先在宏观层面回溯整个文学理论的现代进程,再由此出发讨论我们面对"符号危机"应当如何作为。

我们知道,当年的王国维处于两个世纪之交。就"世界文学"的总体性而言,在他之前的19世纪,显然是一个集中关注"文学与社会"的时代。在那样一个时代,以"真实地再现社会"为己任的批判现实主义成了文学的主流。表现在文学理论方面,就是以法国文论为代表的文艺社会学的兴起。文艺社会学将文艺作为一种社会现象,参照社会学的理论和方法对文艺展开研究,从而得出社会性的结论。"文学艺术是一种社会现象"是文艺社会学最基本的文艺观,也是它研究文学的出发点。从这样一种基本观念出发研究文学艺术,文艺社会学就必然侧重于文艺之社会本质和社会规律的研究。因此,文艺社会学的理论学说多是关于文学艺术的社会性判断,文艺和社会的互动关系是其基本主题。文艺社会学作为一门学科,是文艺学与社会学的汇流;作为一种方法,是从社会学的角度对文艺之社会本质和社会规律的思考。[①] 于是,"文学与社会"也就成了19世纪文学理论的基本"母题"[②],侧重文学的价值判断是其主要特点。"文学与社会"之

[①] 关于文艺社会学,本人在拙著《文艺学方法通论》(江苏文艺出版社1990年初版,浙江大学出版社2006年修订版)中已有详细阐发,此略。

[②] 本文所使用的"母题"概念,也可称为"核心论题",意指某一时代或时期处于主流或核心位置的学术论题,其他论题多和这一论题有着直接或间接的关联,或者说是由这一论题延宕、生发而来的文学理论话题。

◇ 文体形式论 ◇

所以成了19世纪文学理论的"母题",除批判现实主义这一最直接的文学背景之外,最根本的还是资本主义原始积累所导致的社会矛盾,包括马克思主义、空想社会主义和实证哲学在内的社会思潮则是它的思想资源。

王国维之后的20世纪则是一个集中关注"文学与语言"的时代,或者说"文学与语言"是20世纪文学理论的"母题",文学之语言形式是其关注的焦点和出发点。"文学与语言"母题源自19世纪的形式主义和唯美主义。对于19世纪的社会现实而言,形式主义和唯美主义尽管也是一种抗争或批判,但在当时的历史语境中不可能成为主流话语或核心命题。"文学与语言"之所以跃升为20世纪文学理论的"母题",一方面有现代主义、后现代主义文艺思潮作为它的直接背景,另一方面有索绪尔之后现代语言哲学和符号学的兴起。就整个20世纪来说,意识形态问题已经上升为这个时代的主要矛盾,在一系列民族冲突、宗教冲突和政治冲突的背后,无一不是意识形态的冲突和对峙,实则是不同意识形态体系之间的对抗与较量。而所谓"意识形态",说到底是一个"表意"问题;而所谓"表意问题",说到底又是一个语言问题。① 于是,语言理论开始兴盛并且引领一代风骚,对整个人文社会科学都产生了重大影响;文艺创作在语言形式方面更加别出心裁,"反传统"和向文学惯例挑战成了人们乐此不疲的游戏。注重语言形式的创新或"革命",不仅成了20世纪文学的主流表意风格,也成了这一时期文学理论研究的主要选项。

按照这样的思路继续展望"图像时代的来临",我们似乎有理由做出这样的推断——21世纪或将是"文学与图像"的世纪,"文学与图像"或将成为21世纪文学理论的基本"母题"。如是,王国维的"一代有一代之文学"将在另外的意义上被改写,他的文学研究路径也将随之有所改变。例

---

① 关于语言问题为什么跃升为20世纪人文科学的"母题"(核心话题),本人至今没有发现相关研究可供参考。在没有论证的前提下笔者在此提出这一观点仅供参考,并欢迎方家批评讨论。

如，仅仅研究《屈子文学之精神》是不够的，还要研究屈子文学与图像的关系；仅仅言说《人间词话》是不够的，还要言说诗词和图像的关系理论；仅仅描述《宋元戏曲史》是不够的，还要描述戏曲戏剧的"语图关系史"；仅仅有《红楼梦评论》是不够的，还要对《红楼梦》和图像的关系进行评论……。这样，文学研究的空间将被大大拓展，文学研究的路径将被另外分支，文学研究的学术理想将被重新定义。毫无疑问，这里所展现的是不同于王国维时代的新的学术地平线，可谓不仅"一代有一代之文学"，同时，一代有一代之"新学"、一代有一代之文学理论。我们不妨将这一文学理论之"新学"命名为"文学图像论"，认为"文学与图像"作为21世纪文学理论的基本"母题"是可能的。

这就是我们在"世界文学"的视域中所描述的现代文学理论的演变踪迹：从19世纪到20世纪，文学理论的"母题"经历了从"文学与社会"到"文学与语言"的蜕变，并且正在朝向21世纪的"文学与图像"渐行渐近，可谓"时运交移，质文代变"，"文变染乎世情，兴废系乎时序"。① "文学与图像"如果真正成为21世纪文学理论的"母题"，毫无疑问是应和了时代的呼唤和期待，同时也是"图像时代"赋予我们的文学理论走出窘境的"凤凰涅槃"。

二、"文学图像论"的命名理据

"文学图像论"这一命题受到前期维特根斯坦"语言图像论"的启发。维特根斯坦在其《逻辑哲学论》中描述了"语言"和"世界"在逻辑序列上的同型结构，认为可以用"图像"将这种关系一一对应起来。这就是维特根斯坦的"语言图像论"，又称"图式说"（Theory of Picture）。"文学图像论"由此取义，认为文学作为语言的艺术，是一种"象思维"的语言，

---

① 时序第四十五 [M] // 刘勰. 文心雕龙注. 范文澜, 注. 北京：人民文学出版社, 1958：671，675.

◇ 文体形式论 ◇

更是经由图像和世界发生逻辑联系。因此，探讨文学与世界的图像性关系不仅应和了现实的呼唤，也是在学术史的正路上沿着维特根斯坦的足迹继续前行，确切地说是"借题发挥"以面对我们的问题。

　　文学与世界的图像性关系一方面表现为文学对于世界的"语象"展示，而不是通过"概念"说明世界；另一方面表现为语象文本向视觉图像的外化和延宕，文字和文本造型、诗意画、文学插图、连环画、文学作品的影像改编等就是这种外化和延宕的结果。因此，"文学图像论"所直接面对的就是阐发作为语言艺术的文学与视觉图像之间的逻辑关系。就此而言，尽管此前并没有"文学图像论"这一命题，但是，关于文学（语言）与图像的关系研究，却古已有之、中外有之。例如诗与画，从古希腊开始，西方哲人就注意到二者的关系，所谓"画是无声诗，诗是有声画"（西摩尼德斯）、"诗如画"（贺拉斯）等，① 就是西方先贤留下来的经典名句。中世纪的阐释学和圣像学同时并存并曾有激烈论争，则是语言和图像两种表意符号相互矛盾的最初较量。启蒙运动时期以温克尔曼和莱辛为代表的诗画关系论争延续了西方学界对于这一问题的关切，至今仍有重要影响。20世纪西方语言哲学、图像学和符号学，围绕"词语、图像、意义和世界"，涉及大量语言与图像关系方面的论题，从而成为文学图像论的重要参照。需要特别指出的是：由于汉字构型、汉语文化和汉语思维的特殊性，使汉语（文学）与图像的关系在中国语境中尤其密不可分、复杂多变，积累了更加丰富的学术资源。所谓"图书关系""名实关系""言象意关系""诗画关系""形象思维"和文学的影像改编之类，就是中国文艺理论史上关于文学

---

① 西摩尼德斯（约前556—前468）的这一观点见于罗马时期希腊作家普卢塔克（约46—119）的转述。中国社会科学院外国文学研究所外国文学研究资料丛刊编辑委员会. 欧美古典作家论现实主义和浪漫主义：一 [M] 北京：中国社会科学出版社，1980：56. 贺拉斯"诗如画"的观点见于他的《诗艺》，原话是："诗歌就像绘画：有的要近看才看出它的美，有的要远看；有的放在暗处看最好，有的要放在明处看，不怕鉴赏家敏锐的挑剔；有的只能看一遍，有的百看不厌。"亚里斯多德，贺拉斯. 诗学·诗艺 [M]. 罗念生，杨周翰，译. 北京：人民文学出版社，1962：156.

与图像关系的理论批评。

值得注意的是，近 20 年来，特别是 21 世纪以来，一方面，文学与图像关系的研究进入了一个新的视域，那就是面对"文学遭遇图像时代"的现实立意，探讨文学在"图像时代"的生存策略和未来命运，例如金惠敏的《图像增殖与文学的当前危机》、高建平的《文学与图像的对立与共生》等，具有鲜明的现实关怀和强烈的忧患意识，从而将这一研究推向了文学基本理论的学术前沿。另一方面，由于面对"图像时代"的文学与图像关系研究刚刚起步，侧重价值判断或情绪化的表述也就难以避免，从而为深层的学理探究留下了十分广阔的空间。这就是文学图像论所要着力拓展的方面，即在基本理论的层面探讨文学与图像的学理逻辑——文学如何在"图像时代"使"世界被把握为图像"①，从而为阐释文学与图像的当下关系提供理论参照。

"文学图像论"尽管取义于维特根斯坦的"语言图像论"，但是并非完全相同，二者并不存在"对译"关系，只是借此表达"文学与图像"研究这一"母题"的要义。众所周知，后期维特根斯坦又提出了"语言游戏论"，似乎是对"语言图像论"的否定和超越。实际上并非如此，"语言图像论"和"语言游戏论"不过是一种相反相成的关系，二者共同成就了维氏的语言哲学，辩证地揭示了语言符号这枚"硬币"的两面——这是一个不可分割也无法分割的整体。就此而言，"文学图像论"作为一个中性概念更是这样：文学作为语言艺术，对于世界而言既有再现或表现的一面，也有游戏或解构的一面，二者共同建构了它和世界的逻辑关系。相对语言与世界的图像性关系而言，文学与世界的图像性关系更加复杂而深刻，在某些方面甚至是难以言表的。因此，它们之间的关系恐怕不仅仅只是"两面"，有可能纵横交错、若隐若现，具有"多面"或"无穷面"也是可能

---

① 海德格尔. 林中路 [M]. 孙周兴, 译. 修订本. 上海：上海译文出版社, 2004: 91.

的。这是因为，一方面，由于"图像"符号的介入，文学作为语言艺术的内部关系发生了裂变和重组；另一方面，由于图像进入了"文学"这一异域，图像作为符号本身也可能生发裂变和重组；而"文学图像论"所要探究的，则是这两种经历裂变和重组的符号之间的关系，以及它们凝定为"新文体"之后和世界所发生的"新关系"。

不可否认，以往的文学理论在文学之"象"方面多有论及，特别是在文学意象和文学形象方面的研究相当丰富，但那只是局限在文学作品本身；而文学作为语言艺术之"象"，如何延宕为观看之"像"，除莱辛的"诗画异质"和我国古代的"诗画一律"之外，并未有更多、更深刻的研究和理论拓展。尽管这些古代经典理论很有启发性，是文学图像论的宝贵学术资源，但是，用来解释当下文学所面临的问题显然力不从心。道理很简单：无论是莱辛和中国古代先贤，并未面临我们今天所面临的"图像时代"及其所引发的"文学危机""符号危机"；而这，恰恰是文学图像论最重要的立意和最根本的学术立场。

可见，"文学图像论"并非是在名称和概念上玩花样，也不是在刻意追逐什么学术时尚，而是一种背靠历史、立足现实、面向未来的"新学"。它在传统"文学意象论"和"文学形象论"的界域之外确定了"图像"这一新的参照物，以便在"文学语言"和"文学图像"的对话中重新认识自我、发现"新我"。对于我们的文学理论而言，这显然是一个新的视域和新的话题。因此，"文学图像论"的未来可能伴随许多困难和困惑，我们今天无法判断它究竟能走多远，但是有一点是可以肯定的：它行走在了文学理论之学术史的正路上。

三、"文学图像论"的文学观

"文学图像论"作为文学理论之"新学"，首先需要在文学观的层面确定自身的合法性。在我们看来，回到亚里士多德"文学是语言的艺术"这一简单、素朴的文学观尤其重要。"文学是语言的艺术"尽管不是亚理士多德的原话,但却是他在《诗学》开篇所明确表述的思想。① 理士多德之后,各种文学观或文学定义层出不穷,后学们赋予了它太多的枝蔓反而变得模糊不明,但是有一点是肯定的:亚理士多德之后的任何定义,至今没能否定或颠覆他对文学的这一总体把握。这就是"回到亚里士多德"的理由,目的在正本清源、去芜存菁,还原理论的清明和本色。因为"把简单的问题复杂化"并非理论的品格;理论作为抽象概括,"把复杂的问题简单化"才是它的理想境界。

如是,"文学图像论"应当系统检讨既往的、仍在影响着我们的各种文学观。其中,艾布拉姆斯的"文学坐标系"无疑对我国新时期文学理论产生了重大影响,也可以说是新时期以来最具影响力的"文学定义",甚至成了很多"教材体例"或"理论体系"不能回避的参照。但是,稍微细心的读者不难发现,艾布拉姆斯在《镜与灯——浪漫主义文论及批评传统》导论:"批评理论的总趋向"中所提出的这个观点,只是为其"浪漫主义文论及批评传统"(《镜与灯》的副题)确定一个言说的方位,并非在"世界文学"的层面为文学整体所提出的定义,至少作者的主观意图如此。如果这一判断大致没错的话,那么,文学作为语言的艺术,"语言"和"艺术"才是文学的"血亲",而所谓"作者""读者"和"世界"三要素只是它的"邻里"。如果考虑到上述"三要素"同样环绕在语言作品和艺术作品的周围,那么,将这一"纵向轴"同艾布拉姆斯的"平面坐标"整合起来,也就生成了一个新的"立体"结构(如图 10-1)。

在这一新的立体结构图中,艾布拉姆斯的"文学坐标系"居于中间部

---

① 亚里士多德《诗学》开篇提出文艺的模仿本质后,紧接着便从"媒介""对象""方式"三个方面区别了模仿的差异性,并进行了具体分析。在他看来,由于模仿的媒介不同,例如有的用颜色或姿态,有的用声音或语言,于是便产生了画家、雕塑家、音乐家或诗人等。也就是说,亚里士多德是用"语言媒介"来为诗歌定义的,其中就蕴含着"文学是语言的艺术"这一思想。

位,"语言作品"及其与"作者""受众"和"世界"三要素构成的平面图位于它的前方,"艺术作品"及其与"作者""受众"和"世界"三要素构成的平面图位于它的后方。将这三个平面图"缝合"在一起,也就生成了一个酷似球体的新的关系结构图。这才是相对完整的文学观念系统,即由亚里士多德文学观所引申出来的

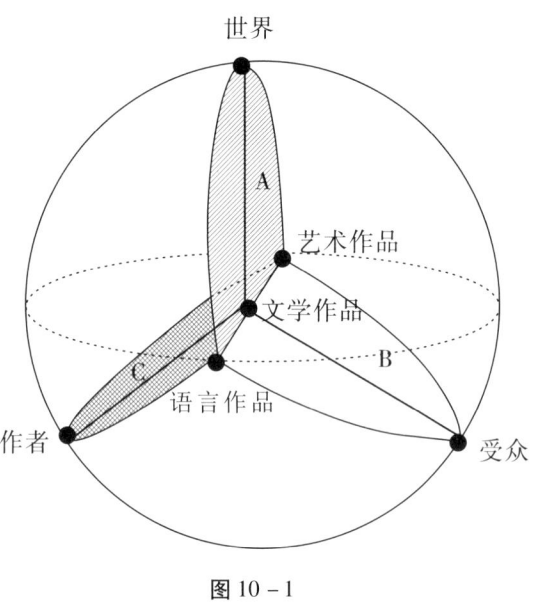

图 10－1

文学观念系统。这个基于亚里士多德文学观的文学结构系统,就是"文学图像论"应当坚守的"球体文学观",也是文学与图像关系研究的重要理据——文学作为语言艺术就是语言的图像化,语言的图像化就是语言艺术化的主要表征;这也就意味着,文学作为语言艺术,必然是通过"语象"而不是通过"概念"和世界发生联系。① 因此,所谓"文学图像",就是艺术语象的外化、流溢和新的生成,其间的逻辑关系就是文学图像论所要研究的对象。

由此反观韦勒克否定文学与美术之间的比较研究,不仅和其"语言本体论"相抵牾,而且在学理上也是不能成立的。韦勒克在他和沃伦合著的《文学理论》中将文学研究划分为"外部研究"和"内部研究",这是他最有影响力的学术观点之一。但在我们看来,这种划分似有"走回头路"之

---

① 语言的图像化就是它的虚化和艺术化,从而成就了文学之为文学而不是一般的语言作品。关于这一问题,本人已在拙文《语图符号的实指和虚指:文学与图像关系新论》(《文学评论》2012 年第 2 期)进行过论述,恕不在此赘述。

嫌，因为早在20世纪初，俄国形式主义就否定了"内容与形式"两分法，确定了语言形式的文学本体论。韦勒克可能是为了进一步凸现语言形式的意义，将文本之外的文学研究，包括思想史的、社会学和心理学等方面的研究方法一概归之为"外部"，其中包括文学和其他艺术关系之间的关系研究。在他看来，文学与美术的关系研究"是一种毫无价值的平行对照"，所谓"诗如画""雕刻似的"之类术语只是一个"朦胧的暗喻"，意谓诗歌可以在某种程度上传达类似绘画或雕刻的效果，"但我们必须认识到诗中的清冷和接触大理石的感觉，或者和从白色联想到的感觉是完全不同的；诗中的宁静与雕刻中的宁静也是完全不同的"①。令人不解的是，韦勒克又没有全盘否定文学和其他艺术之间的联系是存在的，因为这种联系显而易见、人所共知。既然这样，他为什么断定研究二者的关系"毫无价值"呢？韦勒克解释说是因为找不到"各种艺术可以进行比较的共同的因素"，"没有进行各种艺术间比较的任何工具"②，所以它们之间的比较研究才是不可能的。这就使韦勒克陷入了自己所设置的矛盾中：文学和其他艺术的联系是存在的，但是研究二者的关系又是"毫无价值"和不可能的；而"不可能"的原因，只是由于找不到它们之间的"共同因素"，不存在用来进行比较的"任何工具"，云云。

在我们看来，韦勒克的困境在于他将"语言本体论"推向了极端，从而陷进了"语言唯一论"的泥沼。而我们所主张的"回到亚里士多德"，并不意味着将语言形式作为文学的唯一，文学既然和作者、读者、世界存在密切联系，借鉴各学科的方法研究文学也就是其中应有之义。因此，韦勒克所说二者的"共同因素"及其"比较工具"，也就不应该限定在语言本身，而应参照社会学、心理学等其他学科的方法，在语言和图像这两种符

---

① 韦勒克，沃伦. 文学理论［M］. 刘象愚，等译. 北京：生活·读书·新知三联书店，1984：132，134.
② 韦勒克，沃伦. 文学理论［M］. 刘象愚，等译. 北京：生活·读书·新知三联书店，1984：137.

号之间发现它们的交汇点。文学和艺术的媒介不同,"媒介"层面之间的比较和置换当然无从谈起;但是,不同媒介之间的"统觉"却可以在人的心理层面实现共享,"统觉共享"就是语言艺术和图像艺术相互交汇的"公共空间"。如果按照索绪尔的观点,语言的本体存在是在场言说的"声音",并且是一种伴随图像的声音,那么就可以说,所谓"语言"不过是"声音的图像呈现"和"图像的声音表征"。就索绪尔为语言能指所做的这一规定而言,所谓"言说"同时也应该是"图说","图说"本身就蕴含着"言说"。如是,文学和图像在语言本体的层面就存在密不可分的关联,韦勒克否定文学与艺术之间的比较研究不仅和他的语言本体论相抵牾,而且就语言学理论而言也不足为训。① 这属于另一种形式的对亚里士多德文学观的背离。

四、"文学图像论"的范畴和方法

文学语言既然是一种"象思维"的语言,即通过"语象"而不是通过概念和世界发生联系,那么,语象和图像的关系也就成为文学图像论的核心问题、元问题。从某种意义上说,这两个相对而言的概念,也是文学和图像关系问题研究的基本理论范畴。

"语象"(verbal icon)本是语义学的术语,"新批评派"理论家维姆萨特首先将其移植到文学理论中,意指文学文本以语言为媒介描写出来的艺术形象,并建议用这个词取代含义模糊的"意象"(image)概念。但是,维姆萨特并未具体阐发"语象"代替"意象"的理由,更没有涉及"语象"和"图像"的关联。这显然是一个十分复杂的难题,需要我们从索绪尔为语言能指所下的"音、像"定义出发,借鉴康德的"统觉"概念和心理学的"通感"理论,甚或参照西方现代哲学的"身体"概念和生理学的某些成果重新探讨。

---

① 关于韦勒克否定文学与美术的比较研究,本人已在《文学和图像关系研究中的若干问题》(《江海学刊》2010年第1期)进行过分析,恕不在此赘述。关于语言学层面声音和图像的关系问题,本人将有另文专题研究,此略。

我们之所以主张将"语象"概念引入文学与图像的关系研究，并和"图像"概念一起构成文学图像论的基本范畴，就在于"象"和"像"存在着自然的语义联系，二者的不同主要表现为前者是心理的、想象的，后者是物理的、可视的。所谓"文学图像"，也就是和文学相关的图像，作为作品文本的模仿和外化，源自文学原作，同时也不可能一一对应。一般而言，文学图像是文学原作的筛选或省略，或者是一种变形或变相，等等。无论怎样，文学的图像呈现必定来自作品的语象蕴意，或者说文学语象是文学图像的生成之源，而"文学的图像化"说到底是"语象的图像化"。因此，文学图像论只有立足于语象和图像的比较，才能发现文学和艺术的内在关联及其互文规律，才能对两种符号的互动及其所重构的世界进行有效阐释。这就需要我们摒弃以往所惯用的"宏大叙事"和"高空作业"，通过"文本细读"和"图像凝视"发现和阐释相关问题。

毫无疑问，将语象和图像作为基本理论范畴，从二者的逻辑关联出发探讨文学和图像关系，特别是二者相互模仿的机制，应是文学图像论所涉及的重要内容。例如诗画关系，有一种现象至今尚未受到普遍关注和充分阐释，那就是二者相互模仿的艺术效果问题：大凡先有诗而后有画，即模仿诗歌的绘画作品，例如"诗意画"，很多成了绘画史上的精品；反之，先有画而后有诗，即模仿绘画的诗歌作品，例如"题画诗"，在诗歌史上的地位则很难和前者在画史上的地位相匹配。即使像李白、杜甫这样的伟大诗人，他们的题画诗也不能和其"纯诗"的成就相提并论；反之，对于他们"诗意"的模仿反倒成就了不少绘画作品。诗画互仿的这一"非对称"效果并不是偶然的，而是普遍存在于语言和图像的相互模仿中。诸如此类的"语图互仿"规律还有很多没有被我们所发现，或者没有得到充分阐释，或者没有在"文学遭遇图像时代"的语境中进行过阐释，需要我们展开细致而深入的梳理和探讨。[①] 这些梳理和探讨说到底无非包括两个方面：一是文

---

① 赵宪章. 语图互仿的顺势与逆势：文学与图像关系新论 [J]. 中国社会科学, 2011 (3): 170–184.

◇ 文体形式论 ◇

学语象如何外化和延宕为视觉图像,或者说语言在何种意义上可以被"图说";二是视觉图像如何被文学语象所描述,或者说图像在何种意义上可以被"言说"。其间,语象和图像的关系显然是必须用心关注的核心问题,将它们称之为文学图像论的基本范畴当是学理逻辑使然。

文学和图像的关系尽管错综复杂,但是几乎都可以在符号学的层面发现它们的根源。仍以上述诗画互仿的"非对称"现象为例,就是源自语言和图像两种符号的不同功能:语言是一种实指符号,图像是一种虚指符号;实指的所以是强势的,虚指的所以是弱势的。因此,当二者互相模仿或共享同一个文本时,强势的语言符号总是处于主导地位,弱势的图像符号只能充任它的"副号"。这就是诗画互仿之"非对称"现象的符号学根源。如果这一论断可以成立的话,那么,我们就可以解释中国文人画发展到明清,为什么出现了"以诗臆画"的境况,也可以解释我们面对马格利特的《形象的背叛》,为什么相信了画面上的语言表述而对烟斗图像产生怀疑。事实说明,只有将文学与图像的关系提升到符号学的层面进行阐释,借鉴符号学的理论和方法比较语言和图像的异同,才能在根本上解释文学和图像之间的学理关系。[1]

就此而言,符号学对于文学图像论不仅是一种方法,同时也是研究的对象——文学之"语言"符号和"图像"符号之间的关系,由此进一步发现文学和世界的符号学关系。符号学自从20世纪80年代传入我国以来,应该说已经取得不少进展,特别是在译介和评述西方理论方面成绩卓著。如果说有什么遗憾的话,那就是面对中国本土的意识有待加强。而中国历史文化的特殊性,又决定了我们有自己的传统和问题,所以应当建构具有中国特色的符号学,而不是紧跟人后亦步亦趋或生搬硬套。如果我们将符号学研究放在文学与图像的关系中,或者说以文学与图像的关系为视域研究

---

[1] 赵宪章. 语图符号的实指和虚指:文学与图像关系新论[J]. 文学评论,2012(2):88-98.

符号学问题,那么,一种新的"比较符号学"或将产生;如果将这一研究放在中国文学与图像关系的视域中,那么,一个极富民族特色的符号学——"中国(文学)比较符号学"或将呈现于世界学人面前。这个设想之所以是可能的,就在于语言和图像是人类有史以来所创造的最伟大的两种符号,是人类社会最普遍、最具功能价值的两种符号,也可以说它们是人类符号体现的两翼。将二者进行比较研究不仅具有当代意义,而且有益于丰富传统符号学的基本理论,也是符号学自身发展的需要。

五、"文学图像论"之不可能

古往今来,并非如黑格尔所言"合理的"都是"现实的",并非所有"可能的"都可以转化为"现实的",哪怕这些合理的、可能的构想很有意义和价值。文学图像论同样如此,它的合理性和可能性不等于它的现实性,它的现实达成尚需诸多条件和必要的语境。其中,能否回到亚里士多德的文学观首当其冲。

我们所说的"回到亚里士多德",是被落实到具体理论研究的真正意义上的"回到亚里士多德"。它不是一种认可或承诺,更不是一种表态和口号,而是在具体研究中践行亚里士多德的文学理念。其中,最关键的是将"语言"作为理论研究的出发点,借鉴语言学的理论和方法研究文学。但是,我们的文学研究和文学理论长期以来习惯于"思想史"的或称"主题学"的方法,"诗言志""文以载道"是其始终如一和难以割舍的情结,不仅缺乏语言学的知识积累和充分介入,也缺乏对于语言问题和语言本身的感觉。[1]

---

[1] 李泽厚最近提出中国哲学(美学)应"走出语言"的主张。李泽厚. 能不能让中国哲学"走出语言"?[N]. 文汇报,2011 - 12 - 05. 我们现在需要向他请教的是:中国哲学"进入语言"了吗?语言已经成为中国哲学和美学的"牢笼"了吗?关于这一问题,本人已有论文反驳,此略。赵宪章,曾军. 现实关怀及其问题:对话中国文学理论未来之走向[J]. 学术月刊,2012(6):5 - 12.

◇ 文体形式论 ◇

语言是什么？语言就像空气，我们须臾不可离开但又感觉不到它的存在，除非空气污染或者我们的呼吸系统出现了问题。这就是语言在惯常生活中的"自动化"，也是文学存在的重要理由——只有在文学中，我们才能感觉到语言的存在。因为文学作为艺术"就是使事物陌生化"①，"文学是语言的'突出'"②，于是就有了"艺术的语言"和文学的艺术性。这是文学作为语言艺术不同于一般语言的特殊性之所在。如果没有充分的语言学的知识积累以及厚实的语言经验，缺乏对于语言的敏锐感觉，那么，文学图像论显然是不可能的。

文学图像论既然将文学与图像的关系作为研究主题，也就需要图像认知的理论和技术，这方面也是包括文学理论在内的整个中国文学研究所缺乏的。中国美术史和美术评论理应成为文学图像论的重要参考，但是从总体上说，这类研究至今仍然停留在传统的经验层面；除却它所提供的基本史料之外，很难发现其中有多少理论方面的参照和价值。包括格式塔心理学在内，广义图像学应是文学图像论的西方资源，但是这些研究除在技术层面提供了许多借鉴之外，理论方面对于我们而言多有"隔靴搔痒"之憾；因为他们所津津乐道的问题并非我们所最需，并且往往就图像论图像，鲜有将其和语言符号相对而言，也不注意在文学的视域中展开比较研究。这可能和西方"语音主义"的思维和文化传统有关，面对"图像时代的来临"，他们并不像汉语言文学这样"如临大敌"。总之，文学图像论的建构尚需图像学的理论支持，特别需要"中国图像学"的建构和崛起。否则，文学与图像的关系研究很难抵达自己的学术理想，或者说很难在中国语境中抵达自己的学术理想。

一方面是"语言"，另一方面是"图像"，文学图像论的"跨学科"性

---

① 托多罗夫. 俄苏形式主义文论选［M］. 蔡鸿滨, 译. 北京：中国社会科学出版社, 1989：63-65. "陌生化"原译"奇特化", 有的也译为"反常化", 通用的是前者。

② 卡勒. 文学理论入门［M］. 李平, 译. 南京：译林出版社, 2008：30.

质不言自明。当下的"跨学科"似乎成了一种学术时尚,殊不知仅仅将其作为"旗号"者居多,为"跨"而"跨"而已,真正的原创研究寥若晨星,因为对于"跨学科"的理解至今仍是一笔糊涂账。在我们看来,今天的"跨学科"已不同于传统的"文史一家",其中最关键的在于能否在不同的学科之间发现新问题,或者说这些"新问题"只有在不同学科之间才能被发现。这才是真正意义上的"跨学科",或者说这样的"跨学科"才有意义。相反,传统意义上的"文史一家",只是借用不同的学科资源和方法研究同一个对象,这并非真正的"跨学科",或者说并非现代意义上的"跨学科"。真正的、现代意义上的跨学科是将"发现新问题"作为首要标准。① 文学图像论就是在文学和图像之间发现了新问题,从而决定了它不同于传统的诗画关系研究。这种不同不仅表现在研究范围的扩容,更在于它是一种直面现实的新学问,这个"现实"就是我们今天所面临的"文学危机"和"符号危机"。就此而言,文学图像论所面对的问题首先在现实中,而不是从书本里拨拉出来的所谓新问题。这一问题只有在语言、文学、图像、符号、社会等不同学科之间才能被发现,其次才能谈到它在学术史和学理逻辑方面的顺理成章。

也就是说,真正的、现代意义上的跨学科,最主要的是要求我们的理论直面"现实"而不是拘泥于"书本",但是这一问题恰恰成了当下中国文学理论最致命的软肋,脱离当下、脱离中国、脱离文学本身和"文学人"的期待,成了最普遍和最难疗救的"流行病"。更可怕的是,对于这种"脱离"越是痛如切肤、咬牙切齿,越有可能"远离"了真正的现实,因为我们对于什么是应该面对的现实仍然一头雾水;有时自以为贴近了现实,实则面对的却是堂吉诃德之"风车"。② 如果不能发现真正的现实,那么,文

---

① 本人此前曾以调侃的口吻谈论过"跨学科",现在的观点有所修正。赵宪章. 匪夷所思"跨学科"[N]. 文汇读书周报,2010-03-12.
② 关于文学理论的现实性问题,可参见本人和曾军的对话,此略。赵宪章,曾军. 现实关怀及其问题:对话中国文学理论之未来走向[J]. 学术月刊,2012(6):5-12.

学图像论显然也是不可能的，或者说它在中国的兴盛是不可能的。

文学图像论作为全新的跨学科之原创，所需要的条件当然不止于这些。但是归结到一点，作为21世纪文学理论之"新学"，它肯定会面临诸多困难和问题，这是必然的，包括不可能像现行学术体制所要求的那样"大干快上"。实际上，包括文学图像论在内的任何学术原创，最需要的条件是时间和耐心，需要平静的心态和充分的学术自由。这显然和当下的学术体制相抵牾，除非身在体制而又不为体制所困。从某种意义上说，包括文学研究在内的整个人文学术首先是一种人格境界的自我完善，是一种"为己之学"。学者只有把学问作为自己的宗教，摈弃一切杂念和身外之物，才有可能走向学术至境。但是，现实却把"为学"和"名利"紧紧地捆在了一起，前者被后者绑架。如是，文学图像论作为21世纪文学理论的"母题"不仅是不可能的，即使苟延残喘也需要很大的勇气。

但愿不会不幸而言中。

附：

文学与图像访谈录

黄春黎（《语文教学与研究》编辑，以下简称"黄"）：赵老师，您好！文学与图像的关系，尤其是图像对文学活动的介入和影响，已经成为一个世界性课题，欧美在"语言与图像"方面研究已经多年，并有很多研究成果，但国内还没有什么反响，原创性、有新意的研究也很少。近年来，您一直以自己的思路直面这些问题，并试图创造性地解决这些问题，那么，您是从什么角度来进行这项研究的？文学与图像的关系有何渊源？这项研究在中国语境中有什么特殊意义吗？

赵宪章（以下简称"赵"）：很高兴接受您关于这一问题的采访。现代西方，"词语与图像"的学术研究很有影响力；但是，我的角度与之不同，我是从研究文学的形式问题、文体问题逐渐走到这一步的。文学与图像的关系，无论是在西方还是在中国，都可谓源远流长。在中国，文学与图像的关系历来非常密切，例如，《周易》中象和辞，汉赋与汉画，敦煌的变文与变相，题诗画和诗意画，小说、戏曲与其插图，连环画，影视作品对文学的改编，等等。关于这方面的理论，早在西晋陆机就有"丹青之兴，比《雅颂》之述作，美大业之馨香。宣物莫大于言，存形莫善于画"[①] 之说；最著名的当属苏轼"诗中有画，画中有诗"[②] "诗画本一律，天工与清新"[③]；到了明代，李贽又有"诗中画""画中诗"[④] 之论；近代学者滕固、朱光潜、宗白华、钱锺书等著名学者的理论也有很多。西方呢，有很多神话主题，如普罗米修斯、拉奥孔等；还有《圣经》画题，如《莎乐美》《最后的晚餐》和《创世纪》等；在小说插图和现代影视的文学改编方面，西方和我们一样十分繁荣。据有关资料统计，现代影视作品中的45%是语言作品的改编，如此大的比例可见二者关系研究的当代意义。关于诗画关系理论，西方也可谓源远流长，早在古希腊西摩尼德斯就提出"画是无声诗，诗是有声画"，之后又有亚里士多德的"媒介"说、贺拉斯的"诗如画"等；到了公元1世纪，狄翁·克利索斯托莫斯提出了诗画有别，认为二者之间是说话与图像、观念与象征、自由与物体媒介、非眼见与眼见的关系；古典主义者温克尔曼的"诗如画"、莱辛的《拉奥孔》等也值得注意。在这里我要特别提及的是中世纪的阐释学和圣像学。我们常说20世纪的阐释学源自中世纪的阐释学，而与阐释学并重的还有当时的圣像学，圣像学延绵到20世纪就是图像理论。由此可见，文学与图像的关系，无论是中国还是

[①] 张彦远. 历代名画记 [M]. 俞建华, 注释. 上海：上海人民美术出版社，1964：4-5.
[②] 李之亮. 苏轼文集偏年笺注：第九册 [M]. 成都：巴蜀书社，2011：593-594.
[③] 李之亮. 苏轼文集编年笺注：第十一册 [M]. 成都：巴蜀书社，2011：299.
[④] 李贽. 楚书·续焚书 [M]. 成都：巴蜀书社，1990：216.

西方，都有非常密切的关系并被历代学者所重视，有着非常丰厚的学术积累，当属文学研究的应有之义。由于汉字造型和汉语思维的特殊性，这一研究在中国语境中便具有非常特别的意义，参照图像研究文学定会呈现另一番天地。

黄：当前，"图像"对文学、文化的渗透无所不在，不仅无书不图，而且大众文化、影视的文学改编，以及当代文学创作的脚本化等，都在图像化，连"图像"概念也成了最耀眼的学术时尚；那么，传统的"诗画关系"演变为今天的"文学图像关系"，是否有其时代必然性呢？国内关于文学图像关系的研究是否也会形成学术热点？这项研究的关键问题又在哪里？

赵：传统的"诗画关系"演变为"文学图像关系"有其时代必然性。就我们中国的研究情况来说，以往主要是研究诗与画的关系，但是，现在如果仅仅限定在以绘画来研究文学与图像的关系是远远不够的。文学与图像关系的研究是 21 世纪以后的事情，但在 2009 年以后，论文发表的数量又开始减少，研究开始降温。这种降温，主要是因为这一研究已经进入"深水区"。此前的研究大致涉及以下问题或观点：图像文化的泛滥挤压了文学存在的空间，使其边缘化，甚或导致文学的终结；文学与图像关系的核心是语言和图像之争，对此，我们应予以高度重视，任其发展就会导致我们的思维平面化、快餐化；"图像时代"就是"图像主因时代"，语言的式微和图像的狂欢是不可逆转的现实，这是有史以来文学所面临的最大危机，因此，我们在承认现实的同时，应当确立"崇文抑图"的立场，捍卫文学（语言）的传统优势。应该说，这些研究为我们敲响了警钟，但是，浮泛的、情绪性的和口号式的表达不能代替学理分析，经验性、表态性的论述已经告一段落。我所主张的"文学图像关系研究"是建基在历史研究之上的学理研究，不是简单的"表态"或价值判断。

黄：那么，您是如何将文学图像关系放在历史语境中进行研究的呢？

赵：这涉及语言与图像的关系史问题。文学与图像的关系，核心在于语言与图像的关系。对于语言与图像的关系史，在无可参照的情况下，我比较大胆地将其划分为三个历史时期——文字出现之前、文字出现之后和宋元之后。文字出现之前，语言交流是一种"声传交流"，语图关系的体态是"语图一体"，其特点是"以图言说"。以原始岩画为例，它们和语言的关系就明显地表现为"以图言说"，即以图像表达他们的所见所闻、所知所行、所想所信。也就是说，图像应当是原始先民最主要的语言符号，其中某些图像后来演变成了文字。图像也是文字的主要来源。从这个意义上说，"岩画"也可称为"岩话"。这就是"语—图"关系在口语时代的基本体态——"语图一体"。至今仍然存世的纳西族的图像文字（东巴文）、云南富宁县的坡芽歌书等，就是典型的语图一体。文字出现之后，"以字言说"取代了"以图言说"，"语图分体"成了"文本时代"语图关系的基本体态。文字符号的抽象性和任意性为语言表达提供了充分自由，于是，图像降格为文本语言的"副本"。由于二者的符号功能存在重大差异，它们的关系就表现为以图像模仿语言为主的"语图互仿"：一是像先秦绘画那样对神话传说进行模仿，如《人物龙凤帛画》《人物御龙帛画》等；二是像汉画对经史故事的模仿那样，如"孔子见老子""赵氏孤儿"等经史故事在汉画中的表现；三是魏晋之后佛经故事的图像化，如莫高窟254窟呈现的北魏萨埵太子《舍身饲虎图》；四是魏晋之后绘画对文学作品的模仿，如顾恺之的《女史箴图》《洛神赋图》；五是语图关系中占据非主流位置的语言对图像的模仿，如汉赋对汉画的模仿，唐代出现的"咏画诗"（画赞）；等等。宋代之后，中国的政治制度、学术思想、文人出处、市民阶层、南北之分（文化地理）、雅俗之别等基本方面已经定型，奠定了此后中国文化的基本形态，这就是学界所说的"宋型文化"。从"宋型文化"的角度来看，在汉语言文学史和中国美术史关系的视阈中，同样有很多问题值得关注，比如纸张的普及、印刷术的发明、"近代汉语"的肇端等，绘画的题材也由人物转向山水，绘画的造型由勾线填色转向水墨，绘画的风格由写实转向写意，

"文人画"（写意画、水墨画）大行其道，"题画诗"和"诗意画"开始繁荣，还有民间美术的觉醒……这些都说明，语言和图像的关系出现了以"纸印文本"为主要载体的"语图合体"和"语图互文"（诗和画共享同一个文本），包括题画诗、诗意画、明清小说戏曲的文本插图、近代连环画等语图关系新形态的出现。这大致就是我为"语—图"关系史所划分的三个历史时期。

黄：基于您对"语—图"关系史的梳理、研究，其中有哪些问题尤其值得我们注意和思考呢？

赵：我想，就我目前所发现的问题，大致有以下问题值得关注：第一，只有基于"语—图"关系史，文学与图像的关系研究才有可能排除经验性和情绪性的纠缠，从而使其深化和学理化。第二，也是最重要的，语言和图像是符号世界最重要的两翼，其中定有许多复杂规律尚未被我们所认识，如语图互仿的顺势和逆势、语图符号的实指和虚指等，需要我们去研究。第三，文学图像关系史的核心是语言和图像的关系，而语言图像关系的核心就应当是"语象"和"图像"的关系；因此"语图批评"当是文学研究的重要方法之一，我希望能将这项研究提升到方法论的层面，即倡导一种新的"语图批评方法"。

黄：您能就语图互仿的顺势和逆势谈谈吗？其中又隐含着什么样的审美规律？

赵：语图互仿中，图像模仿语言是"顺势"，语言模仿图像是"逆势"，二者的效果是不同的。中国古代的语言和图像的关系史主要是诗画关系史；研究诗画关系史就会发现，很多"诗意画"（绘画对诗歌的模仿、图像对文学的模仿）成了画史上的精品，"题画诗"在诗史上的地位却很难和"诗意画"在画史上的地位相匹配。这种"非对称态势"遍及整个文学史和艺术史，像汉赋和汉画、宗教教义及其造像、小说戏曲文本与其插图、连环画改编等，都是如此；影视对于文学的改编更是如此，由影视改编而成的小说只能成为小说世界的等外品。可见,语言和图像相互模仿的效果是不同的,所以我们可以将图像模仿语言称为"顺势",将语言模仿图像称为"逆势"。顺势,所以成功者居多;逆势,所以成功者不多。这就是我们在语言和图像的关系史中发现的一个新问题。应该说,对这个问题的探讨是有意义的。

黄:这一现象是否会导致诗与画的不同评判标准?西方是否也有类似现象?

赵:关于这一问题,钱锺书早在《中国诗与中国画》中也谈到过,他就发现在中国传统文艺批评中,诗和画有着不同的评判标准:评画时赏识"虚"的风格,评诗时却赏识"实"的风格。钱文最后还说,中国诗画在批评标准上的"这个分歧是批评史里的事实,首先需要承认,其次还等待着解释——真正的、不是装模作样的解释"①。在我们看来,中国诗画批评标准的差异源自语言和图像两种符号的功能性区别——实指和虚指。"实指"和"虚指"导致了语图符号的"强势"和"弱势",在中国诗画中如此,在西方也是如此。以比利时马格利特《形象的背叛》为例,图画中间是一只大烟斗,下面又用法文写着"这不是一只烟斗",于是让人生疑:不是烟斗是什么?说明符号的"实指"和"虚指"决定了它们有"强势"和"弱势"之别,最终导致了二者在共享同一文本时语言对图像的驱逐。之后,马格利特又创作了《双重之谜》,语言文字的相对空间已经大大缩小,其表现力和控制力却在增强,既控制架上画框里的烟斗,也控制了整个画面。可见,语言符号更强势的力量还表现在"言外之意",这就是"隐语"。隐语是一种更具强势的语言力量。

黄:看来,语言和图像的"实指"和"虚指",是我们理解语图关系中

---

① 对于文艺史上的现象,只是给出一个新鲜的名称,但是并未做出任何实质性的阐发,钱锺书将其斥之为"装模作样的解释",就像解释"鸦片使人睡觉"是由于"催眠促睡力"那样。钱锺书. 旧文四篇 [M]. 上海:上海古籍出版社,1979:28.

"顺势"和"逆势"现象的关键所在。那么,我们又该如何看待语图符号的"实指"和"虚指"呢?

赵: 我们可以从三个方面来谈论这个问题:第一,语图符号的生成机制具有任意性和相似性。图像的虚指性是文字从中脱颖而出的唯一理由,文字的出现使二者的"实""虚"分野最终完成。图像之所以不能像语言那样自由而精准地意指,盖因它和原型的相似性原则,文字从中脱颖而出的过程就是逐步克服这一局限的过程。"相似"是隐喻得以生成的前提。隐喻对于语言来说只是它的修辞,但对于图像来说却是它的全部,因为"相似"是所有图像必须遵循的造型原则。这也就意味着,包括照片在内的任何图像的本质都是隐喻。隐喻作为修辞是语言能指脱离"直指"轨迹而变道为"迂回"抵达所指,而"迂回"抵达所指对于图像符号而言则是最基本的意指表征。既然图像符号的本质是隐喻,那么图像"造假"也就具有了合法性。第二,图像符号的隐喻本质及其"假象"的合法性。我们常说的所谓"说谎",并非语言本身的责任,语言本身不会说谎,说谎只存在只是使用语言的人。图像则不同,它本身就具有制造"假象"的合法性,即将三维或多维空间纳入二维平面进行表现,就可以通过它们之间的相似而"欺骗"观众的眼睛。维特根斯坦就曾举例说,孩子们做游戏时"指着一个箱子,说它现在是一所房子;然后他们从这箱子的方方面面把它解释成一所房子。把一种虚构编到这箱子上……"①。图像空间的相似性就是这种虚拟的"视觉相似",而不是与实在原型本身的相似。图像的颜色也是如此。图像的光色也不是原型的本色,而是迎合观看经验制作出来的"视觉相似"。"红色的东西可以被毁灭,但红色是无法被毁灭的。"② 这意味着有颜色的"东西"和颜色本身并不是一回事,二者是可以分离的。视觉图像正是基于这一理据,将画面上的颜色和它所表现的颜色分离开来,用前者象征后者而

---

① 维特根斯坦. 哲学研究 [M]. 陈嘉映,译. 上海:上海人民出版社,2001:321.
② 维特根斯坦. 哲学研究 [M]. 陈嘉映,译. 上海:上海人民出版社,2001:43.

不是纯客观的复制。中国画学之"墨分五色"就是如此。它通过焦墨、浓墨、重墨、淡墨、清墨五大色阶，就可以在宣纸上表现色彩缤纷的世界。古人在宣纸上画画，随着时间的推移，宣纸会变黄，就像《清明上河图》，原来宣纸留白的部分现在全部都变黄了，但我们不会因此而想象当年的开封是否也有沙尘暴。根据这一假象本质我们就可以进一步推论，图像之相似性实际上是对视觉机制的迎合。这就是格式塔心理学所说的"完形的倾向性"。图像作为假象的另类表现是将不可见的呈现出来，例如图像中的"气球"示梦、"螺旋云"示迹等，就是使不可见的成为可见的，以表现人物的梦境、心理活动或行动路线等。"大象无形"和此类"无形有形"相反，前者是将有形表现为无形，后者是将无形表现为有形。无论怎样，"形"之有无在图像中表现为视觉经验而不是客体存在。另外就是"非动似动"，比如《看则静，不看则动》《没有尽头的台阶》等图片。当然，"假象"之合法性的最典型形式莫过于魔术艺术。第三，语言的虚指就是语言的图像化。图像之所以是一种隐喻，就在于它的生成机制是喻体和谕旨的相似，从而决定了图像符号的虚指性。这样，我们实际上是在"图像""隐喻"和"虚指"之间建立了一种逻辑联系，可以进行这样的概括：首先，任何符号，大凡是"图像的"或具有"图像性"，也就意味着它是"隐喻的"和"虚指的"，或者说它是一种"隐喻性虚指"；其次，任何隐喻，无论是图像隐喻还是语言隐喻，也就意味着它具有某种形态或程度的"虚指性"，或者说它是一种"图像性"或"语象性"的虚指；由此决定了语言的隐喻意味着语言由实指符号变身为虚指符号——语象虚指。"语象"作为语言隐喻，是语言由实指滑向虚指的符号变体。总之，既然图像的隐喻本质导致图像的虚指性，那么，语言的隐喻也就意味着导致语言的虚指性，即语言符号脱离它的实指轨道而滑向虚指空间——由"语象"所图绘的虚拟世界。这个世界就是文学的世界。

黄：有意思。如果将语图关系的问题纳入当下语境，我们是否可以说现代影像技术造成了文学边缘化？我们应该如何看待人们对于"文学图像化"的种种担忧和焦虑呢？

赵：语言一旦进入图像世界，当它们共享同一个文本时，由于语言的"实指性"，以及由此导致的"强势"属性，就有可能造成对于图像的驱逐或遗忘：在语图悖反的情势下，表现为"驱逐"或"解构"（这是特例）；在语图唱和的情势下，语言可以不受图像的局限，或引申而去，或补其不足，或延宕而"比德"。文学和图像的互仿关系证明：在"语—图"互仿中，语言失去的只是自己的非直观性，它所得到的却是"图像直观"这一忠诚的侍臣。同理，在语言艺术大举进军影像世界的今天，后者不过充当了文学的工具，恰如古之"文以载道"，今则"图以载文"，不会导致文学原作有任何改变。因此，所谓"文学图像化"，不如说是文学借助新媒体自我放逐；那些担忧和焦虑，大多属于情绪性的过度反应，缺乏学理依据。

黄：文学与图像关系的研究对我们今天的文学研究有何意义？能结合具体的文学作品谈谈吗？

赵：在方法论的层面，我们将文学图像关系研究提升为"语图批评方法"。在我看来，语图批评研究具有两个层面的意义：一是开拓了文学研究的新领域。以《西游记》为例，万历年间的《西游记》就已有插图，这个本子的孙悟空造型更像一只猴子；到了清代，它的毛越来越少，所穿的衣服越来越多，直到六小龄童主演的孙悟空，它不仅是一个真人的造型，而且还成了中国文化的一个符号。这说明，《西游记》随着时代的发展，包括书画家、插图家在内的读者赋予了孙悟空越来越多的道义，直至使其成了道义的象征。我们今天研究《西游记》，如果参照它的插图及其相关图像，就会有另一番发现。二是作为一种方法，它最核心的问题就是语象和图像的关系。就语象而言，《西游记》的语言文本并没有发生什么变化，变化的是图像；而图像的变化，说明《西游记》的接受史也在发生变化。

黄：我们相信，语图批评方法势必会带来文学研究的新气象，语象与图像的符号联系相互唤起、相互模仿、相互映射，必然会引发我们对于经典的重新思考。在中学语文教学中，我们该如何引入这种方法进行文本重读呢？

赵：就这个问题，我们以鲁迅的小说为例来谈吧。首先，鲁迅小说非常注重语言的色彩描绘。据统计，在鲁迅的三部小说集（《呐喊》《彷徨》和《故事新编》）中，使用描述性色彩词的地方有526处。使用频率由高到低依次是：白色系29.7%，黑色系21.5%，红色系15.9%，黄色系9.9%，青色系8.2%，绿色系5.5%，蓝色系4.4%，紫色系2.5%，拼色系1.5%，透明系1.1%。[1]《补天》中的一小段有52个字和色彩相关，产生了"光艳刺目"的视觉效果（语象效果），其中的色彩语词形成了强烈对比，如"血红"和"金黄"、"铁黑"和"月白"等，而且制造出陌生化效果，如将云彩说成"血红"，将太阳喻为"金球"，并被"荒古的熔岩"所包裹等。这段描写还有意违背常识，如将（铁）"黑"和（月）"白"两个相反的意象叠加在一起，将热的太阳和冷的月亮同时并置在一个画面等。这说明鲁迅是在刻意为之，是他的精心锻造，以此映衬并隐喻女娲和众生的对比——纯粹和"庸俗"、伟大和"油滑"，从而使叙事和描写相得益彰、故事和环境协调一致。其次，在鲁迅丰富的语象色彩及其强烈对比中，又以黑白对比为主。例如《狂人日记》："黑漆漆的，不知是日是夜"，"很好的月光"，"全没月光"；《药》的开头写景，《故乡》的"深冬"时节，天气"阴晦"，"苍黄的天底下，远近横着几个萧索的荒村，没有一些活气"；《社戏》里的"白篷船"行驶在月色朦胧的水汽里，"漆黑的起伏的连山，仿佛是踊跃的铁的兽脊似的"；《祝福》中鲁镇的"新年气象"是"灰白色的沉重的晚云中间时时发出闪光……爆竹声连绵不断，似乎合成一天音响的浓云，夹着团团飞舞的雪花，拥抱了全镇"，等等，说明黑白对比是鲁迅小说肖像、细

---

[1] 金玲.鲁迅小说色彩与知识分子形象[J].鲁迅研究月刊，2005（9）：30-33.

节、意象语象的主色调。而这种色彩偏好和在中国有着悠久历史的、以写实见长的版画艺术的色调又是完全吻合的。也就是说，小说语象和版画图像的统觉，在鲁迅这里实现了二者的"共享"。就此而言，将鲁迅小说的总体特点定义为"版画风格"也是恰当的。最后，鲁迅的小说语象和版画图像之间的相似性，不仅表现在黑白色调方面，还可能表现在其他诸多方面，如笔法的钢硬挺直，对于"力之美"的共同追求；构图的简练抽象，在结构布局方面的相似性；意象的诡异老辣，在陌生化效果方面的异质同构，等等。可见，鲁迅的文学语象和版画图像之间确实存在着必然的联系，这种联系毫无疑问和鲁迅对于版画艺术的偏好密切相关。在中国现代文学史上，没有哪一个文学家能像鲁迅那样同时赢得美术界的巨大声誉，甚至被誉为中国现代版画运动的精神领袖。当我们注意到了鲁迅的小说语象和版画图像的统觉共享，我们也就可以更深刻、更新颖地解读他的作品。如果我们能够多关注语图关系，并尝试运用语图批评方法，我们也就能多一条道路通向一个更广袤的文学世界。在这个世界里，我们可能会真切地感受到"遍地黄金"，因为这是一片尚未开垦的处女地。希望我们的谈话能对大家有所帮助。

黄：感谢您将我们引进了一个全新的视域。这是一个独特新颖的视角，您做了深入的思考，并为我们提供了一种重要的批评方法。我也相信，这一研究必定会给文学研究和语文教学带来深远影响。感谢您接受我的采访！

后 记 ◇◆

《西方形式美学》脱稿之后,我在很长一段时间陷入了"问学无路"的迷茫中。先是考虑转向"中国形式美学",从《周易》开始研读,用了大半年时间,突然发现此路不通!个中原因其实很简单:"形式"概念本源于西方,现代之后才融入中国语境,以此为纲贯通中国古代美学,难免榫卯不合,牵强附会也就在所难免。冥思苦想后开始反思自己的这一想法由何而来。突然觉悟到是"体系"情结作祟:研究过西方形式美学了,再来研究中国形式美学,一则顺理成章,二则呢?所谓"体系"也就有雏形了。应该说,这种"体系"情结是许多学者,特别是我辈专事纯理论研究者的妄想,事实说明非常可笑。可笑之处在于没整明白理论存在的理由,毫无疑问是发现问题、阐释问题;而所谓"体系",不过是理论建构中的自然过程,并不是人为制造的"招牌",何况理论史上的许多"体系"难免会有"自闭症"——画地为牢必然限制理论的多维选项和多元突破。

于是,我开始另辟别路——将纯理论的形式美学落实到具体的文学形

◇ 文体形式论 ◇

式研究中如何？而"文体"，就属于文学形式的重要方面，确切地说应该是文学形式的首要方面，将形式美学落实到文学理论应该从这里开始。这就是我此后持续了近十年之久的文体形式研究。同义反复，本研究尽管持续了将近十年之久，目的也不是要建构一个什么体系，而是立足于发现若干问题进行探讨，特别是就新时期以来裸露出来的文体现象展开，因为此前我们并未对这些问题和现象给予充分注意。我的着力点就是试图阐释文体现象，发现隐含其中的文体理论及其相关问题。由于本研究直接缘自我的形式美学"向下转"，所以，将文体作为形式，或者说借鉴形式美学的观念和方法研究文体，也就自然而然、事所必然。如果说本研究还有什么特色或亮点的话，那就应当归功于这一方面——形式美学的纯理论研究开启了我对文体的重新认知，以形式为轴心研究文体理论走在了正路上。这就是我将本研究命名为《文体形式论》的缘由。

需要说明的是，我的文体形式研究并没有设置一个什么"先验结构"，没有在进入文体研究之前预设各种可能，甚至没有为"文体"概念下一个明确定义，而是走一步看一步，可谓"摸着石头过河"。这并不意味着我漠视文体概念的追问，也不是我否认"文体"具有某种本质属性，而是认为应该摆脱传统的文体研究模式，在对文体概念有一大略把握之后，越研究越会接近"文体"概念本身，即所谓"草鞋无样，越变越像"。这种研究方法显然是受到解构主义的启发，也是我研读解构主义的些许收获。否则，先为研究对象下一个"定义"，然后环绕这个定义展开，最后再确认这个定义的合法性，就像文学概论教材为文学下定义那样，此"定义"肯定是封闭的、无生命力的，也是经不住历史拷问的，属于"逻各斯中心主义"的路数。由于我拒绝在这条老路上滑行，也就格外吃力，虽然孜孜矻矻，仍旧感觉非常艰难，时有力不从心之慨……直至发现"文图体"，才在这条道路上按下了"暂停键"。

"文图体"，即文学与图像共享同一个文本的体式，例如诗画同体，就是一种源远流长的文体种类。奇怪的是，诗画同体中的题画诗，在我们的诗史上并没有受到重视，在文学史上更没有什么地位；包括李白、杜甫的题画诗，我们的诗史或文学史都鲜有提及。那么，是这些诗写得不好吗？恐怕不能一概而论，问题主要在于我们脱离了所题画面进行阅读，题画诗的原初情景、语境不可见了。"题画诗"没有了绘画做参照，也就名不副实了，也就读不出它的原初味道了，因为很多古代题画诗所题的绘画已经遗失，只留下"白纸黑字"诗本身供我们阅读。在我们看来，这是题画诗与所谓"纯诗"不能相提并论的最重要的缘由，并非题画诗这一文体本身等而下之。由此可以引出整个文学与图像关系方面的一系列论域，包括小说与其插图、连环画的文图唱和、文学传播中的文图符号、文学的影像改编等。在"图像时代"到来的今天，重新拷问此类问题，不仅有学术价值，而且很有现实性，因为文图之间的关系在当下已经发生了根本改变，但是我们对其中的学理关系却一无所知。于是，我将这门既古老而又新颖的学问名之为"文学图像论"，全力以赴投入其中而不能自拔。本书的最后一章就是我对这一问题的新思考，尽管它似乎游离了传统的文体概念。

最后需要说明的是，本书绝大部分章节都曾在各种刊物上陆续发表过，有的还被收入各种文集，特向各位编辑先生表示感谢。同时感谢广东高等教育出版社给我这次机会，让我能将以往的相关研究重新整理，整理成这样一本小书集束面世；当然，这并不是要呈现什么"体系"。

是为记。

赵宪章
2019 年春于南京草场门寓所